Nutzungen und Nutzungsrechte im Einkommensteuerrecht

Schriften zum Wirtschafts- und Medienrecht, Steuerrecht und Zivilprozeßrecht

Herausgegeben von Jürgen Costede
und Gerald Spindler

Band 30

PETER LANG
Frankfurt am Main · Berlin · Bern · Bruxelles · New York · Oxford · Wien

Jia Li

Nutzungen und Nutzungsrechte im Einkommensteuerrecht

PETER LANG
Internationaler Verlag der Wissenschaften

Bibliografische Information der Deutschen Nationalbibliothek
Die Deutsche Nationalbibliothek verzeichnet diese Publikation in der Deutschen Nationalbibliografie; detaillierte bibliografische Daten sind im Internet über <http://www.d-nb.de> abrufbar.

Zugl.: Göttingen, Univ., Diss., 2007

D 7
ISSN 1614-2071
ISBN 978-3-631-57355-6

www.peterlang.de

Vorwort

Diese Schrift habe ich im August 2006 der Juristischen Fakultät der Georg-August-Universität Göttingen als Dissertation vorgelegt. Rechtsprechung und Schrifttum sind bis Ende 2006 berücksichtigt worden.

Ich schulde meinem verehrten Doktorvater Prof. Dr. Dr. h.c. Jürgen Costede vielfältig Dank. Er hat meine ersten Schritte im Deutschen Recht geleitet und mich in das deutsche Einkommensteuerrecht eingeführt. Mein juristisches Verständnis und diese Arbeit hat ganz wesentlich er geprägt. Dank abstatten möchte ich auch Herrn Prof. Dr. Hans-Martin Müller-Laube, der das Zweitgutachten für meine Dissertation übernommen hat. Schließlich bin ich für die Aufnahme der Arbeit in die von Prof. Dr. Dr.h.c. Jürgen Costede und Prof. Dr. Gerald Spindler herausgegebene Schriftenreihe dankbar.

Jia Li

Inhaltsverzeichnis

Einführung in die Thematik

Schon im Jahre 1987 hat der Große Senat des Bundesfinanzhofs entschieden, wie es sich mit „Nutzungen und Nutzungsrechten im Einkommensteuerrecht" verhält.[1] Wer das Thema wieder aufgreift, muß sich daher vergewissern, ob die Untersuchung Nutzen fördern kann.

I. Nutzungen

Der Vorteil, Nutzungen ziehen zu können – gemeint ist nicht ein Recht auf Nutzung, sondern die rein tatsächliche Nutznießungsmöglichkeit –, ist nichts Faßbares. Eine solche nur tatsächliche Chance ist, zumindest wenn man sie ausgenutzt hat, auch schon vergangen. Einkommensteuerlich kann der Vorteil, etwa ein Auto, ein Grundstück, eine Wohnung in Gebrauch zu nehmen, wenn man diese Möglichkeit nutzt, zwar zu Einkünften führen, zu Überschußeinkünften oder auch zu Gewinneinkünften. Darum geht es hier aber nicht. Die Frage, die uns beschäftigt, lautet, als was sich die Nutzung selbst, und zwar ohne ein entsprechendes Nutzungsrecht, einkommensteuerlich darstellt.

Dazu hat der Große Senat ausgeführt, daß Nutzungsvorteile, die ein Steuerpflichtiger wahrnehmen könne, lediglich wertbildende Eigenschaften der genutzten Wirtschaftsgüter seien, selbst aber nicht ihrerseits Wirtschaftsgüter.[2] In dem Vorlagebeschluß, der zur Entscheidung des Großen Senats geführt hat, hatte der I. Senat des Bundesfinanzhof dagegen die Ansicht vertreten, daß Nutzungen Wirtschaftsgüter seien und mit der Rechtsfolge der §§4 I 1, 6 I Nr. 5 EStG in ein Betriebsvermögen eingelegt werden könnten. Träfe das zu, dann hätte diese rechtliche Qualifizierung erhebliche praktische Bedeutung. Mit der Aussage, daß Nutzungen keine einlagefähigen Wirtschaftsgüter sind, hat der Große Senat dies jedoch verworfen. Der erste Impuls sagt, daß das zutrifft, daß man Nutzungsmöglichkeiten nicht in ein Betriebsvermögen einlegen kann. Diese noch ganz laienhafte Einschätzung wird erhärtet, wenn man die Rechtsfolgen einer Einlage für die Gewinnermittlung betrachtet. Einlagen werden, da der Steuerpflichtige sie nicht im Betrieb erwirtschaftet hat, mit ihrem Teilwert abgezogen (§4 I 1 EStG).

---

1 BFH BStBl. II 1988, 348, Beschl. v. 26.10. 1987, GrS 2/86.

2 BFH BStBl. II 1988, 348, (352), Beschl. v. 26.10. 1987, GrS 2/86.

Könnte man Nutzungsmöglichkeiten einlegen, so hieße dies, daß das, was sich in der Ausnutzung von Möglichkeiten und Gegebenheiten ausdrückt, die Leistungsfähigkeit des Steuerpflichtigen nämlich, einkommensteuerlich gerade nicht erfaßt würde, obgleich sich doch die Einkommenbesteuerung, wie allgemein angenommen, nach der Leistungsfähigkeit bemessen soll.[3] Der Teilwertabzug würde den Gewinn, den der Steuerpflichtige durch die Nutzung erwirtschaftet hat, zum Teil oder aber gar ganz eliminieren.[4] Daß man Einlagen nach §4 I 1 EStG vom laufenden Gewinn abziehen muß, hängt mit der Aktivierung des eingelegten Wirtschaftsgutes zusammen. Die Aktivierung würde ohne die Korrektur des Teilwertabzugs den Gewinn erhöhen, obgleich die Einlage nicht im Betrieb erwirtschaftet worden ist und daher nicht mit Einkommensteuer belegt werden darf. Die für Einlagen geltende Regelung des §4 I 1 EStG steht also in Zusammenhang mit der Aktivierung.[5] Oder mit den Worten des Großen Senats beschrieben:[6] nur aktivierungsfähige Wirtschaftsgüter, die im Fall der Einlage aktiviert werden, kann man in ein Betriebsvermögen einlegen. Daß man jedoch flüchtige Nutzungsmöglichkeiten nicht aktivieren kann, liegt auf der Hand. Daher kann für sie eine Einlage nicht in Betracht kommen.

Der I. Senat des Bundesfinanzhofs hatte sich für die gegenteilige These darauf berufen, daß man Nutzungen entnehmen kann (§4 I 2 EStG).[7] Bei dieser Schlußfolgerung ist aber nicht bedacht worden, daß entnommene Wirtschaftsgüter nicht zwangsläufig aktiviert gewesen sein müssen, daß dagegen für Einlagen die Aktivierung des eingelegten Wirtschaftsgutes eine conditio sine qua non ist.[8]

Für die Frage, ob Nutzungen die Qualität von Wirtschaftsgütern haben, ist damit noch nichts ausgesagt. Der I. Senat des Bundesfinanzhofs hatte die Ansicht vertreten, daß die Qualifizierung einer Position als Wirtschaftsgut von dessen Aktivierbarkeit zu trennen sei, und sich dafür auf die gesetzliche Definition in §4 I 2 EStG gestützt, wonach Nutzungen ausdrücklich zu den Wirtschaftsgütern gezählt werden.[9] Dies hat der Große Senat jedoch nicht gelten lassen. Die Vorschriften der §§5 und 6 EStG über den Ansatz und über die Bewertung von Wirtschaftsgütern, so heißt es, stünden dem entgegen. Nutzungsvorteile seien eben nur wertbildende Eigenschaften der Wirtschaftsgüter bzw. der Vermögensgegen-

---

3 Tipke/Lang, Steuerrecht, §4, 1.2., Rz. 81 ff.

4 BFH BStBl. II 1988, 348, (353), Beschl. v. 26.10. 1987, GrS 2/86; Costede, StuW 1995, 115, (123).

5 Costede, StuW 1995, 115, (123).

6 BFH BStBl. II 1988, 348, (352), Beschl. v. 26.10. 1987, GrS 2/86.

7 BFH BStBl. II 1987, 65, (71), Beschl. v. 20.8. 1986, I R 41/82.

8 So Costede, StuW 1995, 115, (123).

9 BFH BStBl. II 1987, 65, (68 sub 2b), Beschl. v. 20.8. 1986, I R 41/82.

stände, die genutzt werden.[10] Diese Überlegung leitet sich aus dem Maßgeblichkeitsgrundsatz (§5 I 1 EStG) ab, wonach der steuerrechtliche Begriff Wirtschaftsgut identisch sein soll mit dem handelsrechtlichen Begriff Vermögensgegenstand. Da aber für die Annahme eines Vermögensgegenstandes grundsätzlich verlangt wird, daß er aktivierungsfähig ist, muß dies nach dem so praktizierten Maßgeblichkeitsgrundsatz auch für Wirtschaftsgüter im steuerrechtlichen Sinne gelten. Nutzungen aber kann man, weil sie sich sofort verflüchtigen, anerkanntermaßen nicht aktivieren. Sie sind, so gesehen, danach keine Wirtschaftsgüter.

Betrachtet man den Beschluß des Großen Senats allerdings näher, so zeigt sich, daß die vom Gericht zugrundegelegte Dogmatik Brüche aufweist. Daß Nutzungen entnommen werden können, gibt zu denken, selbst wenn man daran nicht wie der I. Senat die Überlegung knüpft, daß man sie dann auch in ein Betriebsvermögen müßte einlegen können. Was denn, so wäre zu fragen, ist das, was dem Betriebsvermögen in Form von Nutzungen entnommen wird, wenn nicht ein Wirtschaftsgut? Soll dieser Begriff, wie es an sich seine Aufgabe ist, die einzelnen Positionen angeben, aus denen sich das Betriebsvermögen zusammensetzt, müßte man die entnommenen Nutzungen eben doch als Wirtschaftsgüter bezeichnen. Befinden sich die genutzten Wirtschaftsgüter in dem Betriebsvermögen des Steuerpflichtigen, so mögen die Nutzungen, die er zieht, unselbständige Eigenheiten der genutzten Wirtschaftsgüter darstellen; eine begriffliche Trennung von Nutzung und genutztem Wirtschaftsgut ist dann nicht erforderlich. Aus dem Betriebsvermögen entnommen und damit von den genutzten Wirtschaftsgütern getrennt, muß man die betreffenden Nutzungen jedoch ihrerseits begrifflich qualifizieren. Wenn es nicht eine noch kleinere begriffliche Einheit gibt, was aber bislang nicht ersichtlich ist, müßte es sich um Wirtschaftsgüter handeln.

Aber nicht nur §4 I 1 EStG legt es nahe, Nutzungen – wenn sie sich nicht in das genutzte Wirtschaftsgut als dessen Eigenheit einbinden lassen – als Wirtschaftsgüter zu qualifizieren. Dafür könnte auch §8 I EStG sprechen, wonach im Rahmen der Überschußeinkünfte alle Güter von Geldeswert, die dem Steuerpflichtigen im Rahmen einer Überschußeinkunftsart zufließen, Einnahmen darstellen. Viele Jahrzehnte, zuletzt gemäß §21 II EStG a.F., rechnete der Nutzungswert der Wohnung im eigenen Haus oder einer unentgeltlich überlassenen Wohnung zu den Einkünften aus Vermietung und Verpachtung. Danach waren also die betreffenden Nutzungen fraglos Güter im Sinne des §8 I EStG. Zwar gilt die Norm des §21 II EStG a.F., die den Nutzungswert einer Wohnung beim Nutzenden einkommensteuerlich erfaßte, nicht mehr.[11] Gleichwohl gibt sie für die

10 BFH BStBl. II 1988, 348, (352 sub aa) und bb), Beschl. v. 26.10. 1987, GrS 2/86.
11 Letztmalig war sie für den Veranlagungszeitraum 1986 anzuwenden.

Begriffsbildung zu denken. Allerdings vertritt der Große Senat des Bundesfinanzhofs den Standpunkt, daß Güter im Sinne des §8 EStG und Wirtschaftsgüter nicht notwendig identisch seien.[12] Das wiederum ist dogmatisch aber fragwürdig und noch zu untersuchen. §39 AO etwa spricht ganz allgemein von Wirtschaftsgütern, wenn es darum geht, wem sie mit steuerlicher Wirkung zuzurechnen sind. Für Güter gibt es keine Zurechnungsvorschrift, was dann, wenn sie eben doch Wirtschaftsgüter wären, auch entbehrlich ist. Jedenfalls läßt sich die Frage, wie es sich einkommensteuerlich mit Nutzungen verhält, nur dann befriedigend beantworten, wenn Gewißheit besteht, was denn Wirtschaftsgüter sind, wonach sich das bemißt und welche Funktionen dieser Begriff einkommensteuerlich hat.

Geht man fürs erste von der Arbeitshypothese aus, Nutzungen könnten Wirtschaftsgüter sein, so muß man sich doch vergegenwärtigen, daß dies für das Einkommensteuerrecht keine unmittelbaren praktischen Rechtsfolgen nach sich zieht. Daß Nutzungen nicht einlagefähig sind, ist bereits angedeutet worden. Es leuchtet auch auf den ersten Blick schon ein, daß es von Nutzungen, mögen sie auch Wirtschaftsgüter sein, keine Absetzungen geben kann, eben weil sie sich mit der Inanspruchnahme bereits verflüchtigt haben. Die Qualifizierung als Wirtschaftsgut hat also nicht unmittelbar praktische Konsequenzen, hat jedoch wesentliche theoretische Bedeutung. Und dies wiederum besitzt, da eine korrekte Begriffsbildung die Handhabung des Rechts erleichtert, Gewicht auch für die Praxis.

II. Nutzungsrechte

Im Unterschied zu der rein faktischen Nutzungsmöglichkeit bezeichnen Nutzungsrechte Gebrauchsmöglichkeiten, die zugunsten des Berechtigten von der Rechtsordnung sanktioniert sind, eben subjektive Rechte. Im täglichen Leben begegnen sie uns vor allem als Rechte aus einem Mietverhältnis (§§535 ff BGB), einer Leihe (§§598 ff BGB) oder einer Pacht (§§581 ff BGB), sämtlich relative Nutzungsrechte, aber auch als dingliche Nutzungsrechte, nämlich als Erbbaurecht (§§1 ff ErbbRVO), Grunddienstbarkeit (§§1018 ff BGB) oder beschränkte persönliche Dienstbarkeit (§§1090 ff BGB), insbesondere als Nießbrauch (§§1030ff BGB), als Dauerwohn- oder Dauernutzungsrecht (§31 WEG), schließlich im Immaterialgüterrecht als Lizenzen oder Urhebernutzungsrechte (§31 UrhG).

Während die Untersuchung, wie Nutzungen im Einkommensteuerrecht zu qualifizieren sind, in erster Linie theoretischer Natur ist, hat die einkommensteuerliche Analyse von Nutzungsrechten unmittelbar praktische Relevanz. Al-

---

12 BFH BStBl. II 1988, 348, (352), Beschl. v. 26.10. 1987, GrS 2/86.

lerdings scheint auch dieses Feld, wenn man den gegenwärtigen Meinungsstand betrachtet, bereits hinreichend beackert zu sein. Nach der Entscheidung des Großen Senats sind dingliche wie obligatorische Nutzungsrechte Wirtschaftsgüter.[13] Gegebenenfalls kann man von ihnen – was für Überschußeinkünfte wie für Gewinneinkünfte bedeutsam ist – Absetzungen vornehmen. Auch eine Einlage kann in Betracht kommen, wobei der Große Senat allerdings Einschränkungen macht, soweit das Nutzungsrecht – etwa von Angehörigen – unentgeltlich erlangt worden ist oder (als ein dingliches Recht) am eigenen betriebsfremden Vermögen besteht.[14] Im einzelnen mag also noch manches fraglich sein. An der dogmatischen Beurteilung von Nutzungsrechten im allgemeinen ändert das aber nichts. Daher ist die vormals lebhafte Diskussion um Nutzungen und Nutzungsrechte zur Ruhe gekommen.

Und doch gibt es noch Zweifel, sowohl in der praktischen Handhabung wie in der theoretischen Einschätzung. Bilanziell stellt sich unter anderem die Frage, wie sich die These von den Nutzungsrechten als aktivierungsfähigen Wirtschaftsgütern zu dem Grundsatz verhält, daß schwebende Geschäfte nicht zu bilanzieren sind. Ferner ist die Behandlung des Vorbehaltsnießbrauchs, genauer, wer von welchem Wirtschaftsgut welche Absetzungen vornehmen darf, nach wie vor fragwürdig. Der Bundesfinanzhof hat zwar dazu ein salomonisches Urteil gefällt,[15] das weithin respektiert wird. Die dogmatische Begründung läßt aber zu wünschen übrig. Ferner gehört in diesen Zusammenhang auch das Problem der Bauten auf fremdem Grund und Boden. Schließlich ist die Beurteilung des sogenannten Drittaufwands immer noch offen, die Frage also, ob ein Steuerpflichtiger, der mit einem von ihm genutzten Wirtschaftsgut Einkünfte erzielt, den Aufwand Dritter auf dieses Wirtschaftsgut einkommensteuerlich geltend machen kann, als Betriebsausgaben, als Werbungskosten oder im Wege einer sogenannten Aufwandseinlage.

Nutzungsrechte spielen im Einkommensteuerrecht aber noch unter einem anderen rechtlichen Aspekt als der Bedeutung ihrer Rechtsnatur eine Rolle. Das hängt mit der Grundfrage der Einkommenbesteuerung zusammen, mit der Frage nämlich, wem welche Einkünfte zuzurechnen sind. Konkret fragt sich im Fall eines Nutzungsrechts also, ob die Einkünfte dem Nutzungsberechtigten oder ob sie dem Inhaber des Wirtschaftsgutes oder des (Betriebs-)Vermögens, das jeweils genutzt wird, zuzurechnen sind. Dazu hat der Bundesfinanzhof im Jahre 1980 in drei seinerzeit allseits zustimmend begrüßten Urteilen entschieden – es ging jeweils um Nießbrauchsfälle –, daß die Einkünfte demjenigen zuzurechnen seien,

13 BFH BStBl. II 1988, 348, (353), Beschl. v. 26.10. 1987, GrS 2/86.
14 BFH BStBl. II 1988, 348, (353/354), Beschl. v. 26.10. 1987, GrS 2/86.
15 BFH BStBl. II 1982, 380, Urt. v. 28.7. 1981 , VIII R 35/79.

der den Tatbestand der Einkunftserzielung erfülle.[16] Da dies eine inhaltsleere Tautologie ist, war damit nichts gewonnen. Das Problem, nach welchen Kriterien die Einkünfte zuzurechnen sind, war nicht bewältigt. Es gehört zu den Fragen, die, wenn man sich mit Nutzungen und Nutzungsrechten im Einkommensteuerrecht beschäftigt, zu klären sind.

Nutzungen und Nutzungsrechte im Einkommensteuerrecht markieren also Grundfragen dieses Rechtsgebietes. Sie waren Auslöser für die Frage, nach welchen Kriterien Einkünfte zuzurechnen sind. Sie geben Anlaß, über den Begriff und die Bedeutung des Wirtschaftsgutes im Steuerrecht nachzudenken. Wer sich darum bemüht, ein tieferes Verständnis vom Einkommensteuerrecht zu gewinnen, muß sich Klarheit verschaffen, wie es sich hierbei mit Nutzungen und Nutzungsrechten verhält.

III. Zum Arbeitsplan

Eine Einführung kann auf offene Fragen nur im Ansatz hinweisen, aber noch keine Klärung erreichen. Das muß im folgenden Schritt für Schritt erarbeitet werden, zunächst für Nutzungsrechte, dann für Nutzungen im Einkommensteuerrecht.

Der 1. Teil der Arbeit dient einer Bestandsaufnahme. Aufgenommen werden soll aber nicht nur der gegenwärtige Stand der Rechtsprechung und des Schrifttums. Vielmehr soll auch dargestellt werden, wie sich dieser Meinungsstand im Laufe der Zeit herausgebildet hat. Das Einkommensteuerrecht ist vergleichsweise, nämlich etwa gegenüber dem Bürgerlichen Recht oder dem Strafrecht, eine junge Materie.[17] Nach dem Vorbild Englands, wo ein erstes Einkommensteuerrecht im Jahre 1799 in Kraft getreten war, schufen in Deutschland erst im 19. Jahrhundert einzelne Länder mit Preußen als Vorreiter Einkommensteuergesetze.[18] Das erste Reichseinkommensteuergesetz datiert, da das Deutsche Reich die entsprechende Gesetzgebungskompetenz so spät erst erhalten hat, vom 29.3. 1920.[19] Für die weitere Rechtsentwicklung wurde das Einkommensteuergesetz vom 10.8. 1925[20] wegweisend, in dem sich bereits die das Einkommensteuerrecht

---

16 BFH BStBl. II 1981, 295, 297 und 299, Urteile v. 13.5. 80, VIII R 63/79, 75/79 und 128/78.

17 Lesenswert der Abriß der Geschichte der Einkommensteuer bei Strutz, EStG 1925, (1927), Einl. III., S. 55 - 238.

18 Strutz, EStG 1925, (1927), Einl. III., S. 55 - 101; Großfeld, Die Einkommensteuer, 1981,

19 RGBl. 1920, 359.

20 RGBl. I 1925, 189.

prägenden Vorschriften finden. In der dann bis heute noch gültigen Paragraphenzählung erscheinen sie schließlich im Einkommensteuergesetz vom 16.10. 1934, das in den nachfolgenden Jahren zwar immer wieder ergänzt worden, aber im wesentlichen unverändert geblieben ist.[21]

Eine Steuerrechtswissenschaft, die sich mit den danach maßgeblichen Normen beschäftigt hat, gibt es folglich erst seit 80 Jahren, in denen sich die Dogmatik allmählich, zunächst bedächtig, dann später schneller entwickelt hat. Diesen Entwicklungsprozeß haben auch die Ansichten zur einkommensteuerlichen Behandlung von Nutzungen und Nutzungsrechten durchlaufen. Ob die dazu eingangs wiedergegebenen Sätze der Entscheidung des Großen Senats den Schlußpunkt oder nur ein vorläufiges Zwischenergebnis bilden, ist noch offen. Jedenfalls soll die Bestandsaufnahme des 1. Teils dieser Arbeit die Entwicklung hin zur Entscheidung des Großen Senats und dem gegenwärtigen Meinungsstand nachzeichnen.

Im anschließenden 2. Teil geht es um die dogmatischen Grundlagen, auf denen die rechtliche Beurteilung aufbauen muß, das sind die Aussagen, wie Wirtschaftsgüter begrifflich zu fassen und nach welchen Kriterien sie zuzurechnen sind, wie die Bedingungen der Aktivierung lauten, wie es sich mit Absetzungen und sonstigem Aufwand bei Gewinneinkünften und Überschußeinkünften verhält.

Daran anschließend sind dann auf der Grundlage der gewonnenen Erkenntnisse die Konsequenzen für Nutzungsrechte und Nutzungen zu ziehen.

Den Schluß bildet eine Zusammenfassung der Arbeit.

---

21 Die Änderungen des EStG sind von 1934 bis 1970 beschrieben bei Blümich/Falk/Steinbring/Uelner, EStG, 10. Aufl., Einleitung, S. 156 - 172.

Teil 1: Die Entwicklungsgeschichte der einkommensteuerlichen Behandlung von Nutzungen und Nutzungsrechten

Kapitel 1: Nutzungen und Nutzungsrechte nach dem Recht der Einkommensteuergesetze 1925 und 1934

Die einkommensteuerliche Beurteilung von Nutzungen und Nutzungsrechten soll beginnend mit dem Einkommensteuergesetz vom 10. August 1925 verfolgt werden. Wegbereiter des heutigen Einkommensteuerrechts war dieses Gesetz. Das nachfolgende Einkommensteuergesetz vom 16. Oktober 1934 übernahm im wesentlichen dessen Aussagen und brachte sie in die bis heute mit identischer Paragraphenzählung geltende Form.

I. Die gesetzlichen Regelungen betreffend Nutzungen und Nutzungsrechte

In beiden Gesetzen, dem EStG 1925 und dem EStG 1934, spielten Nutzungen und Nutzungsrechte eine Rolle. Um das für das EStG 1925 nachvollziehen zu können, ist eine kurze Übersicht über die Konzeption dieses Gesetzes sinnvoll: §6 EStG 1925 zählte zum Einkommen die bis heute bekannten Einkunftsarten,[22] die laut §7 EStG 1925 (entsprechend §2 II EStG) in Gewinn- und Überschußeinkünfte unterschieden wurden. §12 EStG 1925 definierte entsprechend dem heutigen §4 EStG den Gewinn, §13 entsprechend dem heutigen §5 EStG die Gewinnermittlung nach den Grundsätzen ordnungsmäßiger Buchführung. §14 EStG 1925 besagte entsprechend §8 EStG, was Einnahmen waren, nämlich alle Güter von Geld oder Geldeswert, mit der Maßgabe allerdings, daß dies nicht wie seit dem EStG 1934 bis heute nur die Überschußeinkünfte betraf, sondern auch diejenigen Gewinneinkünfte, die nicht dem Maßgeblichkeitsgrundsatz (§13 EStG 1925/§5 EStG) unterfielen, also auch die Gewinneinkünfte der nicht bilanzierenden Land- wie Forstwirte und Freiberufler. Der Begriff des Wirtschaftsgutes wurde erst durch das EStG 1934 eingeführt (z.B. §§4 I, 6 EStG 1934). Im EStG 1925 tauchte er noch nicht auf. Das Gesetz sprach vielmehr in Anlehnung an den

22 – wobei die im geltenden Recht an 7. Stelle zusammengefaßten sonstigen Einkünfte zwei Arten bildeten, nämlich wiederkehrende Bezüge und sonstige Leistungsgewinne.

handelsrechtlichen Begriff des Vermögensgegenstandes von Gegenständen des Betriebes.

Von Interesse ist hierbei, daß dieses für Überschuß- wie für Gewinneinkünfte geltende Begriffsverständnis von „Gütern“ diametral der zum heutigen Recht vertretenen Ansicht des Großen Senat widerspricht, wonach die Begriffe des Gutes im Sinne von §8 EStG und des Wirtschaftsgutes im Sinne von §4 EStG nicht völlig identisch, Nutzungen wohl Güter nach §8 EStG, nicht aber Wirtschaftsgüter nach §4 EStG sein sollen.[23]

In §14 EStG 1925 war ferner normiert, daß zu diesen Gütern „insbesondere auch der Wert der Nutzung einer Wohnung im eigenen Hause und einer dem Steuerpflichtigen ganz oder teilweise unentgeltlich überlassenen Wohnung“ zählte. Im Besonderen Teil, der die Einkunftsarten im einzelnen regelte, wurde der betreffende Nutzungswert dann den Einkünften aus Vermietung und Verpachtung zugerechnet (§38 III EStG 1925 entsprechend §21 II EStG 1934).[24] Das betraf Nutzungen auf der Basis von Nutzungsrechten. Im Falle des eigenen Hauses entsprach das Nutzungsrecht dem Eigentum, hatte also ein absolutes Recht als Grundlage. Im Falle einer unentgeltlich überlassenen Wohnung war das Nutzungsrecht, wenn ein solches überhaupt existierte, relativer Natur.

Nutzungen tauchten nicht nur in den den Nutzungswert des Wohnens normierenden §§14, 38 III EStG 1925 auf. Sie wurden im EStG 1925 auch in §12 II angesprochen, einer Vorschrift, die nahezu wörtlich der Entnahmeregelung des heutigen §4 I 2 EStG entsprach. Danach war „bei Berechnung des Gewinns“ ... „auch der Wert der Gegenstände, Ausbeuten, Nutzungen (sic!) oder Dienstleistungen“ hinzuzurechnen, „die der Steuerpflichtige aus seinem Betriebe für sich und seinen Haushalt oder andere Zwecke, die außerhalb des Betriebes liegen, entnommen hat.“ Hier werden erstmalig neben „Gegenständen“, „Ausbeuten“ und „Dienstleistungen“ auch Nutzungen als entnahmefähig aufgeführt. Die entsprechende Entnahmeregelung des §32 I 3 EStG 1920 nannte sie noch nicht. Seit dem EStG 1934 erscheinen Nutzungen dann gemäß §4 I 2 EStG in der Legaldefinition von Entnahmen neben „Barentnahmen“, „Waren“, „Erzeugnissen“ und „Leistungen“ als „Wirtschaftsgüter“, die dem Betriebsvermögen entnommen werden können. Dabei geht es um faktische Nutzungen, nicht um Nutzungsrechte.

Hinzuweisen ist noch auf eine Bestimmung, die das EStG 1925 in §45 getroffen hat, die alle nachfolgenden Einkommensteuergesetze dann aber nicht mehr

---

23 BFH BStBl. II 1988, 348, (352), Beschl. v. 26.10. 1987, GrS 2/86.

24 Welchen Sinn im EStG 1925 die den Nutzungswert von Wohnungen betreffende Regelung des §14 neben der des §38 III hatte, war zweifelhaft. Becker hielt sie für überflüssig: EStG 1925 §14 II.6.

enthalten. Es heißt in §45 EStG 1925, daß es für die „Einreihung unter die Einkünfte" ohne Bedeutung sei, „ob der Unternehmer oder der Berufstätige Eigentümer, Nießbraucher, Pächter oder ein sonstiger Nutzungsberechtigter ist."

Im folgenden soll die rechtliche Einschätzung dieser gesetzlichen Regelungen in Rechtsprechung und Schrifttum vorgestellt werden.

II. Zur einkommensteuerrechtlichen Beurteilung von Nutzungen und Nutzungsrechten nach dem EStG 1925 und dem EStG 1934

Als Resümée kann gleich vorweg festgehalten werden, daß sich eine vertiefte wissenschaftliche Analyse des Begriffs und der einkommensteuerrechtlichen Qualität von Nutzungen und Nutzungsrechten seinerzeit nicht findet. Diese später so heftig diskutierte Frage taucht in der Frühzeit des Reichseinkommensteuerrechts nirgends auf. Ausführlich beleuchtet wird anhand der volkswirtschaftlichen Lehren der Begriff des Einkommens,[25] ausgehend von der klassischen englischen Nationalökonomie und der Fortentwicklung in Deutschland durch Hermann,[26] Schmoller[27] und Schanz.[28] Es geht dabei um die sogenannte Quellentheorie auf der einen und die Vermögenszuwachstheorie auf der anderen Seite.[29] Die Bedeutung, die dieser bis in die jüngste Zeit in den Lehrbüchern erörterte Theorienstreit[30] für die Dogmatik des Einkommensteuerrechts hat, ist fragwürdig, da der Gesetzgeber in der Entscheidung, was einkommensteuerlich als Einkommen erfaßt werden soll, nicht an volkswirtschaftliche Theorien gebunden ist.[31] Diese Theorien interessieren daher allenfalls als Auslegungshilfe, soweit sie sich im Gesetz niedergeschlagen haben. Im übrigen ist anzumerken, daß das Einkommen, um dessen theoretische Erfassung sich die genannten Lehren bemühen, seit dem EStG 1925 das Resultat nur von Additionen und Substraktionen ist, nämlich die Summe der Einkünfte (§2 III EStG), vermindert um die nach §2 III bis V EStG abzuziehenden Beträge. Das Ergebnis dieses Rechenexempels ist dann nach Maßgabe von §2 VI EStG für den Tarif ausschlaggebend und damit

---

25 Blümich/Schachian, EStG 1925, Einleitung I, S. 1 - 6; sehr ausführlich Strutz, EStG 1925, 1927, Einl. I., S. 3 - 41; Hensel, Steuerrecht, §41, S. 231 ff.

26 Staatswirtschaftliche Untersuchungen, 1832, S. 299.

27 Über die Lehre vom Einkommen in ihrem Zusammenhang mit den Grundprinzipien der Steuerlehre, Zeitschrift für die gesamte Staatswissenschaft Bd. 19 1863.

28 Der Einkommensbegriff und die Einkommensgesetze, Finanz-Archiv 1896 Bd. 13.

29 Blümich/Schachian, EStG 1925, Einleitung II, S. 8ff.

30 z.B. Birk, Steuerrecht, Tz. 20, 21; Crezelius, Steuerrecht II, §4, Tz. 6/7.

31 Das räumen auch Blümich/Schachian, EStG 1925, Einleitung III, S. 38, ein, allerdings in der Hoffnung, daß eine fortentwickelte Volkswirtschaftslehre künftige Einkommensteuergesetze befruchten könnte.

für die Höhe der Einkommensteuerschuld (§2 V 1, VI 1 EStG). Darauf wiederum geht die Lehre zurück, daß die Einkommensteuer dem Prinzip der Besteuerung nach der Leistungsfähigkeit folge, weil der Bezieher eines höheren Einkommens höher, der Bezieher eines geringeren Einkommens geringer mit Einkommensteuer belastet wird. Alleine hieraus, d.h. aus dem Bezug des Leistungsfähigkeitsprinzips allein zum Einkommen, lassen sich aber, wie in der steuerrechtlichen Literatur auch zugegeben wird,[32] kaum weiterführende dogmatische Einsichten herleiten. Die das Einkommensteuerrecht bestimmenden Wertungen, die die Dogmatik dieses Rechtsgebietes prägen, sind sämtlich nicht unmittelbar für das Einkommen, sondern für die Zurechnung der Einkünfte bedeutsam. Die anschließende Ermittlung des Einkommens ist dann, wie gesagt, nur noch das Ergebnis von Berechnungen, allein für sich gesehen also wertfrei. Darauf ist an anderer Stelle noch einzugehen. Hier genügt der Hinweis, daß die theoretische Beschäftigung der frühen steuerrechtlichen Literatur mit dem Einkommensbegriff für die Problematik der Nutzungen und Nutzungsrechte nichts hergibt.

Betrachtet man nun die Äußerungen in Rechtsprechung und Schrifttum zu den gesetzlichen Regelungen, die Nutzungen und Nutzungsrechte betreffen, so ist festzustellen, daß sie nicht der Theorie verhaftet sind, sondern ganz der Besteuerungspraxis.

1. Insbesondere zum Nutzungswert einer Wohnung (§§14, 38 III EStG 1925, §21 II EStG 1934)

Der Reichsfinanzhof hat in verschiedenen Entscheidungen zum Nutzungswert einer Wohnung im eigenen Haus bzw. einer unentgeltlich überlassenen Wohnung (§38 III EStG 1925, §21 II EStG 1934) Stellung genommen. Es ging dabei aber nur um die Ermittlung des Nutzungswertes,[33] um die dabei zu berücksichtigenden Werbungskosten[34] und auch darum, wem der Nutzungswert zuzurechnen ist.[35] In

32 Kruse, Steuerrecht, S. 52.

33 Nach RFH StuW 1927, Nr. 579, v. 21.9. 1927, VI A 501/27, bemißt sich der Mietwert der Wohnung in einem Neubau nach dem Mietzins für eine Neubauwohnung, nicht nach dem für einen zwangsbewirtschafteten Altbau. Nach RFHE 28 (1931), 275, v. 11.3. 1931, VI A 1746/30, darf der Nutzungswert einer herrschaftlichen Villa mit Park nicht nach einem fiktiven Mietzins berechnet werden, weil die Vermietung eines solchen Objekts unüblich ist. Siehe auch RFHE 30 (1932), 95, v. 20.1. 1932, VI A 2042/31.

34 RFHE 23 (1928), 35, v. 8.2. 1928, VI A 439/27, .

35 In dem zu §21 II EStG 1934 entschiedenen Fall RFHE 40 (1937), 185, v. 3.11. 1936, I A 102/36, hatte eine Witwen- und Waisenstiftung ihr Grundstück unentgeltlich Stiftsinsassen überlassen. Nach Ansicht des RFH war der Nutzungswert ihnen, nicht der Stiftung zuzurechnen.

diesen Fällen bestand kein Anlaß, das Problem zu erörtern, als was sich die so erfaßte Nutzung darstellt. Unter dem Aspekt einer begrifflichen Klärung wird nur die nach damaligem Recht selbstverständliche Feststellung getroffen, daß das Gesetz (gemeint ist §14 EStG 1925) „die Wohnung im eigenen Hause einschließlich der zugehörigen sonstigen Räume, Gärten und Parkanlagen als ein dem Steuerpflichtigen zufließendes Gut und damit als unmittelbare Einnahme" betrachte.[36] Diese Regelung, die §14 EStG 1925 für Überschuß- wie für Gewinneinkünfte gleichermaßen traf, wurde – wie schon hervorgehoben – im EStG 1934 geändert, ohne daß die damalige steuerrechtliche Literatur sich hierzu explizit geäußert hätte. Seither bezieht sich die Definition der Einnahmen in §8 EStG laut Gesetzesüberschrift zu den §§8 und 9 EStG nur noch auf Überschußeinkünfte. Im übrigen erschien der Hinweis, daß auch der betreffende Nutzungswert zu den Einnahmen gehörte, in §8 EStG 1934 nicht mehr. Das war auch nicht erforderlich, weil die dem §38 III EStG 1925 entsprechende Vorschrift des §21 II EStG 1934, die den besagten Nutzungswert zu den Einkünften aus Vermietung und Verpachtung zählte, dies klarstellte. In anderem Zusammenhang, nämlich in einer Entscheidung zum Vermögenswert einer Nutzung oder Leistung von unbestimmter Dauer (§§144, 145 RAO), äußert sich der Reichsfinanzhof zum Begriff der „immerwährenden Nutzung", die das Gericht wegen der stets denkbaren Endlichkeit als Nutzung von unbestimmter Dauer qualifiziert.[37] Für die hier interessierende Frage nach der einkommensteuerlichen Bedeutung einer Nutzung oder eines Nutzungsrechts kann man daraus nichts herleiten.[38]

Im Fall einer unentgeltlichen Überlassung der Wohnung an unterhaltsberechtigte Personen nahm die Rechtsprechung seit einer Entscheidung des IV. Senats des Reichsfinanzhofs aus dem Jahre 1939 eine Kollision zwischen der Zurechnung des Nutzungswertes nach §21 II EStG und dem Verbot, Leistungen an unterhaltsberechtigte Personen abzuziehen (seit dem EStG 1934: §12 Nr. 2), an. Dazu hatte der VI. Senat des Reichsfinanzhof unter der Geltung des EStG 1925 noch die Ansicht vertreten, der Eigentümer, der die Wohnung im eigenen Haus nicht selbst nutze, sondern sie unentgeltlich einer unterhaltsberechtigten Person überlasse, habe gar keine Einkünfte, deren Abzug nach §§15 I Nr. 3 EStG 1925 verboten sein könnten.[39] Der IV. Senat dagegen rechnete den Nutzungswert der

36 RFHE 28 (1931), 275, (278), v. 11.3. 1931, VI A 1746/30.
37 RFHE 20 (1927), 60, 62), v. 30.11. 1926 I A 128/26.
38 Das Urteil RFHE 53 (1943), 28, v. 9.2. 1943, I 251/41, ist zum Gewerbesteuerrecht ergangen, zur Frage nämlich, ob Zahlungen einer Elektrizitätsgesellschaft für das Recht, Leitungen auf gemeindlichen Grundstücken zu verlegen bzw. für ein Stromlieferungsmonopol, nach §8 Ziff. 8 GewStG hinzuzurechnen war.
39 RFH StuW 1934 II, Nr. 304, Urt. v. 7.2. 1934, VI A 63/34; StuW 1937 II Nr. 19, Urt. v. 19.11. 1936, VI A 80/36.

Wohnung nicht dem Nutzer zu, sondern dem unterhaltspflichtigen Inhaber, der die Wohnung dem Unterhaltsberechtigten überlassen hatte.[40] Andernfalls, so heißt es, stünde er günstiger da als jemand, der dem Unterhaltsberechtigten Geld zahlt. Der Bundesfinanzhof hat diese Rechtsprechung eine gewisse Zeit lang noch fortgesetzt.[41] Da der Wohnungseigentümer die Wohnung hier gerade nicht selbst genutzt hatte, wurde also nicht das Wohnen im eigenen Haus mit dem entsprechenden Nutzungswert erfaßt. Der betreffenden Judikatur lag vielmehr unausgesprochen die Vorstellung zugrunde, daß bereits der von der aktuellen Nutzung losgelöste potentielle Nutzungswert eine Einnahme des Wohnungseigentümers sei, wenn er die Wohnung einer unterhaltsberechtigten Person überläßt. Das ist später aufgegeben worden mit der Begründung, die bereits der VI. Senat des Reichsfinanzhofs ausgesprochen hatte, daß nämlich §12 EStG nur die Verwendung des Einkommens betreffe, das der Steuerpflichtige erzielt hat, daß nicht unter Berufung auf §12 EStG die Erzielung von Einkommen fingiert werden dürfe.[42] Jedoch hat der Bundesfinanzhof den Nutzungswert einer Wohnung, die der Eigentümer unentgeltlich anderen überläßt, ohne daß für sie eine gesicherte Rechtsposition begründet wird, ganz allgemein dem Eigentümer zugerechnet, unabhängig von §12 Nr. 2 EStG, davon also, ob der Begünstigte zum Personenkreis der Unterhaltsberechtigten gehörte.[43] Zum einen geht es dabei also um das allgemeine Problem, nach welchen Kriterien Einkünfte zugerechnet werden. Zugleich aber wirft diese Fallkonstellation die besondere Frage auf, als was sich einkommensteuerlich der Nutzungswert einer Wohnung in der Hand des Verfügungsberechtigten darstellt.

Eine Antwort darauf findet sich seinerzeit nicht. Das Schrifttum zur Qualifizierung des Nutzungswertes einer Wohnung laut §14 EStG 1925 beschränkte sich vielmehr auf die zentrale Frage der Praxis, nach welchen Kriterien dieser Wert zu ermitteln war. Dabei wurde hingewiesen auf die Begründung, die der Reichsfinanzhof für die gesetzliche Regelung geliefert hatte.[44] Der Nutzer einer Wohnung im eigenen Haus oder einer unentgeltlich überlassenen Wohnung, so hieß es, sei um den im Fall einer Anmietung geschuldeten Mietzins, den er erspart habe, bereichert; daher sei es berechtigt, ihn mit dieser Ersparnis zu erfassen, wie wenn er den betreffenden Mietzins an sich selbst gezahlt und damit ver-

---

40 RFH RStBl 1939, 4, v. 8.9. 1938, IV 78/38; RFHE 46 (1939), 225, Urt. v. 9.3. 1939, IV 352/38; RStBl. 1942, 471, Urt. v. 29.1. 1942, IV 191/41.

41 z.B. BFH BStBl. III 1957, 68, Urt. v. 11.1. 1957; VI U 5/54; BStBl. III 1957, 207, (208), Urt. v. 8.2. 1957, 27/56 U; so noch BFH BStBl. II 1970, 207, (208), Urt. v. 14.11. 1969, VI R 72/68..

42 BFH BStBl. II 1984, 366, (368), Urt. v. 29.11. 1983, VIII R 215/79.

43 BFH BStBl. II 1984, 366, (368), Urt. v. 29.11. 1983, VIII R 215/79.

44 RFH StuW 1927, Nr. 579, v. 21.9. 1927, VI A 501/27.

einnahmt habe.[45] Da man mit dieser Begründung alle möglichen an sich nicht erzielten Zuflüsse fiktiv begründen könnte, gibt dieser Deutungsversuch nicht viel her.[46] Das aber braucht nicht weiter verfolgt zu werden. Jedenfalls liefert er keine Erkenntnisse für das hier behandelte Thema. Das EStG 1934 übernahm in §21 II die Zurechnung des betreffenden Nutzungswertes als Einkünfte aus Vermietung und Verpachtung.[47] Auch insoweit kam das Schrifttum hierzu über die praktische Bedeutung dieser Regelung nicht hinaus.[48]

2. *Zur Entnahme von Nutzungen*

Daß auch Nutzungen einem Betriebsvermögen entnommen werden können und daß dann zur einkommensteuerlichen Ermittlung des Gewinns eine Korrektur geboten ist, erscheint erstmalig in §12 II EStG 1925; seit dem EStG 1934 ist es in §4 I EStG bestimmt. Es wird in den Kommentaren zu §12 EStG 1925 aber nicht als eine bemerkenswerte generelle Neuerung erwähnt. Hervorgehoben wird nur, daß seit dieser Regelung des §12 II EStG 1925 der betreffende Nutzungswert nicht lediglich Einnahmen aus Vermietung und Verpachtung bildet, sondern den (z.B. gewerblichen) Gewinn erhöht, wenn eine in einem Betriebsgebäude befindliche Wohnung privat genutzt und damit dem Betrieb entnommen wird.[49] Die Problematik, die sich zeigt, wenn die Hinzurechnung der Entnahme zu einem höheren Gewinn führt als ohne die Entnahme, wird für den Fall „entnommener Dienstleistungen" erörtert, nicht für entnommene Nutzungen.[50] Im übrigen finden sich anläßlich der Entnahmeproblematik zwar Beispiele zur Entnahme von Nutzungen,[51] aber keine grundlegenden Ausführungen zu deren einkommensteuerlicher Qualität.

---

45 Blümich/Schachian, EStG 1925 §14, 2.

46 ebenso kritisch: Strutz, EStG 1925 §6, 36, der die Besteuerung des Nutzungswertes der Wohnung auf die Quellentheorie zurückführt.

47 Für selbstgenutzte Einfamilienhäuser galt seit 1936 die Einfamilienhausverordnung v. 26.1. 1937, RGBl. I, S. 99, nach der sich der Nutzungswert eines selbst bewohnten Einfamilienhauses nach dessen Einheitswert bemaß.

48 z.B. Blümich, EStG, 4.Aufl. 1940, §21, 6.

49 Blümich/Schachian, EStG 1925 §12, 9. Dies basiert darauf, daß seinerzeit die gemischte, teils betriebliche, teils private Nutzung von Gebäuden nicht wie nach geltendem Rechtsverständnis zu einer Aufspaltung in verschiedene, nämlich teils betriebliche, teils private Wirtschaftsgüter führte.

50 Obgleich Enno Becker, StuW 1926, 117 ff, laut Aufsatzüberschrift auch die Entnahme von Nutzungen vor Augen hatte.

51 Blümich, EStG, 4. Aufl., §6, 6a.

3. Zu Nutzungsrechten insbesondere

Nutzungsrechte interessieren einkommensteuerlich bei Einlagen in ein Betriebsvermögen wie bei Entnahmen aus einem Betriebsvermögen, ferner unter dem Gesichtspunkt von Absetzungen, was sowohl für Gewinneinkünfte wie für Überschußeinkünfte bedeutsam sein kann. In erster Linie aber fragt sich im Fall von Nutzungsrechten an einem Wirtschaftsgut oder gar an einem Betriebsvermögen, wem die Einkünfte aus der Nutzung zuzurechnen sind, dem Eigentümer des genutzten Wirtschaftsgutes oder aber dem Nutzungsberechtigten.

a) Zur Zurechnung der Einkünfte im Fall von Nutzungsrechten

Diese Problematik ist später unter dem Stichwort der Zurechnung nach Einkünftequellen intensiv diskutiert worden. Darauf wird noch einzugehen sein. In der Frühzeit des Einkommensteuerrechts nach dem EStG 1925 und dem EStG 1934 finden sich nur Ansätze ohne wissenschaftliche Vertiefung.

Wie schon erwähnt, hieß es dazu in §45, 1 EStG 1925, daß es für die Einreihung unter die (Gewinn-) Einkünfte gleichgültig sei, ob der Unternehmer oder der Berufstätige Eigentümer, Nießbraucher, Pächter oder ein sonstiger Nutzungsberechtigter ist. Diese Aussage findet sich im EStG 1934 nicht mehr, auch nicht in den nachfolgenden Fassungen des EStG. Die Zurechnungsproblematik ist so leicht auch nicht zu lösen. Als erster hat sich Enno Becker mit ihr auseinandergesetzt. Sein Aufsatz „Zur Behandlung von Nutznießung, Nießbrauch und Vorerbschaft"[52] ist angeregt worden durch eine Entscheidung des Reichsfinanzhofs, die noch zum EStG 1925 ergangen ist.[53] In dem zugrundeliegenden Fall hatten die Mutter und der minderjährige Sohn den Gesellschaftsanteil des Vaters an einer Kommanditgesellschaft geerbt. Der Sohn war Kommanditist geworden, die Mutter Komplementärin. Nach damaligem Familienrecht stand ihr am Kommanditanteil des Sohnes die Nutznießung zu, was nach der seinerzeit geltenden Regelung bedeutete, daß sie den jährlichen Reingewinn erhielt (§1655 I BGB a.F.), wogegen nach Verlustjahren der Gewinn bis zur Ausgleichung des Verlustes dem Kind zufiel (§1655 II BGB a.F.). In den Jahren 1931 und 1932 erwirtschaftete die KG Verluste. Es ging einkommensteuerlich darum, ob die auf den Kommanditanteil entfallenden Verlustanteile der Mutter zuzurechnen waren oder aber dem Sohn. Dieser wollte sie nach Beendigung der Nutznießung für das Jahr 1934 zum Ver-

52 Enno Becker, StuW 1938 I, Sp. 293 ff.

53 RFHE 43 (1938), 43 = StuW 1938 II Nr. 74, Urt. v. 22.12. 1937, VI 87/37. Zu dieser Zeit war Enno Becker bereits im Ruhestand, also nicht mehr Senatsvorsitzender des VI. Senats des RFH.

lustvortrag verwenden. Der VI. Senat des Reichsfinanzhofs stimmte dem zu. Zum Verlustvortrag, so heißt es, sei nur derjenige befugt, der den Verlust erlitten habe und deshalb in seiner Leistungsfähigkeit beeinträchtigt sei. Im Fall einer elterlichen Nutznießung von Betriebsvermögen sei das dessen Inhaber; denn ihn träfen die Wertveränderungen des Betriebsvermögens, nicht den Nutznießer, der nur einen Reingewinn beanspruchen könne.

Unbedingt stichhaltig erscheint diese Begründung nicht. Ob die bilanzielle Minderung des Betriebsvermögens, die sich als Verlust darstellt, wirklich den Inhaber und nicht den Nutznießer trifft, kann zweifelhaft sein. Da Verluste zur Folge haben, daß ein Gewinn späterer Jahre dazu verwandt werden muß, den Verlust auszugleichen, bedeutet dies für den Nutznießer Verlust seines Anspruchs auf den Gewinn und insofern eben doch auch eine Beeinträchtigung seiner Leistungsfähigkeit. Daß ihm nur der – wie es heißt – Reingewinn zukommt und nicht der zur Verrechnung des Verlustes benötigte Gewinn, kann dies nicht widerlegen; denn ohne den betreffenden Verlust wäre es ja Reingewinn des Nutznießers. Ob damit das Ergebnis des Reichsfinanzhofs widerlegt ist, ist allerdings gleichfalls die Frage. Aber hier interessiert weniger, welche einkommensteuerlichen Konsequenzen an die seinerzeitige Nutznießung von Kindesvermögen zu knüpfen waren. Für das hier behandelte Thema bedeutsamer ist vielmehr, daß sich schon in der Frühzeit des Einkommensteuerrechts die Zurechnungsproblematik im Fall von Nutzungsrechten bemerkbar gemacht hat. Die Ausführungen Enno Beckers hierzu gehen über den vom Reichsfinanzhof beurteilten speziellen Fall hinaus. Eine dogmatisch zwingende Anwort hat allerdings auch er nicht gefunden. Seine tastenden Überlegungen treffen möglicherweise aber den Kern. Kurz zusammengefaßt laufen sie darauf hinaus, daß danach zu unterscheiden sei, in wessen Namen und für wessen Rechnung der Betrieb geführt wird. Im Falle elterlicher Nutznießung nimmt Enno Becker eine Unternehmensführung im Namen des Kindes an, weswegen er das Kind „als Träger der Einkünfte" betrachtet.[54] Dagegen tritt ein Vorerbe während der Dauer der Vorerbschaft in die Rechtsstellung des Erblassers ein, führt die Geschäfte also in eigenem Namen, weswegen laut Enno Becker etwaige Gewinneinkünfte oder auch Überschußeinkünfte etwa aus Vermietung und Verpachtung ihm zuzurechnen sind.[55] Ebenso urteilt Enno Becker für den Nießbrauch, wobei er zugrundelegt, daß auch der Nießbraucher in eigenem Namen und für eigene Rechnung wirtschaftet.[56]

Diese Erwägungen Enno Beckers liefern Ansätze zum Nachdenken. Daß sie bereits eine herrschende Lehre markieren, kann nicht ohne jeden Zweifel gesagt

54 Enno Becker, StuW 1938 I, Sp. 293, (297).
55 Enno Becker, StuW 1938 I, Sp. 293, (295).
56 Enno Becker, StuW 1938 I, Sp. 293, (296/298f).

werden. In einem anderen Urteil, in dem es auch darum ging, wer im Falle elterlicher Nutznießung die Einkünfte erzielt, hat der Reichsfinanzhof sie dem Vater zugerechnet. Die Einkommensteuer sei, so heißt es, eine Personal- und Ertragsteuer, „bei der in erster Linie festzustellen ist, wem der Ertrag zusteht und zufließt." Das sei der Vater, dem aus seinem Nutznießungsrecht das Einkommen unmittelbar zuflösse.[57] Aber auch dieser Gesichtspunkt wird kurz darauf noch präzisiert. Der Nießbrauch an Wertpapieren, den der Sohn seinem vermögenslosen Vater bestellt hat, begründet für diesen keine Einkünfte; vielmehr handele es sich um eine Vorausverfügung des Sohnes über dessen künftige Einkünfte, also um „Verwendung eigenen Einkommens".[58]

b) Zur Absetzungsbefugnis im Fall von Nutzungsrechten

Was Absetzungen angeht, so fragt sich im Fall von Nutzungsrechten, wer sie von welchem Wirtschaftsgut vornehmen kann bzw. vornehmen möchte. In der ersten Auflage des Strutz'schen Kommentars zum EStG 1925 heißt es dazu, daß bei einem Grundstücksnießbrauch die Absetzungen vom Gebäude nicht der Nießbraucher vornehmen könne; sie seien dem Eigentümer vorbehalten, und zwar selbst im Falle der Instandhaltungspflicht etwa eines Pächters.[59] Zur Möglichkeit von Absetzungen vom Nießbrauch äußert sich Strutz nicht, weil es Absetzungen gemäß §16 III EStG 1925 nur von Maschinen und sonstigem Betriebsinventar, für gewerbliche, literarische und künstlerische Urheberrechte, für Gebäude, Bewässerungs- und Entwässerungsanlagen und fischereiwirtschaftliche Anlagen gab. Erst das EStG 1934 ordnet in §7 an, daß Absetzungen unter den bekannten weiteren Bedingungen bei Gebäuden und sonstigen Wirtschaftsgütern in Betracht kommen können, also gegebenenfalls auch von einem Nutzungsrecht. Darauf geht Enno Becker in dem bereits behandelten Aufsatz über die einkommensteuerliche Behandlung von Nutznießung, Nießbrauch und Vorerbschaft nicht näher ein. Er erwähnt nur am Rande Absetzungen von einem Patent,[60] untersucht im übrigen aber lediglich die Frage, ob der Inhaber des Nutzungsrechts, ob insbesondere ein Nießbraucher die Absetzungen von den dem Nießbrauch unterliegenden abnutzbaren Wirtschaftsgütern vornehmen kann. Dies wird in Parallele zur Vorerbschaft befürwortet. Nach Enno Becker hat der Vorerbe[61] und auch ein

---

57 RFH; StuW 1935 II, Nr. 462, Urt. v. 8.5. 1935, VI A 855/34..

58 So RFH StuW 1935 II, Nr. 150, Urt. v. 16.1. 1935, VI A 288/33: zu §18 I EStG 1925 (ensprechend dem späteren §12 EStG).

59 Strutz, EStG 1925, 1927, §16, 63, unter Berufung auf pr. OVG in St. 1, 366; 9, 88; ders. §45, 3.

60 Enno Becker, StuW 1938 I, Sp. 293, (297).

61 Enno Becker, StuW 1938 I, Sp. 293, (295).

Nießbraucher[62] die Befugnis zu Absetzungen von den genutzten Wirtschaftsgütern, und zwar deshalb, weil ihnen nach seiner Ansicht – wie oben ausgeführt – die Einkünfte zuzurechnen sind. Die Passagen, in denen Enno Becker seinen Vorschlag vorsichtig tastend entwickelt, sind lesenswert, können aber – wie schon gesagt – nicht als eine herrschende Lehre der Zeit betrachtet werden. Festzuhalten ist vielmehr, daß insoweit noch Rechtsunsicherheit herrschte.

c) Entnahme und Einlage von Nutzungsrechten

Das EStG 1925 regelte in §12 II die Entnahme. Zur Problematik von Einlagen sagte das Gesetz nichts aus. Jedoch bestand Einigkeit darüber, daß „Gegenstände, die von außen her in das Betriebsvermögen gelangt sind, ohne daß hierfür eine die Betriebsausgaben belastende Gegenleistung erfolgt," nicht in den Bestandsvergleich einzubeziehen waren; „denn sie stellen sich" – wie es heißt – „weder als unmittelbare noch als mittelbare Früchte des Unternehmens dar."[63] Das EStG 1934 bestimmte in §4 mit dem heute noch verwendeten Wortlaut, daß das Betriebsvermögen zur Gewinnermittlung um den Wert der Entnahmen zu vermehren und um den Wert der Einlagen zu vermindern ist.

Jedoch hat sich weder die Rechtsprechung noch das Schrifttum unter der Geltung des EStG 1925 und des EStG 1934 mit Einlagen oder Entnahmen speziell von Nutzungsrechten auseinandergesetzt. Im Rahmen dieser Bestandsaufnahme kann nur dies konstatiert werden. Weitere Überlegungen hierzu wären also reine Spekulationen.

Kapitel 2: Die einkommensteuerliche Behandlung von Nutzungen und Nutzungsrechten seit den 70er Jahren bis zu den Beschlüssen des Großen Senats 2/86 und 4/92

Der im vorangegangenen Kapitel für Rechtsprechung und Schrifttum konstatierte Stand zur Problematik von Nutzungen und Nutzungsrechten im Einkommensteuerrecht hat sich bis Anfang der 70er Jahre nicht geändert. Zieht man den Kommentar von Littmann in der 6. Auflage von 1959 zu Rate, dann findet sich zu dieser Thematik nichts Neues. Noch die 10. Auflage der Kommentierung des Blümich/Falk von 1971 weist in diesem Punkt gegenüber der 7. Auflage von 1955

62 Enno Becker, StuW 1938 I, Sp. 293, (305).
63 Strutz, EStG 1925, §12, 23b.

keine wesentlichen Abweichungen auf.[64] Dann aber gewinnt die Thematik plötzlich allgemeines Interesse. Diese Entwicklung für dem Leser übersichtlich nachzuzeichnen, bereitet allerdings gewisse Schwierigkeiten: Dies hängt damit zusammen, daß die verschiedenen Teilaspekte der Problematik durchaus heterogen erscheinen. Bereits der Unterschied zwischen schlichten Nutzungen einerseits und den Rechten zu irgendwelchen Nutzungen andererseits verlangt rechtlich eine unterschiedliche Betrachtung. Weitere Differenzierungen finden sich in der steuerrechtlichen Literatur, weil das einzelne Nutzungsrecht gegenüber dem anderen, wie auch die Art des Erwerbs, nämlich entgeltlich oder unentgeltlich, durchaus verschiedenartig sein kann. Bis hin zum Beschluß des Großen Senats vom 26.10. 1987[65] sind diese Fragen und die damit zusammenhängenden speziellen und allgemeinen Probleme aufgefächert erörtert worden, so daß eine Arbeit, die den Fortgang der Überlegungen aufzeigen will, dem Leser möglicherweise den Eindruck eines rechtlichen Labyrinths suggeriert. Das soll hier dadurch vermieden werden, daß sich die Darstellung an den Gesichtspunkten orientiert, die in der Praxis das Interesse an Nutzungen und Nutzungsrechten im Einkommensteuerrecht geweckt haben. Nutzungen haben vor allem in Zusammenhang mit der Problematik von Einlagen eine Rolle gespielt, Nutzungsrechte desgleichen, dann aber auch im Zusammenhang mit dem Problem der Zurechnung von Einkünften. Das ist, wie die im vorangegangenen Kapitel hervorgehobenen Überlegungen Enno Beckers erweisen, schon in der Frühzeit des Einkommensteuerrechts erkannt worden. Beide Aspekte, die Zurechnungsfrage, aber auch die Einlagenproblematik betreffen Grundfragen des Einkommensteuerrechts. Sie sollen die Gedankenführung im folgenden leiten.

I. Die Zurechnung von Einkünften im Fall von Nutzungsrechten

Die Lösung der Frage, wem welche Einkünfte zuzurechnen sind, erscheint auf den ersten Blick einfach zu sein, dann nämlich wenn man die Einkünfte schlicht dem zurechnet, der die betreffenden Geldbeträge oder geldwerten Leistungen erhält. Danach hätte Einkünfte aus Kapitelvermögen derjenige, der Kapitalzinsen erhält, Einkünfte aus Vermietung und Verpachtung derjenige, der Miet- oder Pachtzinsen erhält, gewerbliche Einkünfte derjenige, der eine Gewinnbeteiligung aus Gewerbebetrieb oder einen Veräußerungsgewinn erhält. Diese Schlußfolgerung ist aber nicht stets zutreffend. Ob jemandem gewerbliche Einkünfte in Ge-

64 Vergl. z.B. die Ausführungen zur Entnahme von Nutzungen: Blümich/Falk, 10. Aufl. 1971, §4, Anm. 24, gegenüber Blümich/Falk, 7. Aufl. §4, Anm. 24.

65 BFH BStBl. II 1988, 348, Beschl. v. 26.10. 1987, GrS 2/86.

stalt einer Gewinnbeteiligung bzw. eines Veräußerungsgewinns zuzurechnen sind, kann zweifelhaft sein und richtet sich nicht unbedingt danach, was der betreffende Steuerpflichtige an Geld oder Geldeswert erhalten hat.[66] Auch die Zurechnung von Einkünften aus Kapitalvermögen ist nicht zweifelsfrei. Die Abtretung künftiger Zinsansprüche z.B. vermittelt nach feststehender Judikatur dem Neugläubiger keine Einkünfte,[67] obwohl doch er in Zukunft die Zinsen erhält.

Die Frage, wem aus welchen Gründen welche Einkünfte zuzurechnen sind, hat gerade in Zusammenhang mit Nutzungsrechten, insbesondere dem Nießbrauch, die Steuerrechtler beschäftigt. Es ist gängige Praxis, daß Nießbrauchsrechte etwa an Grundbesitz, aber auch an Vermögensmassen, wie Unternehmen, oder an gesellschaftsrechtlichen Beteiligungen begründet werden oder aber daß ein Vermögenswert, wie beispielsweise ein Mietshaus, unter dem Vorbehalt eines Nießbrauchs übertragen wird.

1. Der Nießbrauch im Zivilrecht

Wirtschaftlich betrachtet führt die Nießbrauchsbestellung zu einer Wertabgabe. Das Recht, das sich früher geschlossen in der Hand des Rechtsträgers befand, wird aufgespalten. Rechtlich genauer beschrieben, stellt der Nießbrauch ein absolutes Nutzungsrecht an einer Sache (§1030 BGB), an einem Recht (§1068 BGB) oder einem Vermögen (§1085 BGB) dar. Der Nießbraucher darf die Nutzungen (§100 BGB) ziehen, d.h. die Gebrauchsvorteile oder auch die Früchte, also die Erzeugnisse (§101 Nr. 1 BGB) oder Erträgnisse (§101 Nr. 2 BGB). Beim Nießbrauch an einer Sache, etwa einem Hausgrundstück, darf das Haus selbst bewohnt, es darf auch vermietet oder verpachtet werden. Der Nießbrauch an einem Recht, etwa einer verzinslichen Forderung, begründet den Anspruch auf die Kapitalzinsen. Das Nießbrauchsrecht wirkt zugunsten des Nießbrauchers nicht nur gegenüber dem Nießbrauchsbesteller, sondern auch Dritten gegenüber, eben absolut. Der Grundstücksnießbrauch etwa wird als eine dingliche Belastung im Grundbuch eingetragen, so daß der Nießbraucher auch gegen gutgläubig lastenfreien Erwerb (§892 BGB) geschützt ist.

---

66 Grundlegend zur angemessenen Gewinnverteilung in einer Mitunternehmerschaft: BFH BStBl. II 1973, 5, Urt. v. 29.5. 1972, GrS 4/71.

67 BFH BStBl. III 1957, 207, Urt. v. 8.2. 1957, VI 27/56 U; BStBl. III 1960, 404/405, Urt. 6.5./29.7. 1960, VI 265/58 U; BStBl. II 1972, 347, Urt. v. 1.2. 1972, VIII R 118/71; Ludwig Schmidt, FR 1977, 457, (458).

2. *Die Diskussion der 60er und 70er Jahre um die einkommensteuerliche Zurechnung der Erträgnisse aus Nutzungsrechten*

Erhält der Nießbraucher danach Mietzinsen oder Kapitalzinsen, so kann der Nießbrauch, wenn er einkommensteuerlich Einkünfte begründet, ein willkommenes Gestaltungsmittel liefern, das die Praxis mit unterschiedlichem Erfolg auch lebhaft aufgegriffen hat. Die Rechtsprechung hierzu war wechselhaft: Der Bundesfinanzhof hat die Einkünfte grundsätzlich dem Nießbraucher zugerechnet, gleichgültig ob der Nießbrauch entgeltlich[68] oder unentgeltlich bestellt worden ist, letzteres aber nur, wenn Nießbraucher nicht unterhaltsberechtigte Personen waren.[69] Im täglichen Leben jedoch kommt eine unentgeltliche Nießbrauchsbestellung regelmäßig nur zugunsten unterhaltsberechtigter Familienangehöriger vor. Der oft wiederholte Grundfall sieht so aus: Der Vater schenkt der Tochter den Nießbrauch etwa an seinem Mietshaus, verliert dadurch zivilrechtlich also die Mietzinsen, die er daher nach seiner Vorstellung nun nicht mehr versteuert, braucht der Tochter jetzt aber auch keinen Unterhalt zu zahlen, weil sie sich aus den Mieteinnahmen selbst versorgen kann. Unterhaltsleistungen an die Tochter hätte er nach §12 Nr. 1 oder Nr. 2 EStG nicht steuermindernd abziehen können. Daß die Tochter, vielleicht weil die Mietzinsen ihren Grundfreibetrag nicht übersteigen, ihrerseits die Mieteinnahmen nicht zu versteuern braucht, kann eine willkommene Nebenwirkung sein. Jedenfalls aber können Steuerspareffekte eintreten, wenn der Tarif der Tochter unter dem des Vaters liegt. Eben diese Hintergründe haben heftige Kämpfe zwischen Befürwortern und Gegnern derartiger Gestaltungen ausgelöst und die Wissenschaft beflügelt, nach den Kriterien zu suchen, nach denen Einkünfte zuzurechnen sind. Dabei bildete den Ausgangspunkt die einkommensteuerliche Bedeutung des Nießbrauchs und anderer Nutzungsrechte.

a) *Unentgeltlich zugunsten Unterhaltsberechtigter begründeter Nießbrauch*

In dem soweit ersichtlich ersten Urteil des Bundesfinanzhofs zu dieser Frage ging es um den Nießbrauch, den die Tochter ihrem Vater an einem Mietwohngrundstück eingeräumt hatte. Während das Finanzamt die Mieteinkünfte bei der Tochter erfassen wollte, rechnete der IV. Senat des Bundesfinanzhofs sie seinerzeit

---

68 BFH BStBl. III 1957, 393, (394/395), Urt. v. 5.7. 1957, VI 74/55 U; BStBl. III 1960, 36, (37), Urt. v. 2.10. 1959, VI 64/57 U.

69 BFH BStBl. III 1964, 576, (577: obiter dictum), Urt. v. 7.8. 1964, VI 165/63; auch wenn den Nießbrauch zugunsten von Familienangehörigen eine Familienstiftung bestellt hat, weil für ihr Verhältnis zu den Begünstigten §12 Nr. 2 EStG nicht gilt: BFH BStBl. III 1960, 37, (38), Urt. v. 22.9. 1959, I 5/59 U.

dem Vater zu.[70] §12 Nr. 2 EStG stünde dem, wie es heißt, nicht entgegen, weil der Tochter danach „keine Einnahmen aus dem Mietwohngrundstück zugeflossen sind, also auch keine Verwendung von Einkommen in Betracht kommt." Weiter beruft sich der Senat auf den sachenrechtlichen Charakter des Nießbrauchs und auf die wirtschaftliche Betrachtungsweise, wobei nicht recht deutlich wird, wie das zu verstehen ist.

Diese Ansicht, daß die Einkünfte dem Nießbraucher zuzurechnen sind, hat der Bundesfinanzhof dann aber, wenn der Nießbrauch unentgeltlich zugunsten unterhaltsberechtigter Personen bestellt war, aufgegeben. Vielmehr hat das Gericht die Einkünfte nach §12 Nr. 2 EStG beim Nießbrauchsbesteller erfaßt. Dazu heißt es in einem Urteil, das an sich keinen Nießbrauchsfall, sondern ein unentgeltlich zugunsten der Eltern bestelltes dingliches Wohnrecht betraf:[71] „... daß es der einkommensteuerlichen Behandlung der Beziehungen zwischen gesetzlich unterhaltsberechtigten Personen, wie sie in §12 Nr. 2 EStG festgelegt ist, entspricht, auch bei unentgeltlicher Bestellung eines dinglichen Nießbrauchsrechts keinen originären Erwerb der Einkünfte beim Nießbrauchsberechtigten anzunehmen." Der VI. Senat beruft sich dafür auf die wirtschaftliche Betrachtungsweise, während doch der IV. Senat im Urteil vom 2.3. 1951 die gleiche Begründung für das gegenteilige Ergebnis ins Feld geführt hatte. Das resultiert nach Meinung des VI. Senat daraus, daß im Fall des IV. Senats die Tochter, die dem Vater den Nießbrauch bestellt hatte, beschränkt einkommensteuerpflichtig gewesen war, was bei ihr zu einer doppelten Erfassung der Mieteinkünfte hätte führen können.

Im Jahre 1966 ließ der Bundesfinanzhof jedoch die These fallen, daß §12 Nr. 2 EStG in Nießbrauchsfällen verbiete, die Einkünfte dem Nießbraucher zuzurechnen.[72] Die Begründung lautet, daß bei einer Nießbrauchsbestellung, auch einer unentgeltlichen, die Einkünfte „nicht lediglich obligatorisch ‚verlagert' werden, sondern ... dem Nießbraucher unmittelbar aus seinem dinglichen Recht zufließen." Deswegen soll es sich nicht um Zuwendungen im Sinne von §12 Nr. 2 EStG handeln. Für obligatorische Nutzungsrechte ist die Rechtslage lange Jahre anders eingeschätzt worden. Man findet noch 1983 in einem sogenannten Nießbrauchserlaß des Bundesfinanzministeriums die Ansicht, daß es mit §12 Nr. 2 EStG nicht zu vereinbaren sei, dem Nutzungsberechtigten, wenn ihm ein schuldrechtliches Nutzungsrecht unentgeltlich eingeräumt worden ist, originäre Einkünfte zuzurechnen.[73]

---

70 BFH BStBl. III 1951, 87, (88), Urt. v. 2. 1951, IV 149/50 U. Zur Analyse des Urteils Schellenberger, DStR 1981, 395, (396 sub 1.).

71 BFH BStBl. III 1957, 207, (208), Urt. v. 8.2. 1957, 27/56 U.

72 BFH BStBl. III 1966, 584, (585), Urt. v. 6.7. 1966, VI 124/65.

73 BMF v.23.11. 1983, BStBl. I 1983, 508; dazu Plückebaum, FR 1984, 496, 497.

Das geschilderte Hin und Her macht deutlich, daß die tragenden Gründe für die Zurechnung von Einkünften noch verborgen waren. Im Schrifttum wurde das letztgenannte Urteil als ein Hinwendung des Bundesfinanzhofs zu der häufig vertretenen These vom „Primat des Zivilrechts für das Steuerrecht" gewertet.[74] Beim Nießbrauch, so schreibt Söffing als ein Verfechter des Primats des Zivilrechts, folge die steuerrechtliche Betrachtung grundsätzlich der zivilrechtlichen.[75] Die „Einheit der Rechtsordnung", so meinte man damit, gebiete, daß das Steuerrecht an die Wertungen und Zuordnungen des Zivilrechts gebunden sei. Da Mietzinsen, die ein Mietshaus abwirft, nach bürgerlichem Recht dem Nießbraucher zustehen, dem am Hausgrundstück ein Nießbrauchsrecht bestellt ist (§§566, 567 BGB), seien auch einkommensteuerlich ihm die Einkünfte zuzurechnen. Die Berufung auf den dinglichen Charakter des Nießbrauchs im Urteil vom 6.7. 1966 weist in diese Richtung. So ist die Entscheidung auch verstanden worden. Vielfach wird die bürgerlich-rechtliche Dinglichkeit des Nießbrauchsrechts als der Grund für die einkommensteuerliche Zurechnung der Einkünfte zum Nießbraucher genannt.[76] Lange Zeit ist diese Problematik unter dem Stichwort der „Übertragung von Einkunftsquellen" erörtert worden. In diesem Sinne wurde der Nießbrauch als eine Quelle von Einkünften verstanden. Durch die Nießbrauchsbestellung werde das Gewinnstammrecht auf den Nießbraucher verlagert, der damit die betreffenden Einkünfte in seiner Person erziele.[77] Nachdem der VI. Senat dies auch für einen unentgeltlich bestellten Nießbrauch entschieden hatte, wurde die früher häufig anzutreffende Unterscheidung zwischen entgeltlichen und unentgeltlichen Einkünfteverlagerungen im Schrifttum fallengelassen.[78]

Zwei weitere Urteile des Bundesfinanzhofs brachten jedoch wiederum Unsicherheit in die Einschätzung der Rechtslage.

b) Quoten- und Wertpapiernießbrauch

Der IV. Senat des Bundesfinanzhof verwarf, übrigens mit Zustimmung des I. Senats, die Annahme, daß ein sogenannter Quotennießbrauch am Gewinnstammrecht eines gewerblich oder freiberuflich tätigen Personengesellschafters für den

---

74 Böttcher, StbJb 1968/69, 136; Horst Vogel, BB 1977, 1090; Söffing, in Tipke, Übertragung von Einkunftsquellen, 125, (127); Fichtelmann, FR 1977, 244; (246). Kritisch Kruse, AG 1980, 216, (2179

75 Söffing, in Tipke, Übertragung von Einkunftsquellen, 125, (127/128f).

76 Fichtelmann, FR 1977, 244; (245f).

77 Söffing, in Tipke, Übertragung von Einkunftsquellen, 125, (126f); Fichtelmann, FR 1977, 244; (245f).

78 Söffing, in Tipke, Übertragung von Einkunftsquellen, 125, (129).

Nießbraucher gewerbliche oder freiberufliche Einkünfte begründe.[79] In dem zugrundeliegenden Fall hatte der Vater, ein in Sozietät tätiger Rechtsanwalt seinen zwei minderjährigen Kindern durch Schenkungsvertrag in Höhe von je 5% einen – wie es heißt – „Quotennießbrauch am Gewinnstammrecht seines Gesellschaftsanteils" eingeräumt, weswegen in dieser Höhe freiberufliche Einkünfte der Kinder geltend gemacht wurden. Der IV. Senat ließ die ersichtlich bezweifelte These, ob es zivilrechtlich ein solches Gewinnstammrecht gäbe,[80] offen, lehnte jedoch die Schlußfolgerung, daß die Nießbraucher nunmehr freiberufliche Einkünfte hätten, ab. Die Begründung ist deutlich zivilrechtlich geprägt. Das Gericht stützt sich darauf, daß ein Nießbrauch an einem Gewinnstammrecht, auch wenn aus der Beteiligung an einer Personengesellschaft ein solches Recht folge, weitgehend der Vorausabtretung künftiger Gewinnansprüche gleiche. Da aber die Vorausabtretung für den Neugläubiger nach der Rechtsprechung einkommensteuerlich keine eigenen Einkünfte begründe, müsse dies, so folgert der IV. Senat, auch für den Nießbrauch an einem Gewinnstammrecht gelten. Nachgeschoben wird noch die Erwägung, daß andernfalls der Einzelunternehmer, der über kein solches Gewinnstammrecht verfüge, ungerechterweise anders behandelt werde als das Mitglied einer Personengesellschaft.

Noch im selben Jahr entschied der VIII. Senat des Bundesfinanzhofs, daß ein unentgeltlich bestellter Nießbrauch an Wertpapieren dem Nießbraucher, der zivilrechtlich die Dividenden beanspruchen kann, einkommensteuerlich gleichwohl keine Einkünfte vermittele.[81] Die Argumentation ist diegleiche wie sie der IV. Senat zum Quotennießbrauch verwendet hat. Auf die Parallelität beruft sich der VIII. Senat ausdrücklich. Die in zwei früheren Urteilen vom VI. Senat des Bundesfinanzhofs vertretene gegenteilige Ansicht, daß ein Nießbrauch an Aktien und verzinslichen Darlehensforderungen eigene Einkünfte des Nießbrauchers begründe,[82] konnte der VIII. Senat, weil die Zuständigkeit auf ihn übergegangen war, aufgeben, ohne den Großen Senat anzurufen. Ein Wertpapiernießbrauch, so heißt es im Urteil, komme der Vorausabtretung der künftigen Ansprüche auf die Erträgnisse der Wertpapiere gleich und könne daher dem Nießbraucher einkommensteuerlich ebensowenig Einkünfte zuweisen wie eine Vorausabtretung. „Einkünfte aus Kapitalvermögen", so heißt es im Urteil, „erzielt nur, wer selbst Kapitalvermögen gegen Entgelt zur Nutzung überläßt". Auch die im Jahre 1972 vertretene Ansicht, wonach ein Nießbraucher Grundschuldzinsen als Einkünfte aus

---

79 BFH BStBl. II 1976, 592, (593 ff), Urt. v. 15. 1976, IV R 83/75. Dazu Fichtelmann, FR 1977, 244 ff.

80 vertreten z.B. von Siebert, BB 1956, 1126/1127.

81 BFH BStBl. II 1977, 115, (116f), Urt. v. 14.12. 1976, VIII R 146/73.

82 BFH BFHE 86, 674, Urt. v. 6.7. 1966 VI 111/65, und BStBl. III 1968, 260, Urt. v. 24.11. 1967, VI R 274/66.

Kapitalvermögen zu versteuern hatte, gab der VIII. Senat danach auf. Daß im Falle eines Grundstücksnießbrauchs anders entschieden wird, führte der Senat auf die Sonderregelung der §§577, 571 BGB a.F. (jetzt §§567, 566 BGB) zurück. Weswegen diese Regelung des Zivilrechts das Einkommensteuerrecht beeinflußt, blieb allerdings offen.

c) Stellungnahmen im Schrifttum

Im Schrifttum ist diese Nießbrauchsrechtsprechung sehr unterschiedlich aufgenommen, überwiegend kritisiert, zum Teil aber auch zustimmend begrüßt worden.[83] Es ist aufschlußreich, zwei exponierte, gegensätzliche Stimmen mit ihrer Argumentation einander gegenüberzustellen, Ludwig Schmidt, damaliges Mitglied und späterer Vorsitzender des IV. Senats, als Verteidiger auf der einen Seite und Günter Söffing, damaliger Ministerialrat im Bundesfinanzministerium, späteres Mitglied und dann auch Senatsvorsitzender am Bundesfinanzhof, als Kritiker. Beide Autoren argumentieren letztlich zivilrechtlich, also mit Hilfe des Instrumentariums, das das Bürgerliche Recht liefert. Die Überlegungen ranken um die Frage, ob eine Nießbrauchsbestellung an Wertpapieren bzw. am Gewinnrecht in einer Personengesellschaft der Abtretung künftiger Erträgnisse gleichkommt, wie dies der VIII. und der IV. Senat angenommen hatten.

Söffing widerspricht dieser These: Der Nießbrauch an einer Forderung, so hebt er hervor, begründe weit mehr Rechte als eine Abtretung künftiger Erträgnisse. Der Nießbraucher sei zur Einziehung der Forderung befugt, wenn sie unverzinslich ist (§1074 BGB). Bei Verzinslichkeit müßten zur Einziehung Gläubiger und Nießbraucher zusammenwirken (§1078 BGB), und der Schuldner müsse an beide gemeinschaftlich zahlen (§1077 BGB). Daraus leitet Söffing ab, daß der Nießbrauch an Wertpapieren eine Einkunftsquelle für den Nießbraucher darstelle. Eine einkommensteuerrechtlich stichhaltige Argumentation, eine Begründung also, die sich auf maßgebliche Wertungen des Einkommensteuerrechts stützt, ist das fraglos nicht. Die mangelnde zivilrechtliche Übereinstimmung zwischen Nießbrauch und Forderungsabtretung wird dafür ins Feld geführt, daß die Position eines Nießbrauchers an einer Forderung einkommensteuerlich nicht so wie eine Vorausabtretung von Zinsansprüchen aus der Forderung zu qualifizieren sei. Zur Entscheidung des VIII. Senats zum Quotennießbrauch an einem angeblichen Gewinnstammrecht meint Söffing, daß ein solches Recht nicht mit einem Forderungsrecht verglichen werden dürfe. Man könne es allenfalls mit einer Zusammenfassung der Nutzungen einer Forderung, der Zinsen also, gleichsetzen. Folg-

83 Ludwig Schmidt, FR 1977, 457 ff; Uelner, StBKongR 1977, 105, (116 ff); Kruse, AG 1980, 216, (219 f).

lich gäbe die Entscheidung des VIII. Senats zum Quotennießbrauch nichts her für die Beurteilung eines Wertpapiernießbrauchs. Dezidiert wendet sich Söffing gegen die These, nur derjenige habe Kapitaleinkünfte, der selbst Kapital gegen Zinsen vergibt. Das versucht Söffing plausibel zu machen, indem er die Rechtsansicht des VIII. Senats ad absurdum zu führen sucht. Danach nämlich, so meint er, hätte derjenige, der an seinem Wertpapierbesitz einen Nießbrauch entgeltlich bestellt, doppelte Einkünfte, müßte nämlich das Entgelt nach §20 II Nr. 2 EStG versteuern und die Dividenden laut der Entscheidung des IV. Senats gemäß §20 I Nr. 1 EStG. Wegen dieser Unebenheiten plädierte Söffing seinerzeit dafür, den beiden kritisierten Urteilen keine über den Einzelfall hinausgehende Bedeutung zuzumessen und sie deshalb in der Finanzverwaltung zunächst noch nicht anzuwenden.

Söffing hat seine Rechtsansicht noch in weiteren Veröffentlichungen unverändert vertreten[84] und sich darauf berufen, daß Begriffe, die das Steuerrechts dem Zivilrecht entlehnt „auch steuerrechtlich im Sinne des Privatrechts auszulegen sind, soweit gesetzlich nichts anderes angeordnet ist."[85]

Ludwig Schmidt vertritt demgegenüber erklärtermaßen die Gegenansicht und sucht das Urteil „seines" IV. Senats zum Wertpapiernießbrauch und auch die Entscheidung des VIII. Senats zum Quotennießbrauch am Gewinnstammrecht eines Personengesellschafters zu verteidigen.[86] Dafür knüpft er daran an, daß die Abtretung künftiger Zinsansprüche – wie oben bereits hervorgehoben – dem Neugläubiger nach herrschender Meinung keine Kapitaleinkünfte vermittelt, daß die Zinsen einkommensteuerlich vielmehr dem Altgläubiger zugerechnet werden, obwohl der Neugläubiger sie bezieht. Von dieser Prämisse, die Ludwig Schmidt seinerseits nicht begründet, sondern eben voraussetzt, geht er aus.[87] Da sich ein Nießbrauch an Wertpapierbesitz, so lautet seine Beweisführung, zivilrechtlich nur unwesentlich von der Vorausabtretung eines Zinsanspruchs unterscheide,[88] müsse er einkommensteuerlich eben entsprechend behandelt werden.[89] Das häufig verwendete Argument, der Nießbrauch vermittele kraft seines dinglichen Charakters eine Einkunftsquelle, läßt Ludwig Schmidt nicht gelten. Dem Einkommensteuergesetz sei nicht zu entnehmen, „daß sich die Antwort auf die einkommensteuerliche Frage der persönlichen Zurechnung von Einkünften allein danach richten soll, ob die Einkünfte in Zusammenhang mit absoluten Rechten oder rela-

84 Söffing, in Tipke, Übertragung von Einkunftsquellen, 125 ff; JbFSt 1977/78, 301, (333 ff).
85 Söffing, in Tipke, Übertragung von Einkunftsquellen, 125, (127f).
86 Ludwig Schmidt, FR 1977, 457 ff.
87 Ludwig Schmidt, FR 1977, 458 (sub 2.)
88 Ludwig Schmidt, FR 1977, 460 (sub 4).
89 Ludwig Schmidt, FR 1977, 460 (sub 5).

tiven Rechten bezogen werden." Er verweist darauf, daß gewerblicher Unternehmer auch sein kann, wer nur Pächter und nicht Eigentümer der Produktionsmittel ist, daß umgekehrt der Eigentümer der Produktionsmittel nicht schon deswegen, weil sie ihm gehören, gewerbliche Einkünfte hat. Seine conclusio lautet daher, daß der geschenkte Nießbrauch an einer Darlehensforderung dem Nießbraucher sowenig Kapitaleinkünfte gebe, wie demjenigen, dem unentgeltlich künftige Zinsansprüche aus der Darlehensforderung abgetreten worden sind.[90] In seinem detaillierten Beitrag zur Einkommensverlagerung zwischen Eltern und Kindern „Väter und Söhne"[91] und seinem Vortrag auf der Jahrestagung 1977 der Deutschen Steuerjuristischen Gesellschaft[92] hat Ludwig Schmidt diese Position noch weiter fundiert. Expressis verbis bekennt er sich zu der Aussage des VIII. Senats des Bundesfinanzhofs, „daß Einkünfte aus Kapitalvermögen grundsätzlich nur derjenige erzielt, der Kapital gegen Entgelt zur Nutzung überläßt," daß bei einer unentgeltlichen Bestellung eines Nießbrauchs an einer verzinslichen Kapitalforderung allein der Gläubiger der Forderung und nicht der Nießbraucher derjenige ist, der Kapital zur Nutzung überläßt, somit die Kapitaleinkünfte bezieht.

Die Gegenüberstellung der Thesen von Söffing und Ludwig Schmidt liefert verschiedene Einsichten. Als erstes ist zu konstatieren, daß in den 70er Jahren des 20. Jahrhunderts die dogmatischen Positionen in grundlegenden Fragen weit auseinander lagen. Darüber, nach welchen Kriterien sich die Zurechnung von Einkünften im allgemeinen und im Fall von dinglichen oder obligatorischen Nutzungsrechten im besonderen richtet, bestand keine Einigkeit. Überhaupt machte sich bemerkbar, daß die Argumentation immer noch wesentlich durch Vorstellungen des Bürgerlichen Rechts bestimmt war.

3. Überlegungen zu allgemeinen Kriterien der Zurechnung von Einkünften

Die spezielle Frage, wem im Falle von Nutzungsrechten die Einkünfte zuzurechnen sind, hat dann zu einer intensiven Diskussion der allgemeinen Zurechnungsproblematik geführt. Eingeleitet worden ist sie von der Deutschen Steuerjuristischen Gesellschaft auf ihrer Tagung im Jahre 1977 und hier vor allem durch Überlegungen des Grazer Steuerrechtlers Ruppe. In der Einführung zu dieser Tagung hat Tipke die Themenwahl, die „Übertragung von Einkunftsquellen im Steuerrecht", gerechtfertigt.[93] Er weist darauf hin, daß nach Aufgabe der früheren

---

90 Ludwig Schmidt, FR 1977, 457, (460).
91 Ludwig Schmidt, StbJb 1975/76, 149, (162 ff, 194 ff, 218 ff).
92 Ludwig Schmidt in Tipke (Hersg.), Übertragung von Einkunftsquellen, 41 ff.
93 Tipke (Hersg.), Übertragung von Einkunftsquellen, 1 ff.

Haushaltsbesteuerung, die Eltern und Kinder zusammen erfaßte,[94] unter anderem mit Hilfe von Nießbrauchsformen aller Art zum Zwecke der Steuerersparnis versucht worden ist, eben Einkunftsquellen von Eltern auf Kinder zu verlagern. Dieses Thema liefere daher einen fundamentalen „Konfliktsschwerpunkt" im Steuerrecht, und zwar deshalb, weil es nach dem Stand der Wissenschaft im Jahre 1977, so Tipke, „noch nicht gelungen sei, überzeugende Zurechnungskriterien oder Zurechnungsprämissen als Orientierungsmaßstäbe zu erarbeiten." Es gehe bei der sogenannten Übertragung von Einkunftsquellen mit Hilfe etwa des Nießbrauchs steuerlich nämlich darum, wem welche Einkünfte zuzurechnen sind. Damit ist die zentrale dogmatische Frage des Einkommensteuerrechts gekennzeichnet.

a) Die Theorie Ruppes einer Zurechnung nach Maßgabe der Nutzung von Marktchancen

In der Tat hat die Tagung mit dem Vortrag von Ruppe über „Möglichkeiten und Grenzen der Übertragung von Einkunftsquellen als Problem der Zurechnung von Einkünften" die Dogmatik des Einkommensteuerrechts bereichert. Allerdings muß konstatiert werden, daß Ruppes Gedanken letzte Klarheit verschiedentlich vermissen lassen. Möglicherweise hat ihre Vieldeutigkeit und ihr hoher Abstraktionsgrad aber sogar zu ihrer Adaption beigetragen. Jedenfalls haben sie die wissenschaftliche Debatte in der Folgezeit beflügelt. Deswegen ist hier ein kurzes Referat des Beitrags geboten:

Ruppe skizziert zunächst den damaligen Diskussionsstand, der durch vielfältige Differenzierungen einerseits, eine undurchsichtige Kasuistik andererseits und letztlich, so lautet die Feststellung Ruppes, durch mangelnde Kenntnis der einkommensteuerlichen Zurechnungskriterien gekennzeichnet war.[95] Sodann wendet er sich dezidiert gegen die These, die bürgerlich-rechtliche Sachverhaltsgestaltung sei für das Steuerrecht maßgeblich, ein wirksam bestellter Nießbrauch z.B. müsse in jedem Fall auch steuerlich anerkannt werden.[96] Aber auch die umgekehrte Konsequenz des Bundesfinanzhofs stellt er in Frage, daß nämlich Geschäfte zwischen nahen Angehörigen u.a. dann steuerlich nicht anzuerkennen seien, wenn sie zivilrechtlich wegen Formmangels unwirksam sind. Zwischen dem Zivilrecht und dem Steuerrecht bestehe keine Überordnung, sondern eine Nebenordnung. Die Tatbestandsbildung des Steuerrechts sei eigenständig. Das Steuerrecht, so heißt es sehr allgemein, wolle wirtschaftliche Positionen erfassen. Die

94 - vom Bundesverfassungsgericht im Jahre 1964 für verfasssungswidrig erklärt: BVerfGE 18, 97, (104 ff), Beschl. v. 30.6. 1964, 1BvL 16-25/62.
95 Ruppe in Tipke, Übertragung von Einkunftsquellen, 10.
96 Ruppe in Tipke, Übertragung von Einkunftsquellen, 11ff.

dahinter stehenden zivilrechtlichen Gestaltungen deckten sich zwar in vielen Fällen oder sogar typischerweise mit diesen wirtschaftlichen Tatbeständen, die das Steuerrecht umschreibt. Das dürfe aber nicht ohne weiteres vorausgesetzt, vielmehr müsse geprüft werden, ob die vom Einkommensteuergesetz normierten wirtschaftlichen Merkmale tatsächlich gegeben sind.

Einer Kritik dieser Hinweise wäre zuzugeben, daß ihre Beweiskraft dürftig ist. Die These, daß das Einkommensteuerrecht, gemeint sind dessen Rechtsfolgen, an wirtschaftliche Tatbestände anknüpft, ist in ihrer Allgemeinheit zwar nicht gerade angreifbar, besagt deswegen aber auch nichts Greifbares. Der mögliche Gleichklang bzw. auch mögliche Gegensatz zu den dahinter stehenden bürgerlich-rechtlichen Gestaltungen bleibt für den Leser vage. Gemeint sein könnte die Aussage, daß das Steuerrecht im allgemeinen und das Einkommensteuerrecht im besonderen auf Steuergerechtigkeit bedacht sein muß, daß die Wertungen, die das gewährleisten sollen, aber nicht solche des Zivilrechts sein können, weil das Zivilrecht mit seinen Wertungen nicht auf Steuergerechtigkeit zielt, sondern andere Zielsetzungen hat.[97] Die Wertungen, an die das Steuerrecht anknüpft, müssen vielmehr auf Steuergerechtigkeit ausgerichtet, es müssen eben Wertungen des Steuerrechts sein.[98] Und deshalb müssen die Tatbestandsvoraussetzungen der steuerrechtlichen Rechtsfolge so, das heißt also im Sinne eines Verständnisses, das Steuergerechtigkeit vermittelt, verstanden werden.[99]

Ob Ruppe dies sagen wollte, kann jedoch nur gemutmaßt werden. Seine nachfolgenden Ausführungen betreffen jedenfalls die Zurechnung von Einkünften nach Maßstäben des Einkommensteuerrechts, so die Zurechnung nach §39 AO als einer lex generalis, nach §5 EStG als einer lex specialis.[100] Daß §5 EStG an die Grundsätze ordnungsmäßiger Buchführung anknüpft, die Grundsätze des Handelsrechts, also des Zivilrechts sind, ist ein gewisser Widerspruch, auf den Ruppe nicht eingeht. Eine zweite Unebenheit liegt darin, daß sich die Zurechnung laut Absatz 1 des §39 AO, der gegenüber der angeblichen Ausnahme des Absatzes 2 angeblich das Prinzip ausspricht, nach dem zivilrechtlichen Eigentum richtet. Den Bruch in der Gedankenführung, der sich daraus ergäbe, vermeidet Ruppe aber dadurch, daß er die Aussage des §39 I AO einschränkt. Das Eigentum liefere den Zurechnungsgrund nicht kraft umfassender Sachherrschaft des Eigentümers, sondern nur dann, wenn dieser sein Eigentum als Einkunftsquelle

97 Biergans/Stockinger, FR 1982, 25, (26f).

98 Biergans/Stockinger, FR 1982, 25, (27 ff).

99 Costede, Festschrift Felix, 17, (24/25). So ist wohl auch Wassermeyers These zu verstehen, daß das Steuerrecht einer eigenen Sachgesetzlichkeit folgt: StuW 1979, 209, (211 ff); ähnlich Biergans/Stockinger, FR 1982, 25, (27 ff).

100 Ruppe in Tipke, Übertragung von Einkunftsquellen, 13f.

nutzen kann.[101] So wird die Einkunftsquelle als Korrektiv eingeführt. Zugleich liefert sie aber auch das maßgebliche Kriterium der Zurechnung von Einkünften.[102] Der Gedankengang, mit dem Ruppe das darzulegen versucht, läuft folgendermaßen: Die meisten Einkunftsquellen stellen sich für ihn dar als eine „entgeltliche Verwertung von Leistungen (Wirtschaftsgütern oder Dienstleistungen) am Markt". Mit einer Formulierung von Fritz Neumark[103] heißt das allgemeiner ausgedrückt: „Eine Einkunftsquelle liegt nur vor, wenn Einnahmen auf Grund einer Teilnahme des Empfängers an der Bildung des Sozialprodukts erzielt werden."[104] Kurz: Einkunftsquelle ist danach der Umsatz von Leistungen am Markt. Zuzurechnen sind die Einkünfte deshalb nicht demjenigen, der einen Zuwachs an Vermögen verzeichnet und deshalb leistungsfähig ist. Also liefert nicht die wirtschaftliche Verfügungsmacht über finanzielle Mittel, die man erhalten hat, das Zurechnungskriterium.[105] Entscheidend soll vielmehr die Verfügungsmacht über die Einkunftsquelle sein, aus der diese Mittel stammen. Und diese Verfügungsmacht hat nach Ruppe nur derjenige, der selbst den Umsatz am Markt bewirkt. Das heißt bei ihm: „Leistungserstellung und Einkünftebezug fallen ... personell zusammen."[106] Über die Einkunftsquelle verfügen kann also nur derjenige, „der über diese Teilnahme, über die Leistungserstellung disponieren kann, d.h. die Möglichkeit hat, Marktchancen zu nutzen, Leistungen zu variieren, im Extremfall auch zu verweigern, indem er seine Tätigkeit einstellt, Kapital zurückzieht, Mietverhältnisse kündigt etc." Wer nicht selbst am Marktgeschehen teilnimmt, sondern Einnahmen lediglich in abgeleiteter Form bezieht, ist allenfalls Bezieher von Nutzungen, verfügt aber nicht über die Einkunftsquelle. Ihm sind deshalb laut Ruppe auch nicht die Einkünfte zuzurechnen.

Auch die Zweifelsfragen im Zusammenhang mit Nutzungsrechten entscheidet er nach diesen Gesichtspunkten: Wird ein Nutzungsrecht begründet, so hat nach Ruppe sowohl dessen Besteller als auch der Nutzungsberechtigte Einkünfte, wenn jeder von ihnen am Markt mit eigenen Leistungen auftreten kann und entsprechend auftritt. Erbringt nur der Nutzungsberechtigte die Leistung, so hat auch nur er die Einkünfte. Nicht die Dinglichkeit eines Rechts, wie etwa des Nieß-

---

101 Ruppe in Tipke, Übertragung von Einkunftsquellen, 14. Auch andere haben in dem Begriff der Einkunftsquelle einen Fingerzeig zur Lösung der Zurechnungsfrage gesehen: Hoyer, BB 1980, 1461, (1462)

102 Ruppe in Tipke, Übertragung von Einkunftsquellen, 15/16.

103 Neumark, Theorie und Praxis der modernen Einkommenbesteuerung, 41.

104 Ruppe in Tipke, Übertragung von Einkunftsquellen, 16.

105 Ruppe in Tipke, Übertragung von Einkunftsquellen, 17.

106 Ruppe in Tipke, Übertragung von Einkunftsquellen, 16, N. 32.

brauchs, sondern nur die Möglichkeit, Marktchancen auszunutzen oder eine Leistung zu verweigern, soll den Ausschlag geben.[107]

Insgesamt ist hierzu kritisch anzumerken, daß sich diese Argumentation, was Ruppe wie auch die Anhänger seiner Thesen offenbar übersehen haben, im Kreis dreht. Er verwendet sein Beweisergebnis als Beweismittel. Das Zurechnungskriterium, daß nämlich Einkünfte nur demjenigen zuzurechnen seien, der am Marktgeschehen teilnimmt, wird aus der Annahme hergeleitet, daß den meisten Einkunftsquellen die Teilnahme am Marktgeschehen gemeinsam sei. Wer stattdessen behauptet, die Einkünfte seien dadurch gekennzeichnet, daß ihr Bezieher über die Einnahmen verfügen könne, kommt zu einer ganz anderen Zurechnung, die sich danach richtet, wer etwa die Kapitalzinsen erhält, wer Mietzinsen bezieht und so fort. Der Beweisführung Ruppes fehlt der Beleg dafür, daß dies gerade nicht gilt, daß vielmehr die Teilnahme am Marktgeschehen maßgeblich ist. Zuzugeben ist allerdings, daß dieses Zurechnungskriterium, wenn es die Qualität eines Prinzips hätte, wie jedes Prinzip letztlich à priori gelten würde. Es läge den einkommensteuerlichen Regelungen zugrunde und wäre nicht umgekehrt aus ihnen abzuleiten. Jedoch ist nicht ersichtlich, daß die These, wonach Einkünfte nach Maßgabe der Teilnahme am Marktgeschehen zuzurechnen sind, den Stellenwert eines einkommensteuerlichen Prinzips besäße. Zumindest hat Ruppe dies nicht dargetan. Die Zurechnung nach Maßgabe der Marktteilnahme wird nicht in einen größeren Sinnzusammenhang eingebunden, wird insbesondere nicht mit Sinn und Zweck der Einkommenbesteuerung verbunden. Diese zentrale These Ruppes entspringt weder einer wertenden Betrachtung, noch einer teleologischen, nämlich einer auf die maßgebenden Prinzipien ausgerichteten Interpretation des Einkommensteuerrechts und hängt damit in der Luft. Im übrigen fällt auf, daß neben der Teilnahme am Marktgeschehen die sogenannte Einkunftsquelle funktionslos, daß sie im Grunde eine überflüssige, ja begrifflich sogar eine schädliche Floskel ist.[108] Sie suggeriert die Vorstellung, als würde eine selbsttätig fördernde Einrichtung die Einkünfte vermitteln, während sich Ruppe doch an den Einflußmöglichkeiten des Zurechnungssubjekts orientiert, schlichter ausgedrückt daran, was der Steuerpflichtige tatsächlich und rechtlich bewirken kann. Daher paßt auch das Stichwort von einer Übertragung von Einkunftsquellen nicht. Das tritt deutlich in Ruppes Überlegungen zu den verschiedenen von ihm betrachteten Fallkonstellationen hervor. Nicht die rechtliche Qualität der Position, die hier von einem Steuerpflichtigen auf einen anderen übertragen wird, entscheidet. Es ist gleichgültig, ob sie schuldrechtlicher oder dinglicher Natur, ob sie entgeltlich oder un-

---

107 Ruppe in Tipke, Übertragung von Einkunftsquellen, 20/21.

108 Kritisch zum Begriff der Einkunftsquelle auch Biergans/Stockinger, FR 1982, 25, (30 f); Stadie, Zurechnung, S. 24; Plückebaum, FR 1981, 181.

entgeltlich weitergegeben worden ist.[109] Allein die Leistungen sind maßgeblich, die der Empfänger – wenn auch vielleicht nur aufgrund der ihm übertragenen Position – jetzt erbringen kann und erbringt. Bei den Gewinneinkünften z.B. kommt es auf die freiberufliche oder gewerbliche Betätigung an, darauf, wer die Dispositionsbefugnis im Betrieb besitzt.[110] Die begriffliche Vorstellung von einer Quelle, die Einkünfte fördert und übertragen werden kann, ist also kontraproduktiv. Jedoch hat das Schrifttum diesen Begriff lange Jahre wie ein gesetzliches Tatbestandsmerkmal gehandhabt. Wassermeyer etwa verwendet den Begriff Einkunftsquelle als einen Baustein der Sachgesetzlichkeit des Steuerrechts, die dieses Rechtsgebiet seiner Ansicht nach von der Bevormundung durch das Zivilrecht löst.[111] Zwar ergibt sich für ihn aus dem Begriff der Einkunftsquelle nicht, wem die Einkünfte zuzurechnen sind. Einkünfte und Einkunftsquelle sind für ihn „sachliche Zuordnungsbegriffe" und als solche „scharf von der Zurechnung zu trennen."[112] Ein anderes Bild zeigt sich aber, wenn man seine betreffenden Definitionen betrachtet. Danach erscheinen als Einkunftsquellen die Tätigkeiten oder Leistungen, die – wie Wassermeyer sagt – den Besteuerungsgegenstand umschreiben, während sich die Einkünfte als die saldierten Entgelte, nämlich die Gegenleistungen für diese Leistungen darstellen.[113] Tätigkeiten oder Leistungen können aber nicht versachlicht betrachtet und von der Person des Tätigen oder Leistenden, nämlich dem Steuerpflichtigen, getrennt werden. Anders ausgedrückt: Die Einsicht, daß bestimmte Einkünfte die Gegenleistung für die Leistung einer bestimmten Person sind, liefert gerade den Schlüssel für die Zurechnung. Der Begriff der Einkunftsquelle führt dagegen in die Irre.

Die Kritik an den Ausführungen Ruppes ist nicht als Ablehnung zu verstehen. Sie soll nur deutlich machen, daß die Gesichtspunkte, die Ruppe beigesteuert hat, allein für sich nicht befriedigen können, daß daran also noch zu arbeiten wäre. In der Literatur hat man aber die gedanklichen Ansätze als – wie es expressis verbis verschiedentlich heißt – „bahnbrechend" empfunden.[114] Wie fruchtbar sie waren, zeigen die Veröffentlichungen, die sie übernommen und fortgeführt haben.[115] Sie gehen sämtlich davon aus, daß die Zurechnung an die Leistungen anknüpfen

109 Ruppe in Tipke, Übertragung von Einkunftsquellen, 25 ff.

110 Ruppe in Tipke, Übertragung von Einkunftsquellen, 29/30.

111 Wassermeyer, StuW 1979, 209, (211).

112 Wassermeyer, StuW 1979, 209, (212).

113 Wassermeyer, StuW 1979, 209, (212).

114 so z.B. ausdrücklich: Philipowski, StuW 1979, 113; Wassermeyer, StuW 1979, 209; Kruse, AG 1980, 216, (218); Hutter, DStZ 1981, 47, (49 sub 2.a); Stadie, Zurechnung, 2.

115 Philipowski, StuW 1979, 113; Stadie, Zurechnung, 23; Bordewin, DStR 1981, 519 (sub I.1.); Biergans/ Stockinger, FR 1982, 25, (31 ff); Tipke/Lang, Steuerrecht, §4.1.1.

muß, die für die die Einkünfte begründenden Einnahmen erbracht worden sind. Zum Teil wird das ausdrücklich hervorgehoben, wie etwa von Philipowski.[116] Zum Teil klingt der gedankliche Ansatz in abgewandelter Form an. Biergans und Stockinger z.B. sehen das Zurechnungskriterium ebenfalls in der Leistungsbeziehung, die zu positiven oder negativen Einkünften führt. Für sie wird diese Leistungsbeziehung aber durch die tatsächliche Sachherrschaft über das Wirtschaftsgut bestimmt, das auf Grund dieser Herrschaftsmacht veräußert oder zur Nutzung überlassen wurde.[117]

b) *Die Theorie Costedes von der Zurechnung nach Maßgabe der Leistungsfähigkeit*

Ihre dogmatische Grundlage hat Ruppes Theorie 10 Jahre später durch Costede gefunden, der sie mit der Maxime der Besteuerung nach der Leistungsfähigkeit verbunden hat.[118] Dieses fundamentale Prinzip, das nach ganz einhelliger Meinung dem Einkommensteuerrecht zugrundeliegt, bedeutet nach dem Verständnis der herrschenden Lehre allerdings nur, daß sich die Höhe der Einkommensteuerschuld nach der Höhe des Einkommens richtet, weil der Tarif eben auf das Einkommen abgestimmt ist, ein höheres Einkommen, das stärkere Leistungsfähigkeit ausweist, stärker, ein niedriges Einkommen, das eben geringere Leistungsfähigkeit markiert, geringer belastet wird. Die so verstandene Leistungsfähigkeit besteht danach in den Geldmitteln, über die der Steuerpflichtige verfügen kann. Das allerdings hieße, wenn man diesen Gedanken auch auf die Zurechnung der Einkünfte übertragen würde, daß sie demjenigen zuzurechnen wären, der die betreffenden Einnahmen zur Verfügung hat. Da dies etwa bei der Vorausabtretung künftiger Zinsansprüche nicht akzeptiert wird, hat die herrschende Lehre die Zurechnung der Einkünfte auch nicht an die so verstandene Besteuerung nach der Leistungsfähigkeit geknüpft. Dagegen lautet die Überlegung, die Costede anstellt, gerade umgekehrt: „Man kann das Einkommen doch nur dann als Gradmesser der Leistungsfähigkeit betrachten, wenn es dem Steuerpflichtigen zuzurechnen ist. Mit anderen Worten: die Leistungsfähigkeit müßte in der Zurechnung wiederkehren ...“[119] Und das heißt: Die Einkünfte müssen nach Maßgabe der Leistungen zugerechnet werden, deren Ertrag sie bilden. Für Costede steckt die Leistungsfähigkeit also in den Leistungen, die der Steuerpflichtige erbracht hat. Die Einkünfte sind dem Steuerpflichtigen nicht in dem Maße zuzurechnen, in dem er

116 Philipowski, StuW 1979, 113, (114).
117 Biergans/ Stockinger, FR 1982, 25, (31).
118 Costede, Festschrift Felix, 17, (21 ff).
119 Costede, Festschrift Felix, 17, (21 ff).

über sie verfügen kann, sondern – ausgenommen gewisse sonstige Einkünfte, wie wiederkehrende Bezüge nach §22 Nr. 1 EStG – in dem Maße, in dem sie den Gegenwert seiner Leistungen darstellen.[120] Insofern unterscheidet sich dieses Verständnis der Einkommenbesteuerung nach der Leistungsfähigkeit grundlegend von dem, das die herrschende Lehre mit diesem Prinzip meint. Auf der anderen Seite treffen sich die Überlegungen Costedes, wie er selbst ausdrücklich hervorhebt,[121] mit den Gedanken Ruppes. Diese sind jetzt aber verbunden mit dem fundamentalen Prinzip der Einkommenbesteuerung und haben dadurch erst ihre Stichhaltigkeit gewonnen. Liest man vor diesem Hintergrund die Ausführungen Ruppes ein zweites Mal, so erscheint ihre Rückführung auf den Grundsatz der Besteuerung nach der Leistungsfähig zwingend, die von der Volkswirtschaftslehre entlehnte Formel von der Teilnahme am Marktgeschehen dagegen als Fremdkörper. Allerdings ist das betreffende Verständnis des Leistungsfähigkeitsprinzips, das nicht nur die Besteuerung nach der Höhe des Einkommens bezeichnet, sondern umfassend die Zurechnung von Einkünften bestimmt, im Schrifttum bislang nicht aufgenommen, es ist bisher überhaupt nicht diskutiert worden, während der Ausgangspunkt Ruppes, daß die Einkünfte überwiegend nach Maßgabe der Teilnahme am Marktgeschehen zuzurechnen seien, Anhänger gefunden hat, die diesen Gesichtspunkt insbesondere für den Nießbrauch weiterentwickelt haben.

c) Die Bedeutung der Leitidee der Zurechnung und die Zurechnung im Einzelfall

Die Grundidee, nämlich die Dispositionsmöglichkeit über Marktchancen, soll abstrakt beschreiben, worauf es bei der Zurechnung der verschiedenen Einkünfte allgemein ankommt. Welche Dispositionsmöglichkeiten ganz bestimmte, einzelne Einkünfte verlangen, ist damit noch nicht gesagt. Für die Arten von Einkünften, bei denen zu ihrer Verlagerung Nutzungsrechte eingesetzt werden, etwa für Kapitaleinkünfte, für Einkünfte aus Vermietung und Verpachtung und für gewerbliche Einkünfte, muß das noch näher präzisiert werden. Das haben, da Ruppe dafür nur Denkanstöße geliefert hat, andere untersucht.

Philipowski geht in seinem Beitrag zur „Einkunftsverlagerung durch Bestellung eines Nießbrauchs“[122] von Ruppes Denkansatz aus. Er legt also zugrunde, daß Einnahmen demjenigen zuzurechnen sind, der die Leistung erbracht hat,

---

120 Costede, Festschrift Felix, 17, (22 ff).
121 Costede, Festschrift Felix, 17, (23f).
122 Philipowski, StuW 1979, 113 ff. n

für die das Entgelt gezahlt wurde.[123] Der Mieter einer Sache zahlt den Mietzins, für die Gebrauchsüberlassung der Sache. Entsprechend zahlt der Kapitalnehmer den Zins für die Überlassung des Kapitals auf Zeit. Nach Philipwski werden diese Leistungen, wenn an der Sache oder am Kapital ein Nießbrauch begründet worden ist, vom Nießbraucher erbracht, der deshalb auch die Einkünfte haben soll.[124] Beim Nießbrauch an einem Kapital wertet Philipowski die Befugnisse, die der Nießbraucher neben oder an Stelle des Nießbrauchsbestellers hat, also anders als der VIII. Senat des Bundesfinanzhofs im Wertpapiernießbrauchsurteil und auch als Ludwig Schmidt oder Uelner.[125]

In seiner Monographie über die – wie es bei ihm heißt – persönliche Zurechnung von Einkünften knüpft Stadie ebenfalls an die Gedanken Ruppes an,[126] die er jedoch verschiedentlich variiert. Einnahmen sind danach demjenigen zuzurechnen, der die Leistung, für die das Entgelt zu fordern ist, schuldet.[127] Bei den Gewinneinkünften aus Gewerbebetrieb und selbständiger Arbeit modifiziert er diese Aussage für den Fall einer Einschaltung von Substituten dahin, daß es darauf ankomme, in wessen Namen die Geschäfte abgeschlossen worden sind, für die das Entgelt zu fordern ist. Aufwendungen dagegen sollen – bei Überschußeinkünften als Werbungskosten, bei Gewinneinkünften als Betriebsausgaben – dann bereits zu berücksichtigen sein, wenn sie durch die Einkunftsart veranlaßt sind, nämlich in einem wirtschaftlichen Zusammenhang mit der Erzielung der Einnahmen stehen; es soll aber nicht darauf ankommen, daß derjenige, dem die Einnahmen zuzurechnen sind, sie getätigt hat.[128] Darauf ist noch einzugehen. Zu der hier insbesondere interessierenden Frage, wem im Fall von Nutzungsrechten, Einkünfte zuzurechnen sind, äußert sich Stadie wie folgt: „Einkünfte werden dem Nießbraucher nicht schon deshalb zugerechnet, weil ein Nießbrauch besteht, sondern nur dann, wenn er einen Einkünftetatbestand verwirklicht. Allein entscheidend ist, ob der Zurechnungsadressat die allgemeinen Kriterien erfüllt, d.h. Leistungen gegen Entgelt am Markt erbringt."[129] Der Grundstücksnießbraucher hat danach Einkünfte aus Vermietung und Verpachtung nur, wenn er der Vermieter ist.[130] Einkünfte aus Kapitalvermögen werden, insofern folgt Stadie der oben beschriebenen Ansicht des Bundesfinanzhofs zum Wertpapiernießbrauch, nur

---

123 Philipowski, StuW 1979, 113, (114).
124 Philipowski, StuW 1979, 113, (128 sub VIII.); zustimmend Kruse, AG 1980, 216, (218).
125 Philipowski, StuW 1979, 113, (117 ff).
126 Stadie, Zurechnung, S. 2
127 Stadie, Zurechnung, S. 25.
128 Stadie, Zurechnung, S. 32/3
129 Stadie, Zurechnung, S. 89.
130 Stadie, Zurechnung, S. 89 ff.

demjenigen zugerechnet, der Kapital gegen Entgelt zur Nutzung überläßt. Die umstrittene Frage, wer Kapitalgeber in diesem Sinne ist, wenn etwa ein Nießbrauch bestellt worden ist, entscheidet Stadie zugunsten des Inhabers der Kapitalien, nicht zugunsten des Nießbrauchers. Die gegenteilige Ansicht von Philipowski lehnt er ab, weil seiner Meinung nach für die Zurechnung die einmalige Leistung der Kapitalien maßgeblich ist.[131] Hat ein Einzelunternehmer an seinem Unternehmen einen Nießbrauch bestellt, so hat nach Stadie der Nießbraucher gewerbliche Einkünfte nur, wenn er nach außen als der Unternehmer auftritt.[132] Bei einem Nießbrauch an einem Personengesellschaftsanteil hat nach seiner Ansicht der Nießbraucher deshalb keine gewerblichen Einkünfte, weil er – da nicht Gesellschafter – nicht Mitunternehmer sei.[133] Die Theorie, daß es ein sogenanntes Gewinnstammrecht an einem Personengesellschaftsanteil gäbe, verwirft Stadie, daher auch die Annahme, daß daran ein Nießbrauch begründet werden könne. Im übrigen, so heißt es, kämen gewerbliche Einkünfte des Nießbrauchers schon deshalb nicht in Betracht, weil die maßgeblichen Befugnisse, die die gewerblichen Leistungen ausmachen, beim Nießbrauchsbesteller verbleiben.[134] Damit folgt Stadie der entsprechenden Ansicht des IV. Senats des Bundesfinanzhofs.

4. Die Nießbrauchsurteile des Bundesfinanzhofs vom 13. Mai 1980

Am 13. Mai 1980 hat der VIII. Senat des Bundesfinanzhofs drei Urteile zur Zurechnung von Einkünften in Nießbrauchsfällen gefällt.[135] Sie bilden einen vorläufigen Abschluß der Nießbrauchsrechtsprechung,[136] deren Verlauf insgesamt als ein „Zick-Zack-Kurs“ charakterisiert worden ist.[137]

Die zugrundeliegenden Sachverhalte waren nahezu identisch: Die Eltern bzw. die Mutter oder der Vater hatten ihren minderjährigen Kindern den Nießbrauch an einem Mietgrundstück bestellt. In den Verfahren ging es darum, ob die Einkünfte aus der Vermietung den Kindern als den Nießbrauchern oder den jeweiligen Nießbrauchsbestellern zuzurechnen waren. Die Finanzämter und die darauf-

131 Stadie, Zurechnung, S. 96f.
132 Stadie, Zurechnung, S. 98ff.
133 Stadie, Zurechnung, S. 100ff.
134 Stadie, Zurechnung, S. 10
135 BFH BStBl. II 1981, 295, Urt. v. 13.5. 1980, VIII R, 63/79; BFH BStBl. II 1981, 297, Urt. v. 13.5. 1980, VIII R, 75/79; BFH BStBl. II 1981, 299, Urt. v. 13.5. 1980, VIII R 128/78.
136 So auch die Einschätzung von Schellenberger, DStR 1981, 395, 397.
137 Schellenberger, DStR 1981, 395 sub A.I. unter Berufung auf Uelner, StbJb 1980/81, 404. Auch Söffing, DStZ 1981, 199, bemängelt, daß „auf dem Gebiet der steuerrechtlichen Behandlung des Nießbrauchs immer noch Rechtsunsicherheit“ bestünde.

hin angerufenen Finanzgerichte hatten die Einkünfte den Nießbrauchsbestellern zugerechnet. In zwei Fällen folgte der VIII. Senat des Bundesfinanzhofs dieser Rechtsansicht, in dem einen Fall, weil nicht die Kinder, sondern weil trotz der Nießbrauchsbestellung ihre Mutter in ihrer Eigenschaft als Grundstückseigentümerin weiter die Mietverträge mit den Mietern abgeschlossen hatte. Daher, so führt das Gericht aus, hatte sie und hatten nicht die Kinder den gesetzlichen Tatbestand der Vermietung und Verpachtung erfüllt.[138] In dem anderen Fall wurden die Einkünfte weiterhin den Eltern zugerechnet, weil sie zur Nießbrauchsbestellung für die Kinder keinen Ergänzungspfleger herangezogen hatten. Das hielt der Senat als eine Voraussetzung der zivilrechtlichen Wirksamkeit für erforderlich und diese als eine Bedingung der steuerlichen Anerkennung für geboten. Die Nießbrauchsbestellung war nach Ansicht des Gerichts ohne die Einschaltung eines Ergänzungspflegers unwirksam, da §181 BGB das Insichgeschäft der Eltern, die auf der einen Seite als Besteller des Nießbrauchs, auf der anderen Seite als Vertreter der Kinder aufgetreten waren, untersagte. Die Ausnahme, nämlich eine für die Kinder lediglich vorteilhafte Schenkung, schloß das Gericht aus, weil seiner Ansicht nach der Nießbrauch nicht nur von Vorteil ist.[139] Im dritten Fall schließlich rechnete das Gericht die Einkünfte den Kindern, also den Nießbrauchern, zu.[140] Die entscheidende Aussage lautet in allen drei Urteilen: „Ob nach einer Nießbrauchsbestellung dem Nießbraucher oder weiterhin dem Eigentümer (Nießbrauchsbesteller) die Einkünfte zuzurechnen sind, hängt davon ab, wer von beiden den Tatbestand der Einkunftserzielung i.S. des Einkommensteuergesetzes (EStG) erfüllt." Eine überraschende Einsicht ist das nicht, vielmehr dogmatisch eine Binsenweisheit, nämlich daß die Rechtsfolge, hier die mit der Zurechnung von Einkünften verbundene Steuerpflicht, vom Tatbestand abhängt, der vorliegen muß. Es sagt viel über das Niveau des steuerrechtlichen Schrifttums aus, daß eben dieser Satz des VIII. Senats wie eine Offenbarung aufgenommen worden ist. Das Gericht knüpft dann an den Wortlaut des §2 I 1 EStG an, wonach der Einkommensteuer die Einkünfte unterliegen, „die der Steuerpflichtige ... erzielt." Der nachfolgende Satz im Urteil VIII R 63/79 kommt als eine Interpretation einher, wiederholt aber nur den Gesetzestext: „Mit dieser Formulierung hat der Gesetzgeber zum Ausdruck gebracht, daß er die Einkünfte demjenigen zurechnen will, der sie erzielt." Der anschließende Satz verbindet dies dann mit der oben genannten Einsicht, daß derjenige die Einkünfte erzielt, der einen der Einkünftetatbestände erfüllt. Dies wird für Vermietungseinkünfte durch die Aussage er-

138 BFH BStBl. II 1981, 295, (297), Urt. v. 15. 1980, VIII R, 63/79.
139 BFH BStBl. II 1981, 297 ff, Urt. v. 15. 1980, VIII R, 75/79.
140 BFH BStBl. II 1981, 299, (300/301), Urt. v. 13.5. 1980, VIII R, 128/78.

gänzt, daß „den Tatbestand des §21 Abs. 1 Nr. 1 EStG erfüllt ..., wer ein Gebäude oder einen Gebäudeteil vermietet."[141]

Faßt man die Erkenntnisse zur Frage, wem aus welchen Gründen welche Einkünfte zuzurechnen sind, zusammen, dann ist die Ausbeute eher dürftig. Allein die Sentenz, daß Vermietungseinkünfte nur derjenige hat, der eben vermietet, hat Gewicht.[142] Weitere Erklärungen hierzu finden sich allerdings nicht. Entweder schien dem VIII. Senat diese Annahme als selbstverständlich und deshalb nicht erklärungsbedürftig. Oder – und dies erscheint wahrscheinlicher – das Gericht hielt es für opportun, sich mit Begründungen für seine These zurückzuhalten. Ein Vergleich der Urteile miteinander zeigt jedenfalls, daß der Bezug der Mieteinnahmen allein nicht ausreicht, wenn der Nießbraucher nicht auch als Vermieter fungiert hat. Das gibt unausgesprochen die Ansicht Ruppes wieder oder drückt – in den Worten Costedes – aus, daß jemand sich als Vermieter oder Verpächter betätigt haben, daß er die betreffenden Leistungen, die das Vermieten oder Verpachten ausmachen, erbracht haben muß, damit ihm entsprechende Einkünfte zugerechnet werden können.

So sind die Urteile überwiegend auch verstanden worden.[143] In den Nießbrauchserlassen der Finanzverwaltung aus den Jahren 1983 und 1984 wird die Übereinstimmung zwischen den Aussagen der drei Nießbrauchsurteile vom 13. Mai 1980 und den Thesen Ruppes noch deutlicher artikuliert.[144] Es heißt dort: „Die einkommensteuerliche Zurechnung von Einkünften erfordert, daß der Steuerpflichtige, bei dem sie erfaßt werden sollen, in seiner Person die gesetzlichen Voraussetzungen der jeweiligen Einkunftsart nach §2 Abs. 1 in Verbindung mit den §§13 bis 24 EStG erfüllt. Der Steuerpflichtige muß also die ihm zuzurechnenden Einkünfte erwirtschaften, indem er selbst oder durch eine Hilfsperson wirtschaftliche Chancen nutzt, Leistungen erbringt, ändert oder verweigert, wobei ihn Erfolg oder Mißerfolg dieses Handelns treffen (= Bewirtschaftungs- und Dispositionsbefugnis im eigenen Namen und auf eigenes Risiko). So erzielt Einkünfte i.S.des §21 EStG derjenige, der mit den Rechten und Pflichten eines Vermieters Sachen und Rechte i.S. des §21 Abs. 1 EStG an andere zur Nutzung gegen Entgelt überläßt ..."

---

141 BFH BStBl. II 1981, 295, (296 sub 2.), Urt. v. 15. 1980, VIII R, 63/79. Im Fall einer Personengesellschaft müssen die Gesellschafter in ihrer gesamthänderischen Verbundenheit als Vermieter agieren: BFH BStl. II 1986, 792, Urt. v. 15.4. 1986, IX R 69/81.

142 Fortgeführt in BFH BStBl. II 1983, 502, (503), Urt. v. 26.4. 1983, VIII R 205/80; BFH BStBl. II 1986, 792, (794), Urt. v. 15.4. 1986, IX R 69/81.

143 Bordewin, DStR 1981, 519 sub I.1.; Plückebaum, FR 1981, 181, (182 f); Hutter, DStR 1981, 47; Rößler, DStZ 1981, 274.

144 BMF v. 23.11. 1983, BStBl. I 1983, 508, und v. 15.11. 1984, BStBl. I 1984, 561.

Der Begriff der Einkunftsquelle, den das Finanzgericht in dem einem Fall noch verwendet hat, wird vom Bundesfinanzhof nirgends mehr erwähnt. Das Schrifttum hat ihn danach auch – teils ausdrücklich,[145] teils ohne weitere Komentierung[146] – fallen gelassen und rechnet die Einkünfte seither demjenigen zu, der die Leistungen erbringt, für die als Gegenleistung das Entgelt gezahlt wird, das die Einnahmen darstellt. Die Begründung allerdings, weswegen diese Sicht der Dinge einkommensteuerlich richtig ist, warum sie nämlich dem Gesetz entspricht, war weder von Ruppe, noch von den Anhängern seiner Thesen, noch vom Bundesfinanzhof geliefert worden. Söffing übrigens, zu der Zeit bereits Richter am Bundesfinanzhof, hat am Begriff der Einkunftsquelle festgehalten,[147] allerdings mit der Maßgabe, daß die Einkunftsquelle derjenige innehat, der den gesetzlichen Tatbestand zur Erzielung der betreffenden Einkünfte erfüllt.[148] Und das wiederum ist beim Nießbrauch seiner Ansicht nach der Nießbraucher, weil er den Nutzen des Wirtschaftguts, an dem der Nießbrauch besteht, ziehen kann.[149] Die Position Söffings ist nicht ganz eindeutig. Beim Grundstücksnießbrauch rekurriert er darauf, daß der Nießbraucher der Vermieter ist. Für den Fall von Kapitaleinkünften, etwa beim Wertpapiernießbrauch, bestreitet er wie schon früher die Ansicht des VIII. Senats,[150] daß Kapitaleinkünfte nur derjenige beziehe, der selbst Kapital gegen Entgelt überläßt. Konsequenterweise lehnt Söffing die Grundthese Ruppes ab, daß es für die Zurechnung von Einkünften darauf ankomme, wer die Dispositionsbefugnisse besitzt.[151] Vielmehr hat Söffing auch nach dem Erlaß der Nießbrauchsurteile seine Auffassung beibehalten, daß es auf die Position ankomme, die den Inhaber befugt, aus einem Wirtschaftsgut Nutzungen zu ziehen. Diese Position bestimmt für Söffing das Zivilrecht. Es ist regelmäßig das Eigentum an dem Wirtschaftsgut, im Nießbrauchsfall eben der Nießbrauch. Darin tritt nach wie vor die Grundthese Söffings vom Primat des Zivilrechts hervor. Die steuerrechtliche Wertung lautet dann nur, daß die betreffende Position einkommensteuerlich eben eine Einkunftsquelle darstellt und damit dem Inhaber Einkünfte vermittelt.

Die Einschätzung der Rechtslage war also immer noch umstritten. Im übrigen war man schon deshalb von einer grundsätzlichen Klärung noch weit entfernt,

145 Bordewin, DStR 1981, 519; Schellenberger, DStR 1981, 395, (396 sub 1. und FN 4); Hutter, DStZ 1981, 47, 49. Nur Söffing, DStZ 1981, 199, (200/201) hat am Begriff der Einkunftsquelle festgehalten.

146 Plückebaum, FR 1981, 181, (182).

147 Söffing, DStZ 1981, 199, (200 ff).

148 Söffing, DStZ 1981, 199, (200 sub 2.).

149 Söffing, DStZ 1981, 199, (201 sub 3.).

150 BFH BStBl. II 1977, 115, (116 f), Urt. v. 14.12. 1976, VIII R 146/73

151 Söffing, DStZ 1981, 199, (202 sub c und d).

weil die Gerichtentscheidungen, welche Leistungen nun das Vermieten ausmachen und worin das Geben von Kapital besteht, Einzelfälle betrafen, die nicht die ganze Bandbreite der Fragestellung abdeckten, an die man daher viele Zweifel ranken kann.[152]

5. Zum Verhältnis zwischen der Zurechnung von Einkünften und dem Abzugsverbot des §12 Nr. 2 EStG in Fällen von Nutzungsrechten

Daß die Zurechnung der Einkünfte nicht bewältigt ist, wenn man sie bei demjenigen erfaßt, der einen Vorteil in Geld oder Geldeswert erhalten hat, wird bei Betrachtung des §12 Nr. 2 EStG deutlich. Denn die Versuchung, Rechtsbeziehungen zwischen unterhaltspflichtigen und unterhaltsberechtigten Personen an §12 Nr. 2 EStG zu messen, ist groß, wenn die Kriterien, nach denen die Einkünfte zuzurechnen sind, noch verborgen liegen. Dann erscheint eine Schenkung vom Vater an die Tochter, von der Mutter an den Sohn oder umgekehrt, als eine Umgehung des Abzugsverbots, wenn sie den Beschenkten befähigt, mit dem Geschenk zu wuchern, sprich Miet- oder Darlehenszinsen zu erlangen, so daß sich nicht abzugsfähige Unterhaltsleistungen erübrigen. Das Hin und Her der Rechtsprechung in dieser Frage ist bereits oben a) geschildert worden. Hier ist noch nachzutragen, wie die Erkenntnisse über die Zurechnung von Einkünften im allgemeinen das Verständnis von Sinn und Zweck des §12 Nr. 2 EStG beeinflußt haben. Nachdem der Bundesfinanzhof durch Urteil vom 6. Juli 1966 entschieden hatte, daß der unentgeltlich für Angehörige bestellte Grundstücksnießbrauch keine Einkommensverwendung des Nießbrauchsbestellers im Sinne von §12 Nr. 2 EStG darstelle, daß vielmehr der Nießbraucher eigene Einkünfte aus Vermietung und Verpachtung beziehe,[153] war die Frage der Zurechnung in Nießbrauchsfällen für die Praxis jedenfalls im Ergebnis geklärt. Im Lichte der oben e) wiedergegebenen Nießbrauchsurteile gilt dies dann, wenn der Nießbraucher auch tatsächlich als Vermieter fungiert, nämlich die Leistungen erbringt, für die der Mietzins als Gegenleistung gezahlt wird. Dann gehören die betreffenden Einnahmen zu den Einkünften des Nießbrauchers und können sich, da sie keine Einkünfte des Nießbrauchsbestellers begründen, nicht als eine Verwendung von dessen Einkommen darstellen. Darüber herrschte seither Einigkeit.[154] Ein gelegentlich noch angemerkter Zweifel, ob nicht bereits die unentgeltliche Nießbrauchsbestellung unter §12 Nr. 2 EStG fällt, so daß die Mietzinsen doch dem Nießbrauchsbesteller zu-

152 Schellenberger, DStR 1981, 395, (397).
153 BFH BStBl. III 1966, 584, (585), Urt. v. 6.7. 1966, VI 124/65.
154 Hutter, DStZ 1981, 47, /(50); Rößler, DStZ 1981, 274, (276).

zurechnen sind,[155] ist unbegründet. Das Argument hätte nur dann Gültigkeit, wenn man die Rechtssubjektivität des Empfängers negieren und deshalb seine Leistungen auf denjenigen zurückbeziehen dürfte, der die Zuwendung gemacht hat. Die Rechtssubjektivität des Empfängers, hier des Nießbrauchers, muß aber auch steuerrechtlich anerkannt werden. Sie gebietet, daß das, was er durch seine Leistungen erwirtschaftet, ihm zugerechnet wird, mag auch die Grundlage der Leistungsfähigkeit auf der Zuwendung eines anderen beruhen.

Fraglich war im Schrifttum noch gewisse Zeit, wie es sich mit §12 Nr. 2 EStG verhält, wenn für den begünstigten Unterhaltsberechtigten kein dingliches Nießbrauchsrecht, sondern nur eine schuldrechtliche Position begründet wurde.[156] Das kann im Fall eines Mietrechts mit dem Recht der Untervermietung in Betracht kommen oder auch dann, wenn der Nießbrauch nicht als dingliches Recht im Grundbuch eingetragen worden ist und das Nutzungsrecht daher nur obligatorisch wirkt. Jedoch hatte der Bundesfinanzhof schon im Jahre 1971 entschieden, daß Einkünfte aus Vermietung und Verpachtung auch auf einer schuldrechtlichen Grundlage erzielt werden können, wenn sie gesichert ist.[157] Daher überraschte es nicht, daß der IX. Senat des Bundesfinanzhofs dies für den Fall eines nicht dinglich wirksamen Nießbrauchs, aber schuldrechtlich wirkenden Nutzungsrechts bestätigt hat. Im Anschluß an die oben geschilderte neuere Nießbrauchsrechtsprechung verlangt der Senat nur, daß der Nutzungsberechtigte die rechtliche und tatsächliche Macht haben muß, eine Mietsache im Sinne des §21 Abs. 1 EStG anderen entgeltlich auf Zeit zur Nutzung zu überlassen. „Der Steuerpflichtige muß also", so heißt es wörtlich, „Träger der Rechte und Pflichten eines Vermieters oder Verpächters aus dem Rechtsverhältnis der Vermietung oder Verpachtung sein."[158] Damit war auch dieser Streitpunkt im wesentlichen geklärt.[159] Allerdings bleiben gewisse Unterschiede zwischen dinglichen und schuldrechtlichen Nutzungsrechten sowohl zivilrechtlich, als auch steuerrechtlich bestehen. Während ein Nießbraucher in bestehende Mietverträge kraft Gesetzes eintritt (§§567, 566 BGB), müssen sie auf den nur obligatorisch Nutzungsberechtigten vertraglich übergeleitet werden, damit er, was zur Erzielung der Einkünfte erforderlich ist, in die Position des Vermieters einrückt.[160]

---

155 Schellenberger DStR 1981, 395, (400).

156 Seithel, DStR 1980, 582. Plückebaum, FR 1981, 181, (182, 183 ff); BMF v. 23.11. 1983, BStBl. I 1983, 508; dazu Plückebaum, FR 1984, 496, (497).

157 BFH BStBl. II 1972, 215, Urt. v. 26.10. 1971, VIII R 137/70.

158 BFH BStBl. 1986 II, 605, (606 f), Urt. v. 15.4. 1986, IX R 52/83. Zu diesem Problem auch Seithel, DStR 1980, 582.

159 Hutter, DStZ 1981, 47, /(51).

160 Plückebaum, FR 1984, 496, (498 sub 2.).

II. Zur Problematik der Werbungskosten, insbesondere der Absetzungen im Zusammenhang mit Nutzungen

Eine Kehrseite der Frage, wem welche Einkünfte zuzurechnen sind, lautet, wer Betriebsausgaben bzw. Werbungskosten geltend machen, wer insbesondere welche Absetzungen vornehmen kann, wenn an einem Wirtschaftgut Nutzungsrechte begründet worden sind. Die Zweifel, die auftauchen, wenn man die dogmatischen Aussagen zu Grundpositionen im Einkommensteuerrecht kritisch beleuchtet, treten hier gleichfalls auffällig hervor. Wie im vorangegangenen Kapitel geschildert, wurde schon in der Frühzeit des Einkommensteuerrechts die Absetzungsbefugnis in Nießbrauchsfällen kontrovers diskutiert. Das hat sich unter der Rechtsprechung des Bundesfinanzhofs fortgesetzt. Die Problematik der Absetzungsbefugnis hat schließlich sogar, wie noch auszuführen ist, eine neue Rechtsfigur, die sogenannte Nutzungseinlage, geschaffen und dann hingeführt zu zwei Entscheidungen des Großen Senats, die einen vorläufigen Abschluß der Judikatur zu Nutzungen und Nutzungsrechten bilden.

Hier ist die betreffende Entwicklung nachzuzeichnen, und zwar zunächst für Werbungskosten bei Überschußeinkünften. Wiederum geht es nur darum aufzuzeigen, wie man in der Zeit der 70er Jahre bis hin zu den Entscheidungen des Großen Senats diese Fragen beantwortet hat, nicht darum, wie sie nach Ansicht des Verfassers, die erst später entwickelt werden soll, zu lösen sind.

1. Rechtsprechung

Die Absetzungsproblematik ist vor allem für den Grundstücksnießbrauch, für Einkünfte aus Vermietung und Verpachtung also, mit sehr unterschiedlichen Standpunkten erörtert worden. Eine frühe Entscheidung des Bundesfinanzhofs aus dem Jahre 1957 befaßt sich soweit ersichtlich erstmalig damit. Da in dem zugrundeliegenden Fall der Nießbrauch zwar zugunsten eines Unterhaltsberechtigten, jedoch entgeltlich bestellt worden war, rechnete der VI. Senat die Einkünfte aus Vermietung und Verpachtung dem Nießbraucher zu. Die Befugnis, Absetzungen vom Gebäude vorzunehmen, sprach das Gericht ihm aber ab mit der Begründung, daß der durch die Nutzung eintretende Wertverzehr des Hauses nicht den Nießbraucher, sondern den Grundstückseigentümer treffe. Dieser hatte in dem betreffenden Jahr zwar keine Einkünfte, sollte nach Ansicht des VI. Senats des Bundesfinanzhofs aber dennoch zu Gebäudeabsetzungen berechtigt sein, und zwar mit der Begründung, es reiche für die Annahme von Werbungskosten aus, daß der Grundstückseigentümer nach Beendigung des Nießbrauchs wieder

Einnahmen aus dem Haus erzielen werde.[161] Dafür stützt sich der VI. Senat des Bundesfinanzhofs auf ein entsprechendes Urteil des Reichsfinanzhofs.[162] Auch die Instandhaltungsaufwendungen des Grundstückseigentümers, um die in dem Gerichtsverfahren gestritten worden war, wurden als Werbungskosten des Grundstückseigentümers anerkannt. Wiederum hieß es dazu in dem Urteil, der Werbungskostenabzug scheitere nicht daran, daß der Grundstückseigentümer in dem betreffenden Jahr wegen des Nießbrauchs keine Einnahmen gehabt habe, denn nach Beendigung des Nießbrauchs würden ihm wieder Einnahmen zufließen.

Da diese Begründung nicht in eine ständige Rechtsprechung mündete, erübrigt es sich, hier näher darauf einzugehen. Festzuhalten ist nur, daß seinerzeit unklar war, welcher Art die Verknüpfung von Einnahmen und Werbungskosten zu Einkünften sein muß. Der VI. Senat des Bundesfinanzhofs hat dies – wenn auch unausgesprochen –, um zu einem in den Augen der Richter gerechten Ergebnis zu gelangen, benutzt, um nämlich den Verlust der Absetzungen zu vermeiden.

Daß der die Einnahmen erzielende Nießbraucher die Absetzungen statt vom Gebäude vom Nießbrauch vornehmen könnte, ist zu der Zeit nicht bedacht worden. Noch im Jahre 1974 verwirft der Bundesfinanzhof die Überlegung, daß von einem entgeltlich erworbenen dinglichen Wohnrecht Absetzungen vorgenommen werden könnten, wie dies die Vorinstanz dem Inhaber des Wohnrechts zugebilligt hatte.[163] Der VIII. Senat rechnet ihm zwar die Einnahmen aus seinem Wohnrecht als Einkünfte aus Vermietung und Verpachtung zu, wie dies der derzeitigen Judikatur zu dinglichen Nutzungsrechten entsprach,[164] beruft sich aber darauf, daß – wie es heißt – „Aufwand für den Erwerb einer Einkunftsquelle keine Werbungskosten sind." ... „Denn", so wird weiter ausgeführt, „diese Aufwendungen beziehen sich auf Wirtschaftsgüter, die in aller Regel der privaten Vermögenssphäre zuzurechnen sind und sich in ihrer Substanz der Erfassung bei der Einkommensteuer entziehen." Zu der danach an sich inkonsequenten Absetzungsbefugnis äußert sich der Senat wie folgt: „Dieser gesetzlichen Regelung liegt die Überlegung zugrunde, daß auch die im Rahmen der in §2 Abs. 3 Nr. 4 bis 7 EStG zur Erzielung von Einkünften eingesetzten Wirtschaftsgüter trotz ihrer Zugehörigkeit zur privaten Vermögenssphäre durch ihre Verwendung einer Abnutzung unterliegen können. Das ist insbesondere bei den zur Erzielung von Einkünften aus Vermietung und Verpachtung verwendeten Mietwohnhäusern der Fall. Denn hier tritt durch die ständige Nutzung ein echter Wertverzehr in der Substanz ein, der von demjenigen in Form von AfA geltend gemacht werden

161 BFH BStBl. III 1957, 393, (395), Urt. v. 5.7. 1957, VI 74/55 U.
162 RFH RStBl. 1941, 862, v. 21.8. 1941, IV 119/41.
163 BFH BStBl. II 1975, 6, Urt. v. 26.3. 1974, VIII R 210/72.
164 Der Senat zitiert dazu BFH BStBl. II 1974, 424, Urt. v. 26.3. 1974, VIII R 120/69.

kann, der den Wertverzehr wirtschaftlich trägt. Denn die AfA werden nicht nach dem Eigentumsrecht im Sinne des §903 BGB ausgerichtet. Dieses Recht unterliegt keiner Abnutzung. Die AfA bestimmen sich vielmehr nach der Sache, auf die sich das Eigentumsrecht bezieht."[165] Der Senat leitet aus diesen Überlegungen ab, daß sich zwar die Wohnung, nicht aber das daran bestehende Wohnrecht abnutze. Die Vordergründigkeit dieser conclusio liegt auf der Hand. Daß mit dem Verbrauch der Sache das Recht daran verloren geht, und daß das auf die Sache bezügliche Recht nur die juristische Beschreibung dafür ist, in welcher rechtlichen Beziehung die Sache dem Berechtigten zugeordnet wird, wird dabei verkannt. Die Trennung zwischen Sache und Recht, die der VIII. Senat hier vorführt, ist spitzfindig.

Im Jahre 1978 hat derselbe Senat denn auch diese Ansicht revidiert. Der Leitsatz des betreffenden Urteils lautet: „Zeitlich begrenzte Rechte unterliegen auch dann einem durch AfA zu berücksichtigenden Wertverzehr, wenn sie der Erzielung von Einkünften aus Vermietung und Verpachtung dienen".[166] Die früher vertretene Ansicht, daß der Grundstückseigentümer mit Rücksicht auf spätere Mieteinkünfte berechtigt sei, schon gegenwärtig Absetzungen vom Gebäude vorzunehmen, war damit stillschweigend fallengelassen worden. Die Ausführungen zur Befugnis, von zeitlich befristeten Rechten Absetzungen vorzunehmen, lesen sich wie Lehrbuchseiten: „Gemäß §9 Nr. 6 EStG[167] sind Werbungskosten bei Vermietung und Verpachtung auch die AfA nach §7 EStG. Eine Beschränkung auf körperliche Gegenstände enthält §9 Nr. 6 EStG nicht. Dem Wortlaut des §7 EStG ist auch nicht zu entnehmen, daß nur solche Wirtschaftsgüter abnutzbar sind, deren Wert gerade als Folge der Nutzung durch den Steuerpflichtigen gemindert wird. §7 Abs. 1 Satz 1 EStG verlangt nur eine Verwendung oder Nutzung, die sich auf mehr als ein Jahr erstreckt. Erforderlich ist danach lediglich, daß das Wirtschaftsgut innerhalb absehbarer Zeit verbraucht sein wird. Dies trifft auch bei nichtkörperlichen Gegenständen, z.B. zeitlich begrenzten Rechten zu. Der die AfA rechtfertigende innere Zusammenhang zwischen Nutzung und Wertverzehr ergibt sich bei ihnen daraus, daß sie, wenn sie zur Einkunftserzielung eingesetzt werden, in dieser Funktion infolge ihrer zeitlichen Beschränkung einem zeitlich und betragsmäßig abgrenzbaren Wertverzehr unterliegen." In dem zugrundeliegenden Fall besaßen die Klägerinnen eine beschränkte persönliche Dienstbarkeit zum Abbau eines Sandvorkommens, das sie gegen Entgelt ausbeuten ließen. Der VIII. Senat des Bundesfinanzhofs beruft sich für seine Rechtsansicht, mit der er sich von der früher vertretenen gegenteiligen Auffassung auch

165 BFH BStBl. II 1975, 6, (7), Urt. v. 26.3. 1974, VIII R 210/72.
166 BFH BStBl. II 1979, 38, Urt. v. 27.6. 1978, VIII R 12/72.
167 jetzt §9 Nr. 7 EStG.

des VI. Senats abwendet,[168] auf die Entstehungsgeschichte des Einkommensteuergesetzes. Der Katalog des §16 Abs. 3 EStG 1925 führte als Abschreibungsobjekte unter anderem auch zeitlich begrenzte Urheberrechte auf. Die Auslegung, daß Absetzungen eben auch von zeitlich befristeten Rechten vorgenommen werden können, hält der Senat daher, um nämlich eine periodengerechte Verteilung des Aufwands zu erreichen, nach Sinn und Zweck der AfA-Regelung des §7 EStG für geboten.[169]

Der Bundesfinanzhof hat mit diesem Nachsatz eine Argumentation festgeschrieben, die wirtschaftswissenschaftlicher Herkunft ist. Absetzungen haben danach die Funktion, den Aufwand zum Erwerb der abnutzbaren Wirtschaftsgüter auf die Jahre der Nutzung zu verteilen, so als wären diese Erwerbskosten nicht im Jahr der Zahlung aufgebracht worden, sondern anteilig jeweils in dem einzelnen Jahr der Nutzung. Es geht dabei gar nicht um den Wertschwund, den das abgenutzte Wirtschaftsgut erleidet, sondern darum, auf welche Jahre der längst getätigte Aufwand seiner Funktion nach entfällt. Diese betriebswirtschaftliche Betrachtung entspricht dem Einkommensteuerrecht nicht. Jedenfalls bei den Gewinneinkünften geht es um den Wert des Betriebsvermögens, der wegen der Aktivierung nicht durch den Aufwand der Anschaffungskosten, sondern durch den Wertschwund des angeschafften, abnutzbaren Wirtschaftsgutes gemindert wird. Obwohl ein Blick in §6 I Nr. 1 EStG dies erweist, lautet die ganz herrschende Lehre anders, nämlich, daß Absetzungen gerade nicht den Wertschwund angeben, sondern den getätigten Aufwand verteilen sollen.[170] Diese dem Einkommensteuerrecht systemfremde Betrachtungsweise führt in ihrer Konsequenz zu der Annahme, daß es Absetzungen nur in Fällen eines entgeltlichen Erwerbs geben könne.[171] Da es in dem entschiedenen Fall gerade um eine Dienstbarkeit ging, die nicht entgeltlich erworben worden war, die der Vater vielmehr seinen Kindern, den Klägerinnen, geschenkt hatte, hätte Anlaß bestanden, sich über die Fragwürdigkeit dieser These Gedanken zu machen. Der VIII. Senat konnte sich jedoch für die Absetzbarkeit auf eine Sonderregelung berufen, wonach bei unentgeltlichem Erwerb der Betrag, den der Steuerpflichtige für die Anschaffung hätte aufwenden müssen, als fiktive AfA-Bemessungsgrundlage anzusetzen war.[172]

---

168 Eine Anrufung des Großen Senats war nicht erforderlich, weil die Zuständigkeit auf den VIII. Senat übergegangen war.

169 BFH BStBl. II 1979, 38, (39 sub cc), Urt. v. 27.6. 1978, VIII R 12/72.

170 BFH BStBl. II 1978, 342, Urt. v. 14.2. 1978, VI R 170/76; Schellenberger, FR 1980, 25; Biergans, FR 1984, 297, (302); Biergans, FR 1986, 365, (370); Schmidt/Drenseck, EStG §7, Tz. 2 u.3.

171 Knobbe-Keuk, StuW 1979, 305, (311 sub 5.); Schellenberger, DStR 1981, 395, 401.

172 Dies war die im Streitzeitraum geltende Regelung des §27 Nr. 2b EStDV 1961 iVm §84 III EStDV 1965.

Die zur Zeit einschlägige Norm des §11d EStDV besagt, daß sich bei geschenkten Wirtschaftsgütern des Privatvermögens die Absetzungen nach den Anschaffungs- oder Herstellungskosten des Rechtsvorgängers bemessen bzw. nach dem Wert, der beim Rechtsvorgänger an deren Stelle getreten ist. Diese Regelung überspielt so die Problematik, ob für Absetzungen stets Anschaffungskosten entstanden sein müssen. Beim Nießbrauch, den der Grundstückseigentümer unentgeltlich etwa zugunsten eines Kindes bestellt oder den er bei einer Schenkung des Grundstücks an seine Kinder sich selbst vorbehält, hilft §11d EStDV nicht weiter. Denn in beiden Fällen wird der Nießbrauch neu begründet, so daß es keinen Rechtsvorgänger gibt. Der Bundesfinanzhof hat jedenfalls für Fälle eines geschenkten Nießbrauchsrechts die Ansicht verworfen, daß der Nießbraucher, dessen Nutzungsrecht ja vom Eigentum abgespalten worden ist, insoweit die Rechtsstellung des Eigentümers im Sinne von §11d EStDV fortsetze.[173] Danach kann der Nießbraucher, dem das Recht geschenkt worden ist, in Ermangelung von Anschaffungskosten keine Absetzungen vom Nießbrauch vornehmen.

Der Grundstückseigentümer, der wegen des Nießbrauchs keine Einkünfte aus Vermietung und Verpachtung erwirtschaften kann, hat in Ermangelung von Einkünften keine Absetzungen vom Gebäude. In dem sogenannten Bruttonießbrauchsurteil hat der VIII. Senat dies für Werbungskosten allgemein ausgesprochen. Hier hatten die Eltern ihr Mietwohngrundstück zugunsten ihrer Kinder mit einem Nießbrauch belastet und zusätzlich die Verpflichtung übernommen, die erforderlichen Erhaltungskosten für das Gebäude zu tragen. Ihnen wurde vom VIII. Senat der Werbungskostenabzug in Ermangelung von Einkünften verwehrt.[174]

Anders hat der VIII. Senat für den Fall geurteilt, daß der Eigentümer eines Mehrfamilienhauses in Ansehung einer der Wohnungen keine Einkünfte bezieht. Der Vater, dem das Haus gehörte, hatte seinem Sohn die eine Wohnung unentgeltlich überlassen. Nach der seinerzeit geltenden Nutzungswertbesteuerung gemäß §21 II EStG hatte der Sohn – was in der Revisionsinstanz nicht feststand – mit dem Nutzungswert der Wohnung Einkünfte aus Vermietung und Verpachtung, die der Vater dann verloren hätte. Dies sollte aber nach Ansicht des VIII. Senats nicht zu einem anteiligen Verlust der Gebäudeabsetzungen führen. Es heißt in dem Urteil dazu: Es ist nicht erforderlich, die Bemessungsgrundlage für die AfA um die Anschaffungs- oder Herstellungskosten zu kürzen, die auf die überlassene Wohnung entfallen, denn Gegenstand der Absetzung ist nicht die einzelne Wohnung, sondern das Gebäude."[175] Dieses viel beachtete Urteil, das

173 BFH BStBl. II 1982, 454, (456 a.E.).
174 BFH BStBl. II 1981, 299, (301 sub 2.), Urt. v. 13.5. 1980, VIII R 128/78.
175 BFH BStBl. II 1984, 371, (373 sub d), Urt. v. 29.11. 1983, VIII R 184/83.

die Beziehung zwischen den Einkünften und dem Wirtschaftsgut, mit dem sie erwirtschaftet werden, betrifft, läßt etliche Fragen offen.

Hat der Grundstückseigentümer wegen der Bestellung eines Nießbrauchs keine Einkünfte, der Nießbraucher, wenn das Recht ihm geschenkt worden ist, keine Anschaffungskosten, dann lautet das Resultat, daß keiner von beiden Absetzungen vornehmen kann. Dies ist allgemein als mißlich empfunden worden. Die Gründe für dieses Unbehagen sind verschieden, je nachdem worin man die Funktion der Absetzungen sieht. Der herrschenden Lehre kommt es darauf an, daß sich getätigte Aufwendungen nicht bereits im Jahr der Verausgabung komplett, sondern verteilt auf die Jahre der Nutzung nur anteilig auswirken; sie muß daher beklagen, daß die betreffenden Aufwendungen unberücksichtigt bleiben. Dagegen stellt sich für die Ansicht, nach der die Absetzungen den Wertschwund des sich abnutzenden Wirtschaftsgutes angeben, die Problematik anders dar. Für sie muß es darauf ankommen, welches Wirtschaftsgut derjenige, der die Einkünfte hat, einsetzt und ob es durch Abnutzung an Wert verliert. Da dies unabhängig davon, ob Anschaffungskosten für dieses Wirtschaftsgut getätigt worden sind, der Fall ist, interessiert nur der Wertverzehr, nicht ein Aufwand. Der Bundesfinanzhof hat seine Lösung darauf aufgebaut, daß es bei den Absetzungen um Aufwandverteilung geht. Also lautet für ihn die Frage, ob derjenige, der die Einkünfte erzielt, in Nießbrauchsfällen also der Nießbraucher, insoweit Aufwand getätigt hat. Auf welches Wirtschaftsgut dieser Aufwand sich bezieht und ob es dem Nießbraucher zuzurechnen ist, ist gleichgültig. Bezieht sich der Aufwand auf das Nießbrauchsrecht, das entgeltlich erworben worden ist, dann gibt es Absetzungen vom Nießbrauch. Bezieht sich der Aufwand auf das Gebäude, dann kann auch der Nießbraucher insofern Absetzungen vom Gebäude beanspruchen, und zwar nicht nur wenn er der wirtschaftliche Eigentümer des Grundstücks ist,[176] sondern ganz unabhängig davon. Wörtlich heißt es in einer Entscheidung IX. Senats des Bundesfinanzhofs dazu: „Nach der neueren BFH-Rechtsprechung kann grundsätzlich AfA geltend machen, wer den Tatbestand der Vermietung gemäß §21 Abs. 1 EStG oder der Wohnungsnutzung i.S. des §21 Abs. 2 EStG erfüllt und die Anschaffungs- oder Herstellungskosten des Wirtschaftsgutes getragen hat. Die AfA-Befugnis hängt nicht vom bürgerlich-rechtlichen oder wirtschaftlichen Eigentum am Gebäude ab.“[177]

Allseits befriedigt hat dies deshalb nicht, weil Aufwendungen, die der Grundstückseigentümer getätigt hat, in Ermangelung von Einkünften eben doch „verloren“ gehen. Beim Vorbehaltsnießbrauch vermeidet der Bundesfinanzhof diese

---

176 – wie in den Fällen von BFH BStBl. II 1977, 629, Urt. v. 8.3. 1977, VIII R 180/74, und BFH BStBl. II 1978, 303, Urt. v. 21.6. 1977, VIII R 18/75.

177 BFH BStBl. II 1985, 453,(454), Urt. v. 23.10. 1984, IX R 48/80.

Konsequenz durch eine noch andere Überlegung. Laut Urteil des VIII. Senats vom 28. Juli 1981 darf ein Vorbehaltsnießbraucher, der noch als Grundstückseigentümer früher die Kosten zur Anschaffung oder Herstellung des von ihm vermieteten Gebäudes getragen hat, die Gebäudeabsetzungen beanspruchen. In dem zugrundeliegenden Fall hatten Eltern ihrer Tochter mehrere Mietwohngrundstükke geschenkt und sich den Nießbrauch vorbehalten. Der VIII. Senat führte zur Begründung aus, daß sie die noch als Eigentümer errichteten Gebäude „bei der hier gebotenen wirtschaftlichen Betrachtungsweise nicht auf Grund eines vom Erwerber abgeleiteten, sondern ununterbrochen auf Grund eigenen Rechts" nutzten.[178] Dieser Rechtsauffassung schloß sich – ohne weitere Begründung – auch der IX. Senat des Bundesfinanzhofs an.[179] Die früher vom VI. Senat vertretene gegenteilige Ansicht[180] gab der VIII. Senat auf; da die Zuständigkeit auf ihn übergegangen war, erübrigte sich eine Anrufung des Großen Senats.

Für den Fall eines nur schuldrechtlich wirkenden Nutzungsrechts hat der VIII. Senat übrigens anders geurteilt. Hier hatte der Vater seinem Sohn unter Nießbrauchsvorbehalt sein Hausgrundstück geschenkt, den Nießbrauch aber nicht im Grundbuch eintragen lassen, so daß das Nutzungsrecht nicht dinglich, sondern nur schuldrechtlich wirkte. Vater und Sohn bewohnten Wohnungen in dem Haus, weswegen nach der seinerzeit geltenden Regelung des §21 II EStG Einkünfte aus Vermietung und Verpachtung in Gestalt des Nutzungswertes der Wohnung im eigenen Haus bzw. einer in gesicherter Rechtsstellung unentgeltlich überlassenen Wohnung in Betracht kamen. Der VIII. Senat führt aus, daß der Sohn, sollte seine Rechtsposition an seiner Wohnung, die der nutzungsberechtigte Vater ihm überlassen hatte, hinreichend gesichert sein – was in der Revisionsinstanz noch offen war –, im Rahmen seiner dann nach §21 II EStG begründeten Vermietungseinkünfte auch Gebäudeabsetzungen gemäß §11d EStDV vornehmen könnte. Zwar sei dazu im Falle eines Nießbrauchsvorbehalts der Vorbehaltsnießbraucher, der die Anschaffungs- und Herstellungskosten des Gebäudes getragen habe, befugt, weil er das Gebäude ununterbrochen auf Grund eigenen Rechts nutze. Dies treffe im Fall eines nur obligatorischen Nutzungsrechts aber nicht zu, weil der Berechtigte es nicht für sich begründen, sondern nur von einem anderen ableiten könne. Er könne also auch nicht das eigene Recht mit der Befugnis zu Ab-

---

178 Erstmalig in BFH BStBl. II 1982, 380, Urt. v. 28.7. 1981, VIII R 35/79; insoweit bestätigt durch BFH BStBl. II 1984, 266, Urt. v. 11.10. 1983, VIII R 200/80.

179 BFH BStBl. II 1985, 453, Urt. v. 23.10. 1984 IX R 48/80, und BFH BStBl. II 1986, 12, Urt. v. 24.9. 1985, IX R 62/83; BFH BStBl. II 1997, 121, (122), Urt. v. 28.3. 1995, IX R 126/89; BFH BStBl. II 1998, 431, (432), Urt. v. 4.6. 1996, IX R 59/94.

180 BFH BStBl. III 1967, 311, Urt. v. 21.2. 1967 VI 263/65.

setzungen fortsetzen.[181] Diese Ansicht hat der IX. Senat des Bundesfinanzhofs 1996 allerdings revidiert.[182]

2. *Verwaltungsmeinung und Schrifttum*

Das Schrifttum hat die geschilderte Rechtssprechung teils zustimmend, teils kritisch begleitet. An dieser Stelle ist das nur für Überschußeinkünfte zu beschreiben. Die Besonderheiten im Fall von Gewinneinkünften, die damit zusammenhängen, daß hier Betriebsvermögen zu verzeichnen ist und der Gewinn durch Bestandsvergleich ermittelt wird, sollen unten (III.) zur Sprache kommen. Um die verwickelte Materie durchsichtig darzustellen, orientiert sich die nachfolgende Aufgliederung an dem Nießbrauchserlaß aus dem Jahre 1984.[183] Darin hat das Bundesfinanzministerium verschiedene Gestaltungsmöglichkeiten und ihre rechtliche Würdigung in eine gut nachvollziebare Ordnung gebracht, die dem Leser das Verständnis erleichtert. Im Mittelpunkt steht das durch Nießbrauch, und zwar vorzüglich durch unentgeltlichen Nießbrauch begründete Nutzungsrecht. Schuldrechtliche Nutzungsrechte, regelmäßig auf der Basis eines nicht mit dinglicher Wirkung eingetragenen Nießbrauchs kommen anschließend zur Sprache. Entsprechend der unterschiedlichen Behandlung durch die Judikatur unterscheidet der Nießbrauchserlaß zwischen den Fällen, in denen sich der frühere Grundstückseigentümer den Nießbrauch vorbehalten hat (Vorbehaltsnießbrauch), und solchen Fällen, in denen der Grundstückseigentümer sein Eigentum mit einem Nießbrauch belastet, den er einem anderen zuwendet (Zuwendungsnießbrauch). Hierbei sind dann die regelmäßig nur zwischen Familienangehörigen vorkommenden Fälle der unentgeltlichen Nießbrauchsbestellung zu betrachten. Sie werfen die meisten Fragen auf.

a) Unentgeltlich bestellter Zuwendungsnießbrauch zwischen unterhaltsberechtigten Personen

Die Nießbrauchsbestellung scheitert nach dem Erlaß nicht an §12 Nr. 2 EStG.[184] Um eigene Einkünfte aus Vermietung und Verpachtung zu erzielen, muß der Nießbraucher jedoch – dies entsprechend den oben geschilderten Nießbrauchsurteilen des Bundesfinanzhofs – neue Mietverträge in eigenem Namen abschließen bzw. den Mietern den Eintritt in schon bestehende Verträge mitteilen. Nutzte der

181 BFH BStBl. II 1986, 327, (332), Urt. v. 30.7. 1985, VIII R 71/81.

182 BFH BStBl. II 1998, 431, (432 sub 1.a), Urt. v. 4.6. 1996, IX R 59/94.

183 BMF BStBl. I 1984, 561.

184 – während das im Schrifttum noch 1980 z.B. von Huxol, FR 1980, 308, 311 sub 3.) generell vertreten wurde.

Nießbraucher selbst eine Wohnung auf dem Grundstück, an dem der Nießbrauch bestellt war, so wurde dies mit dem Nutzungswert nach §21 II 2. Alt. EStG a.F. erfaßt. Gebäudeabsetzungen kamen nach dem Erlaß für den Nießbraucher im allgemeinen nicht in Betracht, sondern nur für die von ihm errichteten Anlagen, die Scheinbestandteile im Sinne des §95 I 2 BGB darstellen. Absetzungen auf den Nießbrauch selbst sprach der Erlaß dem Nießbraucher mit Rücksicht auf den unentgeltlichen Erwerb ab. Wohl aber wurden andere Werbungskosten anerkannt. Dem Grundstückseigentümer wurden in Ermangelung von Einkünften Absetzungen verwehrt, desgleichen der Abzug von Aufwendungen, die er trotz Einräumung des Nießbrauchs weiter für das Gebäude trägt. Auch der Nießbraucher konnte sie danach nicht als Werbungskosten geltend machen, weil er sie nicht getragen hat (Bruttonießbrauch).

Im Schrifttum waren die Ansichten zu den Frage, die ein unentgeltlich bestellter Zuwendungsnießbrauch aufwirft, geteilt:

Benthien kommt mit weitausholenden Erwägungen gleichfalls zu dem Ergebnis, daß ein Werbungskostenabzug des Grundstückseigentümers ausscheidet, wenn an dem Grundstück ein Nießbrauch bestellt ist.[185]. Desgleichen verwehrt er dem Nießbraucher, soweit dieser nicht ausnahmsweise als wirtschaftlicher Eigentümer betrachtet werden kann, die Gebäudeabsetzungen.[186]

Das ist die Rechtsauffassung auch von Knobbe-Keuk, die im Fall eines geschenkten Nutzungsrechts dem Nießbraucher, da er keine Anschaffungskosten gehabt hat, keine Absetzungen von seinem Nutzungsrecht zubilligt.[187]

Littmann dagegen verwirft die Ansicht, daß weder der Grundstückseigentümer noch der Nutzungsberechtigte, wenn der Nießbrauch unentgeltlich bestellt worden ist, Gebäudeabsetzungen vornehmen kann.[188] Dies widerspräche seiner Meinung nach der Vorstellung, daß es eine Einkunftsquelle gibt, aus der die Einkünfte als Unterschied zwischen Einnahmen und Ausgaben fließen. Man sieht, welch ein Eigenleben der Begriff der Einkunftsquelle, der doch keine gesetzliche Grundlage besitzt, gewonnen hatte und im Jahre 1980 jedenfalls für Littmann immer noch besaß. Für ihn spielt daneben die Frage, wem denn die Einkünfte zuzurechnen sind, „eine zweitrangige Rolle." Zwar bekennt auch er sich zur Ansicht, daß die Zurechnungsfrage für Einnahmen und Ausgaben einheitlich beantwortet werden muß, meint aber, nichts gebiete, daß Absetzungen nur vornehmen könne, wer die Anschaffungs- oder Herstellungskosten getragen hat. Deshalb tritt er dafür ein, die Absetzungsbefugnis dem Nießbraucher zu geben, weil die Nieß-

185 Benthien, FR 1979, 166, (169).
186 Benthien, FR 1979, 166, (170).
187 Knobbe-Keuk, StuW 1979, 305, (311 sub 5.).
188 Littmann, DB 1980, 1040.

brauchsbestellung nicht anders behandelt werden dürfe als eine Schenkung des Vollrechts Eigentum, die nach §11d EStDV den Rechtsnachfolger zu den Absetzungen des Vorgängers befugt. Das wird von Littmann noch mit der These untermauert, daß der Eigentümer dem Nießbraucher nicht nur das Nutzungsrecht, sondern auch seine Aufwendungen auf die Sache, also die Anschaffungs- und Herstellungskosten schenke.[189] Damit ist, weil sich ein Aufwand schlecht übertragen läßt, wohl der Vorteil gemeint, den der Aufwand bewirkt hat. Denkt man dies aber konsequent fort, dann muß man eher zu der Überlegung kommen, daß dieser Vorteil sich für den Nießbraucher im Nießbrauch manifestiert, daß also über Absetzungen vom Nießbrauch nachzudenken wäre. Dann aber wäre zu überlegen, ob denn Absetzungen wirklich voraussetzen, daß der Nutzungsberechtigte für sein Nutzungsrecht etwas aufgewendet hat, ob es nicht genügt, daß er es für die Einkünfte opfert.

In einem viel beachteten Aufsatz hat sich Hutter mit Nutzungsrechten an Grundstücken und in diesem Zusammenhang auch mit dem Werbungskostenabzug beschäftigt.[190] Der Bruttonießbrauchsfall, den der Bundesfinanzhof in einem der drei Nießbrauchsurteile entschieden hat,[191] veranlaßt ihn, die These anzugreifen, daß Werbungskosten nur derjenige geltend machen könne, der den Aufwand auch selbst getätigt hat.[192] Dafür vergleicht er zwei Fallgestaltungen miteinander: Das eine Mal schenken die Eltern dem Kind Geld mit der Auflage, damit die Reparaturen zu bezahlen, was auch geschieht. In dem anderen Fall begleichen die Eltern der Einfachheit halber unmittelbar selbst die Reparaturrechnungen. Beidemale, so meint Hutter, müßte das Kind als Nießbraucher dies als Werbungskosten der Einkünfte aus Vermietung und Verpachtung geltend machen können. Gebäudeabsetzungen, so heißt es bei ihm, könnten weder die Eltern beanspruchen, die keine Einkünfte haben, noch das Kind, weil es wirtschaftlich nicht den Wertverzehr trägt. Absetzungen stünden nicht zur Disposition des Steuerpflichtigen und könnten daher nicht wie sonstige Werbungskosten einem anderen vermittelt werden. Jedoch spricht er sich für Absetzungen vom Nießbrauchsrecht aus. Daß der Nießbraucher für einen geschenkten Nießbrauch keinen Aufwand getätigt hat, soll kein Hindernis sein. Vielmehr soll §11d EStDV anwendbar sein. Hutter meint, der Nießbraucher sei sozusagen Rechtsnachfolger des Grundstückseigentümers, dessen Aufwendungen auf das Gebäude nach der Nießbrauchsbestellung quasi auf das Nießbrauchsrecht zu beziehen seien. Dies leitet er daraus ab, daß seiner Ansicht nach die Aufwendungen für das Gebäude

---

189 Littmann, DB 1980, 1040, (1041).
190 Hutter, DStZ 1981, 47, (51 ff).
191 BFH BStBl. II 1981, 299, (300/301), Urt. v. 13.5. 1980, VIII R 128/78.
192 Hutter, DStZ 1981, 47, (51 ff).

richtigerweise für dessen Nutzung erbracht worden seien und daß der Nießbraucher, was die Nutzungen betreffe, eben Rechtsnachfolger des Eigentümers sei. Dabei geht Hutter davon aus, daß zum einen der Nießbraucher, wenn der Eigentümer die Absetzungen bereits vor der Nießbrauchsbestellung voll ausgeschöpft hat, keine Absetzungen von Nießbrauchsrecht mehr beanspruchen könne, daß zum andern der Eigentümer nach Beendigung des Nießbrauchs nur die danach verbliebenen Absetzungen vornehmen könne.

Diese Ausführungen haben Rößler zu einer Entgegnung veranlaßt.[193] Er stellt eine ganz andere These auf. Seiner Ansicht nach dienen Absetzungen nicht einer Aufwandsverteilung, sondern sollen den Wertverzehr des abnutzbaren Wirtschaftsgutes angeben. Daher komme es, so Rößler, nicht darauf an, daß Aufwendungen getätigt worden seien. Sie seien nur die Bemessungsgrundlage für den Wertverzehr. Fehlen Aufwendungen, so müsse der Zeitwert des Wirtschaftagutes als Bemessungsgrundlage dienen.[194] Auf diesen Gedanken ist noch später einzugehen.

Noch dezidierter als Littmann wendet sich Stadie gegen die herrschende Lehre und schließt sich also denjenigen Stimmen an, die für eine Berücksichtigung des sogenannten Drittaufwands plädieren. Danach soll derjenige, dem Einkünfte zuzurechnen sind, den Aufwand auf Wirtschaftsgüter, mit denen er diese Einkünfte erzielt, als Werbungskosten bzw. bei Gewinneinkünften als Betriebsausgaben abziehen dürfen, auch wenn nicht er, sondern andere Personen, eben Dritte, die Aufwendungen getätigt haben.[195] Seine Berufung darauf, es werde vom Wortlaut des §4 IV EStG bzw. des §9 I EStG nicht verlangt, daß es sich um Aufwendungen des Steuerpflichtigen handeln müsse, ist allerdings wenig beweiskräftig. Hier zeigt sich, wie beliebig eine Begründung wirkt, die nicht systematisch und teleologisch in ein stimmiges Konzept eingebettet und auf das maßgebliche Prinzip der Einkommenbesteuerung zurückgeführt ist. Insofern muß Stadie derselbe Einwand entgegengesetzt werden, der auch Ruppes Theorie gegenüber gilt. Es fehlt eine geschlossene Konzeption, die den Aussagen Überzeugungskraft verleiht. Zwar hat Stadie auch das Prinzip der Besteuerung nach der Leistungsfähigkeit daraufhin untersucht, ob es Anhaltspunkte für die Zurechnung von Einkünften liefern könnte. Da er jedoch mit der herrschenden Lehre die – wie er es mit anderen[196] nennt – objektive und subjektive Leistungsfähigkeit nicht nach den Leistungen des Steuerpflichtigen, sondern nach den Mitteln be-

---

193 Rößler, DStZ 1981, 274.
194 Rößler, DStZ 1981, 274, (277).
195 Stadie, Zurechnung von Einkünften, S. 32, 33 ff.
196 z.B. Friauf, StuW 1973, 107; Lang, StuW 1974, 293, (298); StuW 1983, 105.

mißt, die ihm als Gegenwert nach Abzug der Aufwendungen verbleiben, kann er keine einsichtige Verbindung herstellen.

Wie Stadie tritt auch Biergans dafür ein, daß sogenannter Drittaufwand als Werbungskosten ebenso zu berücksichtigen sei wie Aufwand des Steuerpflichtigen.[197] Er beruft sich dafür auf die Regelung des §2 I EStG, die er ganz wörtlich versteht. Da hier an erster Stelle die Einkünfte erscheinen und erst danach davon die Rede ist, welche dieser Einkünfte der Steuerpflichtige erzielt hat, sind nach Biergans beide Fragen getrennt zu beantworten. Die Frage, wie hoch die Einkünfte sind, wie hoch also bei Überschußeinkünften die Einnahmen und wie hoch die Werbungskosten sind, soll ohne Blick auf ihre Zurechnung zur Person des Steuerpflichtigen, mit den Worten Biergans „sachlich" beantwortet werden. Erst wenn die Höhe der Einkünfte feststeht, soll geklärt werden wem sie denn personell zuzurechnen sind. Dabei soll sich die Zuordnung der Werbungskosten zu den Einnahmen nur nach dem Veranlassungsprinzip richten, unabhängig davon, wer die betreffenden Aufwendungen erbracht hat.[198] Den wertenden Juristen, der die Gedankenglieder seiner Subsumtion in ihrem Sinnbezug zueinander sieht, muß diese rigorose Trennung der angeblich sachlichen Ermittlung der Einkünfte einerseits und ihrer personellen Zurechnung zum Steuerpflichtigen befremden. Die These, daß Einnahmen etwa aus Vermietung und Verpachtung nicht eben als Einnahmen des Vermieters, sondern als Einnahmen auf das Mietobjekt registriert werden, mag einer betriebswirtschaftlichen Sicht entsprechen,[199] dem Einkommensteuerrecht ist sie fremd.

Wieder eine andere Begründung dafür, daß der Nießbraucher die Aufwendungen verwerten kann, die der Grundstückseigentümer getätigt hat, in Ermangelung von Einkünften aber nicht als Werbungskosten abziehen kann, versucht Stuhrmann. Er meint, die Aufwendungen, die der Grundstückseigentümer getragen, aber in Ermangelung von Einkünften nicht als Werbungskosten abziehen kann, seien unentgeltliche Zuwendungen an den Nießbraucher, was diesem zum Werbungskostenabzug berechtigen könne.[200] Wie sich diese Befugnis für den Nießbraucher aus §12 Nr. 2 EStG ergeben soll, bleibt dabei allerdings offen.[201]

Döllerer, Vorsitzender des für Vermietungseinkünfte zuständigen VIII. Senats des Bundesfinanzhofs, hat in einem Vortrag über Leitgedanken der Nießbrauchsbesteuerung in erster Linie die Nießbrauchsrechtsprechung seines Senats erläu-

197 Biergans, FR 1984, 297.
198 Biergans, FR 1984, 297, (304/305); desgleichen Biergans, FR 1986, 365, (373).
199 Biergans hatte an der Universität München einen Lehrstuhl für betriebswirtschaftliche Steuerlehre inne.
200 Stuhrmann, FR 1980, 41, (42 sub 2.).
201 Zweifelnd auch Meyer, FR 1981, 421, 427.

tert, aber auch eigene Gedanken zu umstrittenen Fragen entwickelt.[202] Übereinstimmend mit der oben geschilderten Judikatur lehnt er den Werbungskostenabzug des Eigentümers mangels Einkünften ab. Der Nießbraucher, so meint Döllerer, könne nur eigene Aufwendungen, nicht aber Aufwendungen des Eigentümers, sogenannten Drittaufwand, geltend machen. Damit schließt sich Döllerer der insoweit herrschenden Lehre an.[203] Selbst wenn der Nießbraucher Aufwendungen tätigt, die nach der gesetzlichen Lastenverteilung Sache des Grundstückseigentümers wären, verhält es sich nach Döllerer so, weil dem Nießbraucher dann Ausgleichsansprüche nach den §§1049, 677, 683, 670 BGB zustehen. Übernimmt dagegen der Eigentümer Lasten, die zu tragen an sich dem Nießbrauher obliegen, so will Döllerer wie folgt entscheiden: Hat der Nießbraucher die betreffednen Verträge mit Handwerkern geschlossen und bezahlt er sie mit Mitteln, die der Eigentümer ihm zu diesem Zweck geschenkt hat, so soll es sich um Werbungskosten des Nießbrauchers handeln. Zahlt der Eigentümer auf die vom Nießbraucher begründeten Verbindlichkeiten, so soll es sich gleichfalls so verhalten, weil in der Bezahlung eine Schenkung des Eigentümers an den Nießbraucher liegen soll, der dann die Schuld quasi mit eigenen Mitteln begleicht. Aber auch im dritten Fall nimmt Döllerer das an, wenn nämlich der Eigentümer den Vertrag über Arbeiten schließt und erfüllt, die ausführen zu lassen, Sache des Nießbrauchers wäre.[204] Absetzungen vom Gebäude hat nach Döllerer der Grundstückseigentümer, auch wenn er die Herstellungskosten getragen hat, in Ermangelung von Einkünften nicht. Dem Nießbraucher stehen sie laut Döllerer deshalb nicht zu, weil er die betreffenden Kosten nicht getragen hat; §11d EStDV soll nicht anwendbar sein, weil der Nießbraucher nicht das Gebäude, sondern eben den Nießbrauch unentgeltlich erworben hat. Vom unentgeltlich erworbenen Zuwendungsnießbrauchsrecht soll der Nießbraucher in Ermangelung von Aufwendungen keine Absetzungen beanspruchen können, während der Vorbehaltsnießbraucher sie vom Gebäude soll vornehmen dürfen.[205] Insofern folgt Döllerer in der Problematik der Absetzungen ganz der Rechtsprechung. Allerdings meldet er zum letzten Punkt Zweifel an und stellt die Frage, ob sich diese Absetzungen nicht als Absetzungen auf das Nießbrauchsrecht „entpuppen" könnten.[206] Allerdings spinnt er diese Überlegung nicht weiter fort.

Costedes Überlegungen zur Funktion der Absetzungen basieren auf seiner Theorie, daß das Prinzip der Besteuerung nach der Leistungsfähigkeit auch für

202 Döllerer, StbJb 1984/85, 55.
203 Döllerer, StbJb 1984/85, 55, (65).
204 Döllerer, StbJb 1984/85, 55, (66/67).
205 Döllerer, StbJb 1984/85, 55, (70/71).
206 Döllerer, StbJb 1984/85, 55, (71).

die Zurechnung der Einkünfte Geltung hat.[207] Danach spielen nicht nur Positionen, die die Leistungskraft stärken, eine Rolle. Im Rahmen einer Besteuerung nach der Leistungsfähigkeit müssen auch diejenigen Faktoren, die die Leistungskraft mindern, berücksichtigt werden. Diese Konsequenz ist, wenn sich die Einkommenbesteuerung aus diesem Prinzip ableitet, zwingend. Da der Wertschwund abnutzbarer Wirtschaftsgüter, die der Steuerpflichtige zur Erzielung von Einkünften einsetzt, die er also für die Einkünfte opfert,[208] seine Leistungskraft mindert, sind Absetzungen nach dem Prinzip einer Besteuerung nach der Leistungsfähigkeit geboten. Für Costede haben Absetzungen daher die Funktion, den Wertschwund im abnutzbaren Wirtschaftsgut nachzuzeichnen. Die herrschende Lehre, daß es bei den Absetzungen darum ginge, den Aufwand auf die Nutzungsdauer des abnutzbaren Wirtschaftsgutes zu verteilen, lehnt er also ab.[209]

Die Überlegungen, die Costede zu der Absetzungsbefugnis bei Überschußeinkünften anstellt, lauten: Wäre die Aufwandverteilung der tiefere Grund für Absetzungen, dann müßte es Absetzungen als Werbungskosten bei jeglichem Anschaffungsaufwand geben. Da es die Berücksichtigung von Absetzungen als Werbungskosten aber nur bei abnutzbaren Wirtschaftsgütern gibt, muß es eben die Abnutzbarkeit, das aber heißt, eben der Wertschwund des sich abnutzenden Wirtschaftsgutes sein, der die Absetzungen bestimmt. Anzumerken ist noch, daß die Theorie, nach der Absetzungen den Erwerbsaufwand auf die tatsächliche Nutzungsdauer des erworbenen Wirtschaftsgutes verteilen sollen, nicht angeben kann, weswegen denn der in dem einen Jahr getätigte Aufwand nicht komplett in diesem Jahr als Werbungskosten abgezogen werden darf. Dafür ist, wenn nur der Aufwand betrachtet wird, kein Grund ersichtlich. Legt man das Augenmerk auf den Wertschwund, dann muß beachtet werden, das sich der Wert des abnutzbaren Wirtschaftsgutes in der Tat nur sukzessive verflüchtigt. Also müssen Absetzungen von einem geschenkten Wirtschaftsgut in gleicher Weise in Betracht kommen wie von einem entgeltlich erworbenen. Da sie den Wertschwund im abnutzbaren Wirtschaftsgut angeben, kann nur der Steuerpflichtige sie vornehmen, der den Wertverzehr erleidet, d.h., dem das abnutzbare Wirtschaftsgut zuzurechnen ist (§39 AO), der Nießbraucher also nicht vom Gebäude, sondern nur von seinem Nießbrauchsrecht. Danach muß die These des IX. Senats, daß der Nießbraucher auch Gebäudeabsetzungen beanspruchen kann, soweit er den Herstellungsaufwand getragen hat,[210] abgelehnt werden. Diese Überlegungen haben Konsequen-

207 Costede, Festschrift Felix, 17.
208 Costede, StuW 1986, 44, (46).
209 Costede, StuW 1986, 44, (45 ff); so auch Bernd Meyer, DStR 1981, 131, (132); Trzaskalik, StuW 1983, 126, (132); Knobbe-Keuk, DB 1985, 144, (146/147), anders noch Knobbe-Keuk, StuW 1979, 305, (311 sub 5.).
210 BFH BStBl. II 1985, 453,(454), Urt. v. 23.10. 1984, IX R 48/80.

zen auch für die Frage, wonach sich die Absetzungen bemessen, wenn Einkünfte nicht aus allen Wohnungen eines Mehrfamilienhause gezogen werden. Nach Costede ist nur der Wertschwund solcher Wirtschaftsgüter bedeutsam, die für Einkünfte eingesetzt werden. Absetzungen können nur insoweit geltend gemacht werden[211] und nicht, wie der VIII. Senat des Bundesfinanzhofs entschieden hat,[212] vom ganzen Gebäude.

Dirk Meyer hat aus dem Gedankengang Costedes gefolgert, daß nicht die Ausgaben selbst, sondern der Verzehr von Gütern und Leistungen Werbungskosten oder Betriebsausgaben sind.[213] Daraus leitet er Folgerungen für die umstrittene Frage ab, ob und inwieweit ein Steuerpflichtiger sogenannten Drittaufwand im Rahmen seiner Einkünfte geltend machen kann. Wenn Dritte durch ihre Aufwendungen dem Steuerpflichtigen einen Vorteil verschaffen, den dieser für seine Einkünfte verbraucht, dann stellt diese Minderung im Vermögen des Steuerpflichtigen für ihn Werbungskosten oder auch Betriebsausgaben dar.[214] Dabei kann sich Dirk Meyer aber nur insoweit auf Costede berufen, als es um Absetzungen von Wirtschaftsgütern des Steuerpflichtigen geht. Nur das Opfer, das darin besteht, daß der Steuerpflichtige ein abnutzbares Wirtschaftsgut zur Erzielung von Einkünften einsetzt, erlaubt ihm, Absetzungen von eben diesem Wirtscgaftsgut vorzunehmen. Ob die Ausnutzung eines Vorteils irgendwelcher Art den Steuerpflichtigen dazu berechtigt, den Aufwand Dritter für diesen Vorteil als eigene Werbungskosten oder Betriebsausgaben zu qualifizieren, ist damit nicht gesagt.

b) Entgeltlicher Zuwendungsnießbrauch

Der Nießbraucher kann vom entgeltlich erworbenen Nießbrauchsrecht Absetzungen vornehmen.[215] Im Falle lebenslangen Nießbrauchs wird nach dem Nießbrauchserlaß die mutmaßliche Lebenszeit als Nutzungsdauer zugrunde gelegt. Gestattet wird auch bei laufenden gleichmäßigen Zahlungen des Nießbrauchers, diese Beträge als Werbungskosten zu behandeln.[216] Aufwendungen, die der Nießbraucher vertraglich zu tragen hat, sind Werbungskosten.[217] Der Grundstückseigentümer hat in Gestalt des Entgelts für die Nießbrauchsbestellung Ein-

---

211 Costede, StuW 1986, 44, (48 ff).
212 BFH BStBl. II 1984, 371, (373 sub d), Urt. v. 29.11. 1983, VIII R 184/83.
213 Dirk Meyer, BB 1986, 986, (987).
214 Dirk Meyer, BB 1986, 986, (987).
215 BMF BStBl. I 1984, 561, Tz. 28.
216 BMF BStBl. I 1984, 561, Tz. 28.
217 BMF BStBl. I 1984, 561, Tz. 29.

nahmen aus Vermietung und Verpachtung und ist deshalb zu Absetzungen vom Gebäude befugt.[218]

Das Schrifttum folgt wie die Verwaltung der Rechtsauffassung, die der Bundesfinanzhof seit dem Jahre 1978 praktiziert,[219] daß das Nießbrauchsentgelt Einkünfte aus Vermietung und Verpachtung nach §21 I Nr. 1 EStG begründet.[220] Daher ist die Befugnis sowohl des Nießbrauchers wie des Grundstückseigentümers, Werbungskosten geltend zu machen, dem Grunde nach unproblematisch.

c) Vorbehaltsnießbrauch

Verständlicherweise übernimmt der Nießbrauchserlaß beim Vorbehaltsnießbrauch die Rechtsprechung, nach der der Vorbehaltsnießbraucher die Absetzungen fortsetzen kann, die er früher als Grundstückseigentümer vom Gebäude vorgenommen hat.[221]

Das Schrifttum hat, weil andernfalls die Absetzungen gänzlich verloren zu sein schienen – beim Nießbraucher in Ermangelung von Anschaffungskosten, beim Grundstückseigentümer in Ermangelung von Einkünften –, dies zustimmend zur Kennntnis genommen.[222] Aufwendungen, die der Vorbehaltsnießbraucher zu tragen hat, bilden bei ihm, das ist unproblematisch, Werbungskosten.[223] Die Frage, ob der Nießbraucher Aufwendungen des Grundstückseigentümers zu seinen Werbungskosten deklarieren kann, stellt sich beim Vorbehaltsnießbrauch in gleicher Weise wie beim Zuwendungsnießbrauch, worauf verwiesen werden kann.

Wer Absetzungen mit dem Wertverzehr des sich abnutzenden Wirtschaftsgutes begründet, kann dagegen die Befugnis zu Absetzungen nur demjenigen zusprechen, dem das abnutzbare Wirtschaftsgut zuzurechnen ist. Nach Ansicht dieser Stimmen hat der Vorbehaltsießbraucher, da ihm nach der Transaktion des Grundstücks nur das Nießbrauchsrecht, aber nicht mehr das Gebäude zuzurechnen ist, auch keine Gebäudeabsetzungen mehr.[224]

---

218 BMF BStBl. I 1984, 561, Tz. 31/33.
219 BFH BStBl. II 1979, 332, (333), Urt. v. 27.6. 1978, VIII R 54/74.
220 Huxol, FR 1980, 308, (309); Bernd Meyer, FR 1981, 421, 424); Hoyer, BB 1981, 230, (231).
221 BMF BStBl. I 1984, 561, Tz. 38.
222 Literaturäußerungen aus der Zeit vor Erlaß des Vorbehaltsnießbrauchsurteils BFH BStBl. II 1982, 380, Urt. v. 28.7. 1981, VIII R 35/79: Knobbe-Keuk, StuW 1979, 305, (312); Döllerer, StbJb 1984/85, 55, (74/75).
223 BMF BStBl. I 1984, 561, Tz. 40.
224 Costede, StuW 1986, 44, (47); Plückebaum, FR 1986, 53, (55).

d) Obligatorische Nutzungsrechte

Da es zur Zeit des Nießbrauchserlasses im Jahre 1984 noch die Nutzungswertbesteuerung nach §21 II EStG a.F. gab, beschäftigt sich die Erlaß mit betreffenden Fragen,[225] die hier nicht mehr interessieren. Daß beim Nutzungsberechtigten Mieteinnahmen zu den Einkünften aus Vermietung und Verpachtung gehören, versteht sich von selbst, desgleichen, daß Aufwendungen, die der Nutzungsberechtigte in diesem Zusammenhang tätigt, bei ihm Werbungskosten sein können.

Wie es sich mit Gebäudeabsetzungen eines nur schuldrechtlich Nutzungsberechtigten verhält, bleibt im Erlaß offen, weil das Urteil IX R 48/80[226] noch nicht vorlag. Auch die Entscheidung, daß bei vorbehaltenen Nutzungsrechten, etwa einem nicht im Grundbuch bestellten und daher nicht dinglich wirkenden Vorbehaltsnießbrauch keine Gebäudeabsetzungen in Betracht kommen,[227] war zum Erlaßzeitpunkt im Jahre 1984 noch nicht ergangen. Plückebaum, der im Wertverzehr des abnutzbaren Wirtschaftsgutes die Begründung für die Absetzungsbefugnis sieht, erkennt sie deshalb nur für denjenigen an, dem das abnutzbare Wirtschaftsgut zuzurechnen ist. Dem schuldrechtlich Nutzungsberechtigten ist das Gebäude einkommensteuerlich nicht zuzurechnen. Daher hat er nach Plückebaum auch keine Gebäudeabsetzungen. Ist das Nutzungsrecht unentgeltlich erlangt worden – und nur diesen Fall betrachtet Plückebaum –, dann kommen seiner Ansicht nach für den Berechtigten in Ermangelung von Anschaffungskosten auch keine Absetzungen vom Nutzungsrecht in Betracht.[228]

III. Zum Betriebsausgabenabzug im Zusammenhang mit Nutzungsrechten/ die Einlage von Nutzungen und Nutzungsrechten

Nutzungen und Nutzungsrechte haben einkommensteuerlich bei Gewinneinkünften eine eigene Diskussion ausgelöst. Dies hängt mit den Besonderheiten der Gewinnermittlung zusammen, die mit dem Betriebsvermögensvergleich eben an das Betriebsvermögen anknüpft. Die Problematik, die hier darzustellen ist, tritt auf, wenn der Unternehmer Wirtschaftsgüter nutzt, die ganz oder doch zum Teil Privatvermögen eines anderen bilden. In den in der Praxis virulenten Fällen handelt es sich regelmäßig um Wirtschaftsgüter des einen Ehegatten, die der andere Ehegatte betrieblich, etwa als Freiberufler oder als Gewerbetreibender, verwen-

---

225 Horn, BB 1984, 2124.
226 BFH BStBl. II 1985, 453,(454), Urt. v. 23.10. 1984, IX R 48/80.
227 BFH BStBl. II 1986, 327, (332), Urt. v. 30.7. 1985, VIII R 71/81.
228 Plückebaum FR 1986, 53, (55/56).

det. Es kann ein gemeinsames Haus der Ehegatten sein, in dem der Ehemann oder auch die Ehefrau etwa eine Arztpraxis ausübt. Es kann der private PKW der Ehefrau sein, den der Ehemann für betriebliche Zwecke seines Unternehmens einsetzt. Um die Nutzungen als solche, die der Unternehmer hier zieht und die seinen Gewinn steigern mögen, geht es dabei nicht. Nicht sie bilden für sich die Einkünfte. Dies ist vielmehr der betriebliche Gewinn. Er mag zum Teil auf die betreffenden Nutzungen zurückgehen; das ist aber nicht weiter bedeutsam. Von Interesse ist vielmehr, ob und inwieweit privater Aufwand des Ehegatten, dem das Wirtschaftsgut zuzurechnen ist, in die betriebliche Sphäre des anderen Ehegatten, der es nutzt, transferiert werden kann. Konkret gesprochen lautet die Frage z.B., wie es sich mit den Absetzungen vom Ehegattenhaus verhält, wenn der Ehemann, der nicht Alleineigentümer, sondern nur Miteigentümer ist, dort seine Arztpraxis oder Anwaltskanzlei führt, oder ob der Arzt bzw. Anwalt Aufwand, den seine Ehefrau privat getätigt hat, in irgendeiner Form als Betriebsausgaben geltend machen kann.

1. Rechtsprechung

Diese Fragen haben die Besteuerungspraxis schon beschäftigt, bevor das erste höchstrichterliche Urteil sich damit befaßt hat. Der Bundesfinanzhof entschied 1972 laut Leitsatz folgendermaßen: „Stellt die Ehefrau für den Betrieb des Steuerpflichtigen unentgeltlich einen PKW zur Verfügung, so kann der Steuerpflichtige den dadurch entstehenden Wertverzehr nicht als Betriebsaugabe geltend machen.“[229] In den betreffenden Fall, der bereits aus dem Leitsatz entnommen werden kann, hatte der Ehemann den PKW der Frau unentgeltlich im Rahmen seiner Arztpraxis benutzt. Er machte, was unproblematisch war, nur seine Ausgaben für den Treibstoff als Betriebsausgaben geltend. Zu dem steuergerichtlichen Verfahren um weitere Betriebsausgaben kam es nur, weil das Finanzamt wegen der Nutzung des Autos durch den Mann die Einkünfte der Frau heraufsetzte. Der Hintergrund dafür war folgender: Die Ehefrau war mitunternehmerisch an einer OHG beteiligt, die ihr den PKW zum persönlichen Gebrauch überlassen und sie von allem Aufwand freigestellt hatte. Dies wertete das Finanzamt bei der OHG als eine Entnahme der Frau, weswegen deren Gewinnanteil erhöht wurde. Den Ehegatten ging es unter diesen Umständen darum, den freiberuflichen Gewinn des Ehemannes entsprechend zu reduzieren, da der PKW zu 80% der Arztpraxis diente. Aber weder vor dem Finanzgericht noch vor dem Bundesfinanzhof hatte der Arzt Erfolg. In dem Urteil des IV. Senats heißt es: „Es ist richtig, daß die Benutzung des PKW für Zwecke der Praxis des Steuerpflichtigen zu einem das Privatvermögen

229 BFH BStBl. II 1972, 699, Urt. v. 31.5. 1972, IV R 31/69.

der steuerpflichtigen Ehefrau belastenden Wertverzehr führte und daß somit dieser Wertverzehr durch den Betrieb veranlaßt wurde. Das allein genügt aber nicht, um in dem Wertverzehr eine den Gewinn des Steuerpflichtigen mindernde Ausgabe im Sinn des §4 Abs. 3 EStG zu sehen. Denn der Wertverzehr ist nur dann eine Ausgabe, wenn er den Steuerpflichtigen belastet, von ihm also tatsächlich getragen wird."[230]

Der IV. Senat des Bundesfinanzhofs bekennt sich hier deutlich zum Wertschwund als Grund für Absetzungen, hat aber nicht erwogen, was die Praxis der Steuerberatung bereits bedacht hatte, nämlich die Einlage der unentgeltlich erlangten Nutzungen in das freiberufliche Betriebsvermögen. Der Teilwertabzug nach den §§4 I 1, 6 I Nr. 4 EStG wirkt sich gewinnmindernd aus, während die Einlage als solche das Betriebsvermögen nicht bleibend erhöht, da sich die eingelegten Nutzungen mit Gebrauch sogleich verflüchtigen. Die Idee, daß man so verfahren könnte, war die Geburtsstunde der sogenannten Nutzungseinlage. Beck beschreibt die buchtechnische Vorgehensweise unbekümmert um dogmatische Zweifel, ob Nutzungen denn einlagefähig sind.[231] Bemerkenswert ist übrigens, daß er die Parallelen zur Rechtsprechung Bauten auf fremdem Boden betreffend bereits gesehen hat,[232] wie wenig später auch Knobbe-Keuk.[233] Auch andere Autoren erörtern zu der Zeit nur praktische Fragen, wie etwa die der Bewertung,[234] und nicht das Problem, ob Nutzungen denn die Qualität von Wirtschaftsgütern haben. Im übrigen wendet sich das Augenmerk dann von reinen Nutzungen den Nutzungsrechten zu.

Dazu äußert sich der Bundesfinanzhof erstmalig im Jahre 1978.[235] In dem zugrundeliegenden Fall betrieb, wie oben beschrieben, ein Zahnarzt seine Praxis in einer Eigentumswohnung, die je zu 1/2 ihm und seiner Ehefrau gehörte. Er nahm Absetzungen für die ganze Wohnung in Anspruch, nicht nur anteilig in der Höhe, die seinem Miteigentumsanteil entsprach. Der VIII. Senat konnte nicht endgültig entscheiden, sondern verwies an die Vorinstanz zurück, um klären zu lassen, ob der Ehemann ein Nutzungsrecht an dem seiner Frau zustehenden Miteigentumsanteil erworben hatte. Das, so wird ausgeführt, könnte unter zwei Gesichtspunkten in Betracht kommen und Absetzungen des Arztes begründen. Hatte der Arzt die Anschaffungs- oder Herstellungskosten getragen und seine Frau ihm die Nutzung der Miteigentumswohnung als Arztpraxis gestattet, dann wäre erstens an ein Nutzungsrecht des Arztes am Miteigentumsanteil seiner Frau zu den-

230 BFH BStBl. II 1972, 699, (700), Urt. v. 31.5. 1972, IV R 31/69.
231 Beck, FR 1978, 281, (284 ff).
232 Beck, FR 1978, 281, (283).
233 Knobbe-Keuk, StuW 1979, 305, (306/307).
234 Kramer, DStR 1979, 363, (372).
235 BFH BStBl. II 1979, 401, Urt. v. 31.10. 1978, VIII R 196/77.

ken, das er nach den Grundsätze der Rechtsprechung zu Bauten auf fremden Grundstücken mit den anteiligen Anschaffungs- oder Herstellungskosten ansetzen und wie ein materielles Wirtschaftsgut abschreiben könnte. So hatte der VIII. Senat bereits in einem entsprechenden Fall geurteilt.[236] Hatte dagegen die Ehefrau ihren Miteigentumsanteil selbst finanziert, ihrem Mann aber die Nutzung als Praxis in einer rechtlich gesicherten, unentziehbaren Weise gestattet, dann wäre zweitens zu erwägen, daß er dieses Nutzungsrecht in sein Betriebsvermögen eingelegt hat.[237]

Mit dieser Überlegung hat der VIII. Senat Gedanken, die die Praxis bereits angestellt hatte, aufgegriffen und damit eine Entwicklung eingeleitet, die schließlich zu grundlegenden Beschlüssen des Großen Senats des Bundesfinanzhofs geführt hat. Knobbe-Keuk hat gegenüber diesem Urteil eine ganze Reihe von Einwänden erhoben, die schließlich darin gipfeln, daß nicht entgeltlich erworbene immaterielle Wirtschaftsgüter nach §5 II EStG nicht aktiviert werden dürften und daß von nicht aktivierten Wirtschaftsgütern keine Absetzungen außerhalb der Bilanz in Betracht kämen.[238] Während letzteres fraglos zutrifft, ist die These, daß §5 II EStG die Einlage geschenkter Wirtschaftsgüter ausschließe, falsch. Der Bundesfinanzhof hat später ausdrücklich hervorgehoben, daß die Bestimmung über die Aktivierung einer Einlage (§§4 I 1, 6 I Nr. 5 EStG) dem Aktivierungsverbot des §5 II EStG vorgehe.[239] Das ist auch richtig, weil die betreffenden Bestimmungen – was an anderer Stelle näher auszuführen ist – ganz unterschiedliche Ziele verfolgen[240] und daher nicht gegeneinander ausgespielt werden dürfen.

Der VIII. Senat des Bundesfinanzhofs hat seine Rechtsprechung zur Einlage unentgeltlich erlangter Nutzungsrechte später konkretisiert und dogmatisch zu fundieren versucht. Der Leitsatz des nächsten Urteils lautet: „Als Einlagen sind Nutzungsrechte nur geeignet, wenn sie die Eigenschaft eines Wirtschaftsgutes besitzen".[241] Dazu, so heißt es weiter, müßten sie einen feststellbaren wirtschaftlichen Wert haben. Im übrigen begrenzt der Senat den Absetzungsvorteil in der Weise, daß als Teilwert eines solchen Nutzungsrechts höchstens die ersparten Aufwendungen angesetzt werden können. Eine endgültige Entscheidung konnte der VIII. Senat auch in dieser Sache nicht fällen, sondern mußte sie zur weiteren Aufklärung an das Finanzgericht zurückverweisen. Der Ehemann der Klägerin

---

236 BFH BStBl. II 1979, 399, (401), Urt. v. 31.10. 1978, VIII R 182/75.
237 BFH BStBl. II 1979, 401, (403), Urt. v. 31.10. 1978, VIII R 196/77.
238 Knobbe-Keuk, StuW 1979, 305, (308 ff, 311).
239 BFH BStBl. II 1980, 244, (246 sub bb), Urt. v. 22.1. 1980, VIII R 74/77; bestätigt von BFH BStBl. II 1988, 348, (353 sub aa), Beschl. v. 26.10. 1987, GrS 2/86.
240 Costede, StuW 1995, 115, (120 ff).
241 BFH BStBl. II 1980, 244, Urt. v. 22.1. 1980, VIII R 74/77.

hatte in dem gemeinsamen Einfamilienhaus seine Arztpraxis betrieben und dafür etwa 1/3 des Gebäudes betrieblich benutzt. Die restlichen 2/3 nutzten die Eheleute privat. Der VIII. Senat wertete die mit der Arztpraxis zusammenhängenden allgemeinen Grundstücksaufwendungen, die der Ehemann allein getragen hatte, auch insoweit als sie auf den Miteigentumsanteil der Frau entfielen, als seine Betriebsausgaben, weil eine entsprechende vertragliche Aufwandverteilung anzuerkennen sei. Es ging daher nur noch um den Umfang der Absetzungen. Hierzu führt das Gericht wie schon in dem oben beschriebenen Urteil VIII R 196/77 aus, daß an Absetzungen auf ein Nutzungsrecht zu denken sei, das der Ehemann von seiner Frau erworben haben könnte. Wieder weist das Gericht dazu auf die schon erwähnten zwei verschiedenen Begründungsmöglichkeiten hin, je nachdem, ob der Arzt die Anschaffungs- oder Herstellungskosten für das ganze Haus getragen oder ob die Ehefrau ihren Anteil selbst finanziert hat. Im ersten Fall kommen die Grundsätze der Bauten auf fremden Grundstücken zum Zuge, im zweiten Fall die Einlage eines Nutzungsrechtes in das Betriebsvermögen des Ehemannes. Zum Teilwert dieser Einlage äußert sich der VIII. Senat nur lapidar: „Dabei ist höchstens der Wert der ersparten Aufwendungen anzusetzen. ..., weil der gedachte Erwerber des Betriebs (§6 Abs. 1 Nr. 1 Satz 3 EStG) allenfalls die ersparten Aufwendungen ersetzen wird, einen darüber hinausgehenden Ertrag des Nutzungsrechts aber selbst erzielen will.“[242]

Doch diese Entscheidung war nicht das letzte Wort zum Teilwert der Einlage eines Nutzungsrechts. Der Leitsatz des nächsten einschlägigen Urteils, das der IV. Senat des Bundesfinanzhofs gefällt hat, lautet: „Als Teilwert eines dem Ehemann von seiner Ehefrau unentgeltlich eingeräumten Nutzungsrechts ist die Summe der AfA-Beträge anzusetzen, die die Ehefrau während des vereinbarten Nutzungszeitraums hätte geltend machen können, wenn sie das überlassene Wirtschaftsgut selbst steuerlich relevant genutzt hätte.“[243] In dem zugrundeliegenden Fall betrieb ein Augenarzt seine Praxis in dem Einfamilienhaus, das zu je einhalb seiner Ehefrau und ihm gehörte. Der Praxisanteil betrug ein Drittel des Hauses. Der IV. Senat übernimmt ausdrücklich der Rechtsprechung des VIII. Senats und geht davon aus, daß der Arzt mit Rücksicht auf die Ehe unentgeltlich ein unentziehbares Nutzungsrecht erlangt und dieses in seine Praxis eingelegt habe. Für die Teilwertermittlung, so führt das Gericht aus, müßte berücksichtigt werden, daß das Nutzungsrecht ganz auf den Ehemann zugeschnitten sei und nicht seitens eines Dritten erworben werden könne. Daher könne auch nicht die gesetzliche Regel befolgt werden, daß bei der Bewertung von einer Fortführung des Betriebes durch einen Erwerber auszugehen sei. Dies führt der IV. Senat als Grund da-

---

242 BFH BStBl. II 1980, 244, (246 sub cc), Urt. v. 22.1. 1980, VIII R 74/77.
243 BFH BStBl. II 1981, 68, Urt. v. 20.11. 1980, IV R 117/79.

für an, daß sich der Teilwert des Nutzungsrechtes nach den Aufwendungen der Ehefrau, genauer nach der Summe der AfA-Beträge bemesse, die sie im Falle von Einkünften während der Nutzungsdauer hätte geltend machen können.[244] Der VIII. Senat hat sich diesem Berechnungsmodus angeschlossen. Es ging im zugrundeliegenden Fall um unentgeltlich begründete Nießbrauchsrechte, die sich der Kläger vorbehalten hatte, als er seine Grundstücke auf seine Tochter übertragen hatte. Er hatte die Grundstücke mit Bungalows, einer Schwimmhalle und einem Wirtschaftsgebäude bebaut, um gewerblich ein Feriendorf zu betreiben. Der VIII. Senat betrachtete die Nießbrauchsrechte als einlagefähige Wirtschaftsgüter und nahm an, daß der Kläger sie in sein Betriebsvermögen eingelegt hatte. Ihr Teilwert, so heißt es im Urteil, entspreche der Summe der AfA-Beträge, die die Grundstückseigentümerin, hätte sie die Gebäude zur Erzielung eigener Einkünfte eingesetzt, innerhalb der Nutzungszeit hätte geltend machen können.[245]

In einem anderen Fall, den der VIII. Senat am selben Tag entschieden hat, wird der Teilwert eines vorbehaltenen Nießbrauchs, den der Kläger nach der Entnahme des Grundstücks in den Betrieb eingelegt hatte, wegen wesentlicher Abweichungen allerdings anders ermittelt.[246] Das braucht hier nicht weiter verfolgt zu werden. Anzumerken ist jedoch noch ein Urteil des I. Senats des Bundesfinanzhofs. Hier hatte der Ehemann einen PKW angeschafft und seiner Frau für ihren Gewerbebetrieb zur Nutzung überlassen. Die Nutzung eines Autos, so heißt es in der Entscheidung, berühre nicht sosehr die wirtschaftliche Existenzgrundlage wie der Betrieb einer Arztpraxis. Daher könne im Streitfall nicht ohne weiteres davon ausgegangen werden, daß die betriebliche Nutzung des Autos rechtlich gesichert und unentziehbar gewesen sei, wie dies für die Annahme eines einlagefähigen Nutzungsrechts vorausgesetzt werde.[247]

2. *Schrifttum*

Im Schrifttum waren die Ansichten zur Einlage von Nutzungsrechten oder aber – in Gestalt einer sogenannten Nutzungseinlage – von Nutzungen geteilt.

Groh, selbst Richter am Bundesfinanzhof, später Vorsitzender Richter und maßgeblich an der Entscheidung des Großen Senats 2/86 beteiligt, hat einige der oben wiedergegebenen Urteile kritisch gewürdigt.[248] Diese Kritik greift einzelne Punkte, die fragwürdig sein können, heraus. Eine grundsätzliche Klärung hat sie nicht gebracht. Die Grundfragen, was denn ein Wirtschaftsgut, was dessen Einla-

---

244 BFH BStBl. II 1981, 68, (70), Urt. v. 20.11. 1980, IV R 117/79.
245 BFH BStBl. II 1983, 739, (740), Urt. v. 2.8. 1983, VIII R 57/80.
246 BFH BStBl. II 1983, 735, Urt. v. 2.8. 1983, VIII R 170/78.
247 BFH BStBl. II 1982, 594, (595), Urt. v. 26.5. 1982, I R 104/81.
248 Groh, BB 1982, 133.

gefähigkeit ausmacht, werden nur angeschnitten, nicht beantwortet und schon gar nicht in einem stimmigen Konzept der Einkommenbesteuerung verankert. Groh hebt zutreffend hervor, daß die Fälle einer unentgeltlichen Nutzung fremden Vermögens regelmäßig auf privaten Beziehungen basieren und dann häufig auch nur private Gründe haben. Um jedoch in solch einer Situation ein Nutzungsrecht aktivieren zu können, müsse eine gesicherte, unentziehbare Vermögensposition des Begünstigten gegeben sein. Wenn es sich, wie hier in der Regel, um Geschäfte zwischen Angehörigen handele, müsse das Nutzungsrecht zivilrechtlich wirksam bestellt worden sein. Dafür sei eine notarielle Beurkundung erforderlich, weil eine Schenkung zugrunde läge. Werde die Rechtsstellung, wie dies der IV. Senat des Bundesfinanzhofs als ausreichend betrachtet habe,[249] nur auf die Ehe gestützt, so falle es schwer, dann bereits von einem Wirtschaftsgut zu sprechen.[250] Eher müsse man annehmen, daß hier nicht Nutzungsrechte, sondern reine Nutzungsmöglichkeiten vorlägen. Außerdem sei die Bewertung der Nutzungsrechte mit ihrem Teilwert problematisch, wenn richtigerweise nicht Rechte eingelegt, sondern nur Nutzungen gezogen werden.[251] Schließlich aber, und dies erscheint Groh der bedeutsamste Einwand zu sein, würde auf diese Weise ein Gewinn, den der Steuerpflichtige aus dem Vorteil der Nutzungen zieht, der Besteuerung entzogen. Denn die aktivierte Einlage wäre abzuschreiben, was den Gewinn mindern würde.[252] Auf diese Überlegung ist noch später einzugehen. Der Große Senat hat sich in seiner Entscheidung, daß Nutzungen nicht eingelegt werden können, maßgeblich darauf gestützt.

Mit wieder einer anderen Überlegung verwirft Trzaskalik die Einlage von Nutzungen wie auch von Nutzungsrechten.[253] Dabei hält er es nicht für entscheidend, ob ein Wirtschaftsgut mit oder ohne Anschaffungskosten des Steuerpflichtigen in dessen Vermögen gelangt ist. Der Verbrauch des Wirtschaftsgutes sei, so meint er, ein Opfer des Steuerpflichtigen zur Erzielung von Einnahmen, unabhängig davon, ob er Anschaffungskosten aufgewendet hat oder nicht. Jedoch gehöre ein Wirtschaftsgut, das dem Steuerpflichtigen selbst nicht zugerechnet werden könne, das er nur nutzen dürfe, gerade nicht zu seinem Vermögen. Bei ihm werde einkommensteuerlich nicht der Wert des Nutzungsrechts, sondern nur ein für die Nutzungsüberlassung bezahltes Entgelt erfaßt. Wenn er kein Entgelt zahlen müsse, dann verspreche ein unentgeltliches Nutzungsrecht zwar Gewinn, sei

---

249 BFH BStBl. II 1981, 68, (70), Urt. v. 20.11. 1980, IV R 117/79.
250 Groh, BB 1982, 133, (137 sub 3.a).
251 Groh, BB 1982, 133, (137 sub 3.d).
252 Groh, BB 1982, 133, (138 sub 3.e).
253 Trzaskalik, StuW 1983, 126.

aber nicht als Vermögenswert zu behandeln. Dann komme also weder eine Einlage noch ein Werbungskostenabzug in Betracht.[254]

Von ganz anderen Vorstellungen gehen die Autoren aus, die die sogenannte Nutzungs- oder Aufwandseinlage als ein eigenständiges Institut favorisieren. Kramer hat sich dezidiert dafür ausgesprochen, die Problematik des sogenannten Drittaufwands mit Hilfe einer solchen Einlage zu bewältigen. Da es, so schreibt er, durch die Einlage von Nutzungen nicht zu einer Erhöhung des Betriebsvermögens komme, träte durch den Teilwertabzug der gewünschte Erfolg ein, daß nämlich das Betriebsvermögen und damit der Gewinn um den Drittaufwand reduziert werde.[255] Die Frage, ob denn dieses Ergebnis, das man fraglos so erzielen kann, gerechtfertigt ist, stellt er nicht, vergleicht es nur mit der Einlage eines kurzlebigen Wirtschaftsgutes. Dieser Vergleich hinkt aber deshalb, weil ein solches Wirtschaftsgut vor seinem Verbrauch in der Tat den Teilwert aufweist, der nach §4 I 1 EStG vom laufenden Gewinn abgezogen wird und den der Unternehmer auch anderweitig als für seinen Betrieb hätte verwenden können. Auch Stadie tritt für die Nutzungseinlage ein, um zu erreichen, daß mit Hilfe einer Teilwertabschreibung (§§4 I 1, 6 I Nr. 5 EStG) Aufwendungen als Betriebsausgaben auch dann abgezogen werden können, wenn das genutzte Wirtschaftsgut dem Steuerpflichtigen, der es nutzt, nicht zuzurechnen ist und er auch keine Aufwendungen dafür getätigt hat. „Der tiefere Sinn sowohl der Einlagefähigkeit von Nutzungsrechten als auch von Nutzungen (Aufwand) besteht darin“, so schreibt Stadie, „daß Aufwendungen nach dem System des Einkommensteuergesetzes grundsätzlich nicht von demjenigen abgezogen werden können, der sie verausgabt, sondern von demjenigen, mit dessen Einnahmen sie wirtschaftlich zusammenhängen.“[256] Stadie hat diese Ansicht bereits in seiner Monographie über die Zurechnung von Einkünften vertreten.[257] Gleicher Ansicht sind Biergans[258] und Dirk Meyer.[259] Für sie sind Ermittlung der Einkünfte und deren Zurechnung zweierlei. Um die Einkünfte zu ermitteln, sollen die Einnahmen und die durch sie veranlaßten Aufwendungen rein sachlich eben nach Maßgabe der Veranlassung und noch ohne Bezug zum Steuerpflichtigen einander gegenübergestellt werden. Erst wenn das Ergebnis feststeht, soll entschieden werden, wem diese Einkünfte persönlich zuzurechnen sind. Insofern hat die Berücksichtigung aller Aufwendungen, die sachlich in Zusammenhang mit Einkünften stehen, die Bedeutung ei-

---

254 Trzaskalik, StuW 1983, 126, (132/133, N. 43: mit Berufung auf Uelner, StbJb. 1980/81, 392).
255 Kramer, DB 1981, 1584, (1588).
256 Stadie, DB 1984, 578, (579)
257 Stadie, Zurechnung, S. 36, 38.
258 Biergans, FR 1984, 297, (304).
259 Dirk Meyer, DStR 1986, 18, (23).

nes einkommensteuerlichen Prinzips. Hat der Steuerpflichtige selbst die Aufwendungen getätigt, so gebietet das Prinzip die Berücksichtigung als Betriebsausgaben. Hat ein Dritter sie getätigt, so muß, damit das Prinzip befolgt wird, dem Steuerpflichtigen gestattet sein, eine Aufwandeinlage vorzunehmen, damit er von deren Teilwert Absetzungen beanspruchen kann.[260] Daß auf der Aktivseite der Bilanz nur Wirtschaftsgüter auszuweisen sind und daß Aufwand kein Aktivum darstellt, ficht diese Autoren nicht an, weil sie aus dem Veranlassungsprinzip das Gebot ableiten, jeglichen Aufwand im Zusammenhang mit den Einnahmen zu berücksichtigen, auf welche Weise auch immer. Nieland hat in einem ausführlichen Beitrag, der nach der unten zu besprechenden Vorlage des I. Senats, aber noch vor dem daraufhin ergangenen Beschluß des Großen Senats erschienen ist, ebenfalls Position für die Nutzungseinlage bezogen.[261] Dabei nimmt er zutreffend an, daß der Teilwertabzug einer Einlage dazu dient, die durch sie bewirkte „Wertsteigerungen des Betriebsvermögens aus der ertragsteuerlichen Bemessungsgrundlage auszuscheiden“.[262] Diese auch von ihm für eine Einlage geforderte Kapitalzufuhr soll nur dann anzunehmen sein, wenn sie – wie er schreibt – Geldeswert hat, aber unabhängig davon, ob die Einlage bilanziell aktiviert werden muß oder nicht. Aus diesem Grunde könnten auch Nutzungen eingelegt werden, wenn sie auf dem Markt nur gegen Geld zu erwerben gewesen wären. Nieland schließt sich damit der entsprechenden Rechtsauffassung des I. Senats des Bundesfinanzhofs[263] an. Er übersieht jedoch, daß im Falle von Nutzungsvorteilen, die sofort verflogen sind, sobald der Unternehmer sie gezogen hat, der Teilwertabzug keine Wertsteigerung in Gestalt des Vorteils eleminiert, sondern den betrieblichen Gewinn, der – da im Betrieb erwirtschaftet – doch von der Einkommensteuer erfaßt werden sollte.[264]

IV. Zur Problematik der Bauten auf fremdem Grund und Boden[265]

Wie oben geschildert, hat der VIII. Senat des Bundesfinanzhofs in zwei Fällen als Alternative zur Einlage eines Nutzungsrechts eine andere Variante erwogen,

---

260 Biergans, FR 1984, 297, (304); Dirk Meyer, DStR 1986, 18, (23). Dagegen: Preißer, DStR 1985, 498, (503 sub 3.), und Ley, die Nutzungseinlagen zwar gestatten will, aber nur dann, wenn die genutzten Wirtschaftsgüter, auf die sie sich beziehen, dem Steuerpflichtigen zuzurechnen sind: DStR 1985, 261, (262);

261 Nieland, DB 1987, 706.

262 Nieland, DB 1987, 706, (707, 711 sub 6.).

263 BFH BStBl. II 1987, 65, Beschl. v. 20.8. 1986, IR 41/82.

264 Groh, BB 1982, 133, (138 sub 3.e).

265 Dazu eingehend Schilling, Bauten auf fremden Grundstücken, 1997.

nämlich eine Aktivierung wie bei Bauten auf fremden Grundstücken.[266] Für das hier behandelte Thema hat das deshalb Bedeutung, weil auch für diese Rechtsprechung Nutzungen und Nutzungsrechte eine Rolle spielen.

Bauten auf fremden Grundstücken haben die Gerichte verschiedentlich beschäftigt.[267] Im Grundfall, den der I. Senat des Bundesfinanzhofs im Jahre 1975 entschieden hat, handelte es sich um eine GmbH, die ihr Unternehmen auf einem gemieteten Grundstück betrieb und das Gebäude für ihre betrieblichen Zwecke umgebaut hatte.[268] Daß die Baukosten Betriebsausgaben waren, war keine Frage. Es ging vielmehr darum, ob den Betriebsausgaben ein Gegenwert gegenüberstand, der dem Betriebsvermögen des Unternehmers zuzurechnen und zu aktivieren war. Dann wären die Betriebsausgaben neutralisiert worden und lediglich Absetzungen in Betracht gekommen. Ebenso lautete seinerzeit das Urteil des I. Senats, der sich dabei auf das gesetzliche Gliederungsschema der Jahresbilanz berief, nach der auf der Aktivseite auch „Bauten auf fremdem Grund und Boden" auszuweisen sind,[269] und zwar als Sachanlagen, also materielle Wirtschaftsgüter.[270]

Dem I. Senat war, wie die Urteilsbegründung zeigt, durchaus bewußt, daß die Aktivierung des Bauwerkes selbst den rechtlichen Gegebenheiten nur dann entspricht, wenn der Mieter dessen rechtlicher oder aber wirtschaftlicher Eigentümer ist, daß er andernfalls allenfalls Verwendungsersatzansprüche oder gar nur betriebliche Vorteile, aber kein Recht an dem Bauwerk hat. Das Gesetz rechne sie, „obwohl in Wirklichkeit nur Ansprüche des Mieters oder besondere betriebliche Nutzungsvorteile vorliegen," in wirtschaftlicher Betrachtung den Sachanlagen (materiellen Wirtschaftsgütern) zu. Deshalb greife das Aktivierungsverbot für immaterielle Wirtschaftsgüter, die nicht abgeleitet von anderen entgeltlich erworben worden sind, nicht ein. Diese Qualifizierung habe nach dem Maßgeblichkeitsgrundsatz des §5 I EStG auch für die Steuerbilanz zu gelten.[271] Allerdings sollte das bei Einbauten in schon vorhandene Gebäude bzw. bei Umbauten nur

---

266 s.o. Kap. 2 III.1: BFH BStBl. II 1979, 399, (401), Urt. v. 31.10. 1978, VIII R 182/75; BFH BStBl: II 1979, 401, Urt. v. 31.10. 1978, VIII R 196/77.

267 Aus jüngerer Zeit z.B. BFH BStBl. II 1997, 533, Urt. v. 15.10. 1996, VIII R 44/94; BFH BStBl II 1997, 774, Urt. v. 11.6. 1997, XI R 77/96.

268 BFH BStBl. II 1975, 443, Urt. v. 26.2. 1975, I R 32/73.

269 So lautete die Vorschrift des §151 Abs. 1 Aktivseite II A Nr. 4 - 6 AktG a.F. (jetzt §266 Abs. 2 A II Nr. 1 HGB).

270 BFH BStBl. II 1975, 443, (445 sub 2.), Urt. v. 26.2. 1975, I R 32/73; später ständige Rechtsprechung ohne weitere Begründung: BFH BStBl. II 1997, 774, Urt. v. 11.6. 1997, XI R 77/96.

271 BFH BStBl. II 1975, 443, (445 sub 2.), Urt. v. 26.2. 1975, I R 32/73.

dann in Frage kommen, wenn diese Gebäudeteile eine eigene Funktion aufweisen und deshalb nach der Rechtsprechung[272] selbständige Wirtschaftsgüter sind.[273]

In einem späteren 1977 erlassenen Urteil gleichfalls des I. Senats ging es dann wie auch in den hier erörterten Fällen nicht um ein angemietetes fremdes, sondern um ein Ehegattengrundstück, das beiden Eheleuten zu Miteigentum gehörte. Der Ehemann hatte das Gebäude auf seine Kosten aufstocken lassen, um in dem so geschaffenen Stockwerk gewerblich ein Laboratorium zu betreiben. Daher bildete der neue Stock bei ihm Betriebsvermögen, aber nur anteilig, seinem Miteigentumsanteil entsprechend. Im übrigen handelte es sich um Miteigentum der Ehefrau in ihrem Privatvermögen. Der I. Senat des Bundesfinanzhofs entschied diesen Fall wie den vorgenannten. Wörtlich heißt es: „Nach den vom FG getroffenen tatsächlichen Feststellungen war die Ehefrau des Klägers als die Miteigentümerin des Grundstücks mit der unentgeltlichen alleinigen Nutzung des hinzugebauten Stockwerks durch ihren Ehemann einverstanden. ... Der Kläger hatte auf Grund dieses Einverständnisses die Möglichkeit erhalten, die neu zu schaffenden Räume in jeder Beziehung wie eigene für seinen Betrieb einzusetzen. Auf Grund dieser so gegebenen Verwendungsmöglichkeit hat der Kläger seine für die Aufstockung getätigten Aufwendungen als Herstellungskosten eines materiellen Wirtschaftsguts in gleicher Weise zu aktivieren wie derjenige, der im Rahmen eines Mietverhältnisses auf einem fremden Grundstück ein Gebäude errichtet."[274]

Ein Verweis auf das für Kapitalgesellschaften geltende Gliederungsschema für „Bauten auf fremden Grundstücken" findet sich in diesem Urteil verständlicherweise nicht. Ersichtlich zielte der I. Senat auf die Wirkung der Aktivierung, nämlich den erfolgswirksamen Abzug der Aufwendungen zum Bau zu hindern und stattdessen nur jährliche Absetzungen zu gestatten. Dies war für das Gericht offensichtlich der Sinn der genannten Gliederungsvorschrift und deshalb so etwas wie ein Grundsatz auch des Bilanzsteuerrechts. Die Reduzierung des Betriebsausgabenabzugs auf Absetzungen für Abnutzung wird der Steuerpflichtige als negativ empfinden. Bei anderer Fallgestaltung kann sich die Überlegung, daß der Vorteil einer Baumaßnahme für den Betrieb ein Aktivum darstellt, für ihn aber positiv auswirken. So verhält es sich dann, wenn er den Aufwand noch privat getätigt hat und den dadurch geschaffenen Gebrauchsvorteil erst später nutzt, gleichwohl aber Absetzungen vornehmen darf. So lauten die bereits oben beschriebenen[275] Urteile des VIII. Senats des Bundesfinanzhofs, die einem Ehe-

272 So grundlegend BFH BStBl. II 1974, 132, Beschl. v. 26.11. 1973, GrS 5/71.

273 BFH BStBl. II 1975, 443, (445 sub II.pr.), Urt. v. 26.2. 1975, I R 32/73; BFH BStBl. II 1975, 443, Urt. v. 26.2. 1975 I R 184/73.

274 BFH BStBl. II 1978, 6, (7 sub 2.), Urt. v. 13.7. 1977, I R 217/75.

275 s.o. III.1.

gatten die vollen Absetzungen von seinen Praxisräumen zugebilligen, auch in dem Umfang, der auf den im Privatvermögen gehaltenen Miteigentumsanteil des anderen Ehegatten entfällt.[276]

Der Sinnbezug der Argumentation und auch die Begründung haben sich dabei aber gegenüber dem Grundfall eines Baus auf fremdem Grundstück geändert. Im Mittelpunkt steht die Aussage, der Arzt könnte an den Praxisräumen im Miteigentum beider Ehegatten ein Nutzungsrecht erworben haben, wenn er die Anschaffungs- oder Herstellungskosten getragen habe und seine Ehefrau mit der Nutzung der Wohnung als Zahnarztpraxis einverstanden war. Dieses Nutzungsrecht wäre dann wie ein materielles Wirtschaftsgut mit den betreffenden Kosten anzusetzen und abzuschreiben.[277] Die Berufung auf die Gliederungsvorschrift für die Bilanz einer Kapitalgesellschaft, daß auch Bauten auf fremden Grundstücken als Sachanlagen auszuweisen sind, wird nur für die Qualifizierung des Nutzungsvorteils als ein materielles Wirtschaftsgut verwendet.[278]

Die dogmatischen Fragen, die diese Urteile aufwerfen, sollen an anderer Stelle zur Sprache kommen. Hier geht es zunächst nur darum, die Gesichtspunkte zu sammeln, die in Rechtsprechung und Schrifttum im Zusammenhang mit Nutzungen und Nutzungsrechten aufgetaucht sind. Sie sind durchaus heterogen, bieten also hinreichend Stoff für weitere Überlegungen.

Kapitel 3: Die Beschlüsse des Großen Senats 2/86, 4/92 sowie 1-3/97 und die Nachlese zur einkommensteuerlichen Behandlung von Nutzungen und Nutzungsrechten

Die Beurteilung von Nutzungen und Nutzungsrechten im Einkommensteuerrecht nahm in den Jahren 1986/1987 eine neue Wendung, die durch einen Vorlagebeschluß des I. Senats des Bundesfinanzhofs[279] eingeleitet und durch die daraufhin ergangene Entscheidung des Großen Senats[280] vollzogen wurde. Die Vorlage betraf die Einlage von Nutzungen in Kapitalgesellschaften. Da aber das Körperschaftsteuerrecht zur Ermittlung des Gewinns von Kapitalgesellschaften auf das Einkommensteuerrecht verweist, war über die einkommensteuerrechtliche Bedeutung einer Einlage in ein Betriebsvermögen zu entscheiden. Dazu hat sich der Große Senat geäußert, und zwar nicht nur zur Einlagefähigkeit von Nutzungen,

276 BFH BStBl: II 1979, 401, Urt. v. 31.10. 1978, VIII R 196/77.
277 BFH BStBl: II 1979, 401, Urt. v. 31.10. 1978, VIII R 196/77.
278 BFH BStBl. II 1979, 399, (401 sub 1c), Urt. v. 31.10. 1978, VIII R 182/75.
279 BFH BStBl. II 1987, 65, Beschl. v. 20.8. 1986, I R 41/82.
280 BFH BStBl. II 1988, 348, Beschl. v. 26.10. 1987, GrS 2/86.

sondern auch zur Einlage von Nutzungsrechten, zur Einlage in das Betriebsvermögen eines Einzelunternehmers wie auch das einer Personengesellschaft.

I. Zum Vorlagebeschluß des I. Senats des Bundesfinanzhofs

1. Sachverhalt und Rechtsfrage

Der Fall, der dem Vorlagebeschluß des I. Senats zugrunde lag, war verwickelt. Vereinfachend kann dazu hier gesagt werden, daß es um die körperschaft- und einkommensteuerliche Bedeutung zinsloser Darlehen ging, die vier im Ausland ansässige Aktiengesellschaften von ihren Müttergesellschaften erhalten hatten, zwei in der Schweiz ansässigen Aktiengesellschaften, die ihrerseits Töchter einer in der Schweiz ansässigen Aktiengesellschaft waren. Die Anteile an dieser einen Muttergesellschaft hielt die in Deutschland unbeschränkt einkommensteuerpflichtige Klägerin in ihrem Sonderbetriebsvermögen an einer inländischen Kommanditgesellschaft. Das Finanzamt erfaßte den Vorteil der zinslosen Darlehensgewährung – zum Teil als verdeckte Gewinnausschüttung, zum Teil nach §1 Außensteuergesetz (AStG) – gewinnerhöhend und rechnete dies als Zwischeneinkünfte, da es sich bei der schweizerischen Muttergesellschaft und ihren beiden schweizerischen Töchtern um sogenannte Zwischengesellschaften im Sinne der §§7, 14 AStG handelte, letztlich der Klägerin zu.

Der I. Senat des Bundesfinanzhofs beabsichtigte, die Zwischeneinkünfte der beiden schweizerischen Tochtergesellschaften um die durch zinslose Darlehensgewährung verdeckten Gewinnausschüttungen zu erhöhen (§§10 III 1 AStG, 6 I 2 KStG 1969), gleichzeitig aber um den Teilwert einer Nutzungseinlage in Gestalt gleichfalls der zinslosen Darlehensgewährung zu mindern (§§10 III 1 AStG, 4 I 1 EStG).[281] Die außensteuerrechtliche Seite des Falles interessiert hier nicht weiter. Es geht allein um die einkommensteuerliche Qualität von Nutzungen, genauer darum, ob der Vorteil, ein zinslosen Darlehen zu nutzen, in ein Betriebsvermögen eingelegt werden kann mit der Folge, daß dessen Teilwert den laufenden Gewinn mindert. Der I. Senat, der dem Großen Senat diese Rechtsfrage vorlegte, wollte sie bejahen. Zur Begründung holt der Vorlagebeschluß weit aus.

281 BFH BStBl. II 1987, 65, (66/67), Beschl. v. 20.8. 1986, I R 41/82.

2. *Entscheidungsgründe des Vorlagebeschlusses*

a) Zur Definition des Begriffs Wirtschaftsgut

Es geht, da das Gesetz die Einlagen als Wirtschaftsgüter bezeichnet (§4 I 3 EStG), in der Vorlagefrage grundlegend darum, was Wirtschaftsgüter auszeichnet, ob also Nutzungen Wirtschaftsgüter sind. Dazu verweist der I. Senat auf die Vorschrift des §4 I 2 EStG, die in Zusammenhang mit der Definition der Entnahmen eine nähere Beschreibung liefert, nämlich als entnommene bzw. entnehmbare Wirtschaftsgüter „Barentnahmen, Waren, Erzeugnisse, Nutzungen (sic!) und Leistungen" anführt. Daraus schließt der I. Senat, daß die Nutzungen Wirtschaftsgüter seien, daß daher Nutzungen auch eingelegt werden könnten, weil das Gesetz Einlagen als „Bareinzahlungen" und weiter als „sonstige Wirtschaftsgüter" definiert (§4 I 3 EStG).[282] Die betreffende gesetzliche Definition der Einlagen mit „Bareinzahlungen und sonstigen Wirtschaftsgütern" sei zwar, so heißt es im Vorlagebeschluß weiter, sprachlich verunglückt. Denn die Wendung „Bareinzahlungen" bezeichne den tatsächlichen Vorgang des Einzahlens und gäbe nicht dessen Objekt, also nicht das eingelegte Wirtschaftsgut an. Gleichwohl sei aber die Intention des Gesetzgebers deutlich, einen einheitlichen Wirtschaftsgutsbegriff zu formulieren. Wenn das Gesetz die Entnahmen als „alle Wirtschaftsgüter, die der Steuerpflichtige ... entnimmt, kennzeichnet und darunter ebenfalls Nutzungen faßt, dann müßten „sonstige Wirtschaftsgüter, die laut §4 I 3 EStG eingelegt werden können, eben alle Wirtschaftsgüter und demnach auch Nutzungen sein.

b) Kritik am Begriffsverständnis der herrschenden Lehre

An diese reine Wortinterpretation schließen sich Ausführungen an, die die Entwicklung des Begriffs Wirtschaftsgut und dessen Verständnis in der herrschenden Lehre betreffen. Der I. Senat hebt dazu hervor, der Bundesfinanzhof habe sich in seiner Rechtsprechung zum Begriff des Wirtschaftsgutes bislang nicht an §4 I EStG orientiert, sondern vielmehr daran, „wann Wirtschaftsgüter bilanziert und damit in den Betriebsvermögensvergleich gemäß §4 Abs. 1 und §5 Abs. 1 EStG einbezogen werden müssen." Daraus sei gefolgert worden, „daß nach den Grundsätzen ordnungsmäßiger Buchführung zu bestimmen sei, ob ein (bilanzierungsfähiges) Wirtschaftsgut überhaupt vorliege und welche Wirtschaftsgüter im Rahmen des der steuerlichen Gewinnermittlung dienenden Vermögensvergleichs an-

---

282 BFH BStBl. II 1987, 65, (66/67), Beschl. v. 20.8. 1986, I R 41/82.

zusetzen sind."[283] Demgegenüber vertritt der I. Senat die Auffassung, „daß das EStG den Begriff ‚Wirtschaftsgut' verwendet, ohne damit etwas darüber auszusagen, ob, wann und wie das Wirtschaftsgut bilanziert werden kann."

Mit dieser Behauptung hat der I. Senat sich dezidiert vom Begriffsverständnis der herrschenden Lehre abgewandt. Schon an dieser Stelle sei hervorgehoben, daß hier diegleiche These vertreten wird. Nur muß gegenüber der betreffenden Äußerung des I. Senats festgestellt werden, daß sich dessen Argumentation in einer reinen Behauptung erschöpft. Sie ist in keiner Weise systematisch abgesichert. „Das EStG", so heißt es in dem Vorlagebeschluß dazu weiter, „knüpft damit den Wirtschaftsgutbegriff in erster Linie an den eines im Rechtsverkehr übertragbaren Vermögenswertes, ohne auf dessen Bilanzierungsfähigkeit abzustellen. Damit erfaßt es jeden vermögensmäßigen Vorteil (wirtschaftliches Gut), der zumindest zusammen mit dem Betrieb übertragbar und nach der Verkehrsauffassung einer selbständigen Bewertung zugänglich ist."[284] Mit dieser Kennzeichnung zieht der I. Senat Kriterien heran, die nach der herrschenden Lehre ein Wirtschaftsgut ausmachen, daß es sich um einen Vorteil handeln muß, den der Kaufmann sich etwas kosten läßt und der bewertbar ist. Die weitere Bedingung, die die Bilanzierungsfähigkeit angibt, daß er nämlich Nutzen für mehrere Jahre haben muß, hat der I. Senat gestrichen, um die Bilanzierungsfähigkeit aus dem Begriff herauszunehmen. Warum aber die übrigen Merkmale für Wirtschaftsgüter begriffsbestimmend sind, wird nicht gesagt. Jedenfalls verwahrt sich der I. Senat dagegen, seine Definition könne dem ehernen Satz widersprechen, daß Wirtschaftsgüter im einkommensteuerlichen Sinne und Vermögensgegenstände im handelsrechtlichen Sinne begrifflich identisch seien. Denn, so behauptet der I. Senat, auch Vermögensgegenstände des Handelsrechts setzten nicht die Bilanzierungsfähigkeit voraus.

c) Folgerungen für die Einlagefähigkeit von Nutzungen

Aus der Begriffsbestimmung, nach der dann auch Nutzungen Wirtschaftsgüter sind, schließt der I. Senat unmittelbar auf ihre Einlagefähigkeit. Auch sie, die Einlagefähigkeit eines Wirtschaftsgutes, soll von dessen Bilanzierungsfähigkeit unabhängig sein. Dazu heißt es: „Einlagefähig sind alle Wirtschaftsgüter, die Gegenstand des Rechtsverkehrs sein können. Die Bilanzierungsfähigkeit des Wirtschaftsguts ist kein allgemein gültiges Abgrenzungskriterium für dessen Einlagefähigkeit, sondern nur Indiz dafür, daß der Wirtschaftsverkehr bestimmten Gegenständen einen Vermögenswert zuerkennt." Es folgen Ausführungen zur bilan-

283 BFH BStBl. II 1987, 65, (68 sub 2a), Beschl. v. 20.8. 1986, I R 41/82.
284 BFH BStBl. II 1987, 65, (69), Beschl. v. 20.8. 1986, IR 41/82.

ziellen Behandlung, daß nämlich der Anspruch auf Nutzungen als ausstehende Einlageforderung aktiviert und gleichzeitig als Nennkapital passiviert werden könnte und daß die Nutzung als solche dann die betreffende Forderung mindere.[285]

Eine stichhaltige Begründung ist das nicht. Die weiteren Hinweise dazu, was im Personengesellschaftsrecht als einlagefähig betrachtet wird,[286] können sie jedenfalls für das Einkommensteuerrecht auch nicht leisten. Die Divergenz, die sich handelsrechtlich für Kapitalgesellschaften ergibt, weil §27 II AktG ausdrücklich Dienstleistungen als Sacheinlagen ausschließt, wehrt der I. Senat mit der Überlegung ab, daß das Steuerrecht die Einlagefähigkeit für Einzelunternehmen, Personengesellschaften und Kapitalgesellschaften übereinstimmend festlege, so daß steuerrechtlich auch Nutzungseinlagen in Kapitalgesellschaften in Betracht zu ziehen seien.[287]

II. Der Beschluß des Großen Senats 2/86

Der Große Senat hat in seinem Beschluß vom 26. Oktober 1987 die Vorlagefrage, ob der Vorteil eines zinslosen Darlehens ein einlagefähiges Wirtschaftsgut ist, verneint.[288] Wie noch auszuführen ist, ist das Ergebnis, daß Nutzungen nicht Gegenstand einer Einlage sein können, zutreffend. Die Argumente allerdings, die der Große Senat dafür ins Feld führt, sind zweifelhaft.

Zur Begründung skizziert das Gericht zunächst die Gewinnermittlung nach §4 I 1 EStG durch Betriebsvermögensvergleich und hebt dazu hervor, daß das Betriebsvermögen dabei nicht global ermittelt werde, sondern laut §6 EStG durch Bewertung der einzelnen Wirtschaftsgüter. Deswegen, so die Schlußfolgerung des Großen Senats, fänden mit Ausnahme der Rechnungsabgrenzungsposten nur Wirtschaftsgüter Eingang in den Bestandsvergleich.[289] Ein Nutzungsvorteil, das ist eine zentrale Aussage des Beschlusses, sei kein selbständiges Wirtschaftsgut, sondern nur eine wertbildende Eigenschaft von Wirtschaftsgütern.[290] Die für die gegenteilige Annahme vom I. Senat angeführte Begründung charakterisiert der Große Senat als eine Wortauslegung, die den Vorschriften über den Ansatz und die Bewertung von Wirtschaftsgütern widerspreche. Die Berufung des I. Senats auf §8 I EStG, wonach Nutzungen Güter darstellen, läßt der Große Senat deshalb

285 BFH BStBl. II 1987, 65, (68 sub 2b), Beschl. v. 20.8. 1986, I R 41/82.
286 BFH BStBl. II 1987, 65, (69/70 sub 3b), Beschl. v. 20.8. 1986, IR 41/82.
287 BFH BStBl. II 1987, 65, (70/71 sub 3c), Beschl. v. 20.8. 1986, IR 41/82.
288 BFH BStBl. II 1988, 348, (357), Beschl. v. 26.10. 1987, GrS 2/86.
289 BFH BStBl. II 1988, 348, (352 sub 1 a) aa), Beschl. v. 26.10. 1987, GrS 2/86.
290 BFH BStBl. II 1988, 348, (352 sub 1 a) aa), Beschl. v. 26.10. 1987, GrS 2/86.

nicht gelten, weil sich diese Bestimmung auf Überschußeinkünfte beziehe und daher nichts über Wirtschaftsgüter aussage.[291] Die Begriffe Gut im Sinne von §8 EStG und Wirtschaftsgut im Sinne der §§4 bis 6 EStG bezeichnen nach Ansicht des Großen Senats also zweierlei. Allerdings, so heißt es im Beschluß, könne das Steuerrecht „auf Grund seiner besonderen Wertungen und der daraus entstandenen Regelungsbedürfnisse ... von diesem sich aus den Eigenheiten des Vermögensvergleichs nach §4 Abs. 1 EStG ergebenden Begriff der Einlage ... abweichen.“[292] Gemeint ist eine Abweichung von der Bedingung, daß nur ein Wirtschaftsgut eingelegt werden kann. Der Große Senat denkt dabei an den Fall, daß der Steuerpflichtige ein Wirtschaftsgut, das die Rechtsprechung zu seinem Privatvermögen rechnet, betrieblich nutzt, so daß dem Betrieb dadurch Aufwendungen zugute kommen, die bereits im privaten Bereich getätigt worden sind. Hätte der Unternehmer sie als Betriebsausgaben vorgenommen, so würde sich das Problem, das sich hier auftut, nicht stellen. Waren sie aber bereits privat angefallen, so kann der Unternehmer sie nicht an sich selbst betrieblich erstatten, weswegen man das Institut der sogenannten Aufwandseinlage erfunden hat. Der Unternehmer legt, um den der Besteuerung unterworfenen Gewinn um den Betrag seines privat getätigten Aufwands zu schmälern, diese angebliche Aufwandseinlage ein. Da es sich gerade nicht um einen Aktivwert, eben gar nicht um ein Wirtschaftsgut handelt, ist diese Figur ein Kind der Not. Die Gerichte haben sich selbst in diese Zwangslage hineinmanövriet, weil bewegliche Sachen nach der Rechtsprechung nur in toto entweder Betriebs- oder Privatvermögen sein können, während es bei Grundstücken eine Aufteilung nach Maßgabe der Nutzung gibt. Würde man, wie es geboten ist, das auch bei beweglichen Sachen anerkennen, dann wäre die Figur der Aufwandseinlage entbehrlich. Eingelegt würde bei gemischter Nutzung der betrieblich genutzte Anteil als ein selbständiges Wirtschaftsgut, das dann Betriebsvermögen bildet. Als Teilwert dieser Einlage könnte der darin enthaltene Aufwand in Betracht kommen. Dieser Teil des Beschlusses braucht also nicht weiter betrachtet zu werden. Für das hier interessierende Thema der Nutzungen gibt er nichts her.

Vielmehr bleibt es bei der Grundaussage des Großen Senats, daß nur Wirtschaftsgüter eingelegt werden können und daß Nutzungen – wie nicht näher begründet wird – keine Wirtschaftsgüter sind. An diese These schließt sich aber noch eine wertende Betrachtung an, die – von der fehlenden Wirtschaftsgutqualität abgesehen – belegen soll, weswegen Nutzungen nicht in ein Betriebsvermögen eingelegt werden können. Dafür stellt der Große Senat eine neue Begründung auf. Einlagen, so heißt es, seien deshalb aus dem Gewinn herauszurechnen, weil

291 BFH BStBl. II 1988, 348, (352 sub 1 a) bb), Beschl. v. 26.10. 1987, GrS 2/86.
292 BFH BStBl. II 1988, 348, (352/353 sub 1 b), Beschl. v. 26.10. 1987, GrS 2/86.

solches Vermögen, das der Steuerpflichtige steuerfrei gebildet hat oder das bei ihm bereits besteuert worden ist, der Gewinnbesteuerung nicht unterworfen werden solle.[293] Aus dieser Prämisse wird dann abgeleitet, daß Nutzungen, die der Unternehmer aus einem ihm zukommenden Vorteil zieht, nicht Gegenstand einer Einlage sein könnten; dabei werde „nämlich weder steuerfrei gebildetes Vermögen übertragen" noch hätten „die Nutzungen beim Steuerpflichtigen bereits der Besteuerung unterlegen. Im Gegenteil würde der Ansatz des Nutzungswerts als Einlage dazu führen, daß der auf der Nutzung beruhende und im Betrieb erwirtschaftete Gewinn der Besteuerung entzogen wird, obwohl selbst im Privatvermögen gezogene Nutzungen regelmäßig zu Einkünften aus Kapitalvermögen oder aus Vermietung und Verpachtung führen und der Besteuerung unterliegen."[294]

Aus dem nämlichen Grunde kommen nach Ansicht des Großen Senats auch dingliche Nutzungsrechte am Privatvermögen des Steuerpflichtigen oder unentgeltlich erlangte Nutzungsrechte an Vermögen von Angehörigen, obgleich sie die Qualität von Wirtschaftsgütern haben, als Einlagen nicht in Betracht. Andernfalls könnte der Steuerpflichtige – indem er etwa an eigenen privat gehaltenen Wirtschaftsgütern für sich ein dingliches Nutzungsrecht begründet oder sich von Angehörigen an deren Wirtschaftsgütern ein Nutzungsrecht schenken läßt – erreichen, „daß die durch Realisierung des Nutzungsrechts erzielte Vermögensmehrung unbesteuert bleibt; dem Nutzungsertrag stände eine entsprechende Abschreibung auf das Nutzungsrecht gegenüber."[295] Das sei, so heißt es, mit den Wertungen des Einkommensteuerrechts, wonach erzielte Nutzungen der Besteuerung zu unterwerfen seien, nicht vereinbar.[296] Damit ist die oben[297] geschilderte Judikatur des VIII. und des IV. Senats des Bundesfinanzhofs obsolet,[298] daß unentgeltlich erlangte Nutzungsrechte an fremden Wirtschaftsgütern in ein Betriebsvermögen eingelegt werden können mit dem Ziel, Drittaufwand auf das Wirtschaftsgut durch einen Teilwertabzug nach §4 I 1 EStG geltend zu machen.[299] Die Frage, wie es sich bei sogenanntem Drittaufwand auf Wirtschaftsgüter im Betriebsvermögen des Steuerpflichtigen verhält, hat das Gericht ausdrücklich offen gelassen.[300] Den eigenen Aufwand auf das Nutzungsrecht könne er je-

---

293 BFH BStBl. II 1988, 348, (353 sub aa), Beschl. v. 26.10. 1987, GrS 2/86.
294 BFH BStBl. II 1988, 348, (353 sub aa), Beschl. v. 26.10. 1987, GrS 2/86.
295 BFH BStBl. II 1988, 348, (353 sub c), Beschl. v. 26.10. 1987, GrS 2/86.
296 BFH BStBl. II 1988, 348, (353 sub c), Beschl. v. 26.10. 1987, GrS 2/86.
297 Kap. 2 III.1.
298 Groh, DB 1988, 514, (518).
299 BFH BStBl: II 1979, 401, (403), Urt. v. 31.10. 1978, VIII R 196/77; BFH BStBl. II 1981, 68, Urt. v. 20.11. 1980, IV R 117/79.
300 BFH BStBl. II 1988, 348, (353 sub cc und sub c a.E.), Beschl. v. 26.10. 1987, GrS 2/86.

denfalls, so sagt der Beschluß des Großen Senats, als Betriebsausgaben absetzen.[301]

Die Annahme, daß der Teilwertabzug bei einer Einlage von Nutzungen einen Gewinn aus dem Nutzungsvorteil aufhebt, trifft zu. Da sich Nutzungen sofort verflüchtigen, würde der Teilwertabzug nicht ein Aktivum der Einlage erfassen, sondern das Betriebsvermögen im übrigen, weswegen insofern ein aus der Nutzung etwa gezogener Gewinn geschmälert wird. Ob jedoch die deutlich von Groh[302] beeinflußte These zutrifft, eingelegt werden könne nur „solches Vermögen, das der Steuerpflichtige steuerfrei gebildet hat oder das bei ihm bereits besteuert worden ist“, ist die Frage. Gemeinhin wird als Grund für den Teilwertabzug einer Einlage angegeben, daß die Gewinnbesteuerung nur den im Betrieb erwirtschafteten Gewinn, nicht aber eine durch Einlage geschaffene Vermehrung des Betriebsvermögens erfassen solle. Damit ist allerdings gerade nicht der dann durch die Einlage im Betrieb erzielte Gewinn gemeint, sondern die Vermögensmehrung durch den Teilwert eben des eingelegten Wirtschaftsgutes, da dieses ja von außen gekommen, eben nicht im Betrieb gewonnen worden ist. Da Nutzungsvorteile für sich selbst keinen Aktivwert besitzen, vielmehr mit der Nutzung dahin sind, kann ein Teilwertabzug auch nicht die Wirkung erzielen, die er in Fällen einer Einlage erreichen soll, nämlich das Aktivum der Einlage aus dem Betriebsvermögen herausrechnen. Das Resümée des Beschlusses, daß bei Nutzungen ein Teilwertabzug nach §4 I 1 EStG ausscheidet, ist daher berechtigt, die Begründung dagegen fragwürdig, weil es richtigerweise darauf ankommt, ob die Einlage dem Betriebsvermögen einen Wert hinzufügt, der gerade nicht im Betriebsvermögen erwirtschaftetet worden ist. Über die Qualität von Nutzungen als Wirtschaftsgüter wäre dann noch nachzudenken.

Im Falle von Nutzungsrechten müßte die Frage danach entsprechend lauten, ob also die Einlage des Rechts das Betriebsvermögen um einen Wert bereichert, der nicht im Betriebsvermögen erwirtschaftet worden ist. Es handelt sich dann um eine Frage der Bewertung, die unterschiedlich beantwortet werden kann.[303]

---

301 BFH BStBl. II 1988, 348, (353 sub c), Beschl. v. 26.10. 1987, GrS 2/86.

302 Groh, BB 1982, 133, (138 sub 3.e).

303 Der Beschluß des Großen Senats 2/86 ist von Groh, DB 1988, 514, ausführlich besprochen worden. Da er maßgeblich daran mitgewirkt hat, kann eine Kritik von ihm nicht erwartet werden. Er hat die Entscheidung im Grunde nur paraphrasiert, so daß sich eine Auseinandersetzung mit seinem Beitrag an dieser Stelle erübrigt.

Der Beschluß des Großen Senats 2/82 bildete nicht den Abschluß der Fragen um die Einlage von Nutzungen und Nutzungsrechten.

In einem vom III. Senats im Jahre 1988 entschiedenen Fall hatte der Unternehmer ein Betriebsgrundstück seinem Sohn geschenkt und sich den Nießbrauch vorbehalten. Er nutzte das Grundstück weiterhin betrieblich. In dem Rechtsstreit um seine Einkommensteuerveranlagung, den nach seinem Tod der Sohn als Erbe führte, ging es um die Absetzungen. Dazu führt der III. Senat aus, der Unternehmer habe das Nießbrauchsrecht nicht mit dem Teilwert nach §6 I Nr. 5 EStG einlegen können. Die betreffende Rechtsprechung zur Einlage unentgeltlicher Nutzungsrechte sei durch den Beschluß des Großen Senats 2/82 „teilweise überholt.“[304] Sodann knüpft der III. Senat aber an den Gedanken des Großen Senats an, daß der Steuerpflichtige bei der betrieblichen Nutzung seines Privatvermögens Aufwendungen gewinnmindernd müsse berücksichtigen können. Es heißt dazu in dem Urteil des III. Senats: „Eine entsprechende Berücksichtigung ist auch geboten, wenn er (gemeint ist: der Steuerpflichtige) sich bei der Übertragung eines Gegenstandes auf betriebsfremde Personen das Nutzungsrecht für betriebliche Zwecke vorbehält und in der vorgesehenen Weise ausübt. Hierzu rechnen neben den bei der Nutzung anfallenden laufenden Kosten insbesondere auch die abschreibbaren Anschaffungs- oder Herstellungskosten, die der Nutzungsberechtigte für den Gegenstand ursprünglich selbst getragen hat und die er auch während der Dauer der Nutzung im Wege der AfA unmittelbar gewinnmindernd geltend machen könnte, wenn nicht nur das Nutzungsrecht, sondern der betrieblich genutzte Gegenstand selbst zu seinem Betriebsvermögen gehören würde. Durch die fortdauernde betriebliche Nutzung des Gegenstandes bleibt die betriebliche Veranlassung der auf die Nutzungsdauer zu verteilenden Aufwendungen des Steuerpflichtigen für dessen Anschaffung oder Herstellung auch nach dem Verlust der Eigentümerstellung gewahrt.“

Diese Schlußfolgerung ist bemerkenswert. Eine Begründung liefert sie nicht, nur eine blanke Behauptung. Bemerkenswert ist auch, daß der III. Senat nicht die vom Großen Senat sanktionierte Aufwandseinlage bemüht, sondern annimmt, daß aus den genannten Gründen das Nutzungsrecht eingelegt werden könne, allerdings nur mit der Folge, daß „die AfA-Beträge auf das Nutzungsrecht nicht höher sein (dürfen), als die AfA auf den genutzten Gegenstand selbst.“ Ob die AfA nach §7 I EStG für das Wirtschaftsgut ‚Nutzungsrecht an einem Grundstück‘ vor-

304 BFH BStBl. II 1989, 763, (765 sub b), Urt. v. 16.12. 1988, III R 113/85.

zunehmen ist oder nach den Vorschriften über die Gebäude-AfA, hat der Senat offen gelassen.[305]

Diese für ein vorbehaltenes Nießbrauchsrecht ausgesprochenen Gedanken hat der X. Senat des Bundesfinanzhofs auf obligatorische Nutzungsrechte, die der Steuerpflichtige sich zur betrieblichen Nutzung vorbehalten hat, übertragen.[306] In dem zugrunde liegenden Fall hatte der Kläger auf einem gemeinschaftlich ihm und seiner Ehefrau gehörenden Grundstück ein teils gemeinschaftlich privat, teils von ihm betrieblich genutztes Gebäude errichtet. Wie der X. Senat hervorhebt,[307] mußte er den Vorteil des Baus, soweit er anteilig im Miteigentum der Ehefrau stand, wie ein materielles Wirtschaftsgut mit den anteiligen Anschaffungs- oder Herstellungskosten aktivieren. Als er später seinen Miteigentumsanteil auf seine Frau übertrug und dadurch entnahm, änderte sich daran nichts. Der Senat hebt am Schluß der Entscheidung ausdrücklich hervor, daß die Entnahme das Nutzungsrecht an der der Ehefrau gehörenden Miteigentumshälfte nicht berührt hat.[308] Die Entnahme bezog sich lediglich auf das am eigenen Miteigentumsanteil bestehende Betriebsvermögen des Klägers. Da er sich aber die gewerbliche Nutzung des Gebäudes mit schuldrechtlicher Wirkung vorbehalten hatte, sprach ihm der X. Senat auch insoweit weiterhin Absetzungen zu. Es heißt dazu wörtlich: „Jedenfalls gelten für die steuerrechtliche Frage einer Zurechnung von (eigenem) Aufwand (hier über die AfA) dieselben Grundsätze wie zum Vorbehalt eines dinglichen Nutzungsrechts. Entscheidend für die AfA-Berechtigung des Vorbehaltsnießbrauchers an einem Grundstück, das er zur Erzielung von Einkünften verwendet, ist der Umstand, daß er die Anschaffungs- und/oder Herstellungskosten des Gebäudes getragen hat. Der Vorbehaltsnießbraucher kann seine eigenen Aufwendungen, die im Zusammenhang mit dem betrieblich genutzten Grundstück stehen, durch Absetzung einer entsprechenden Einlage gewinnmindernd berücksichtigen ... Entsprechendes gilt nach Auffassung des erkennenden Senats für den steuerrechtlich und wirtschaftlich vergleichbaren Vorbehalt eines schuldrechtlichen Nutzungsrechts."[309]

Das heißt, daß der Kläger durch den Nutzungsvorbehalt neben dem schon aktivierten Nutzungsrecht ein weiteres, und zwar schuldrechtliches Nutzungsrecht erworben hatte, das er in sein Betriebsvermögen einlegen konnte und durch die betriebliche Nutzung des Gebäudes auch eingelegt hat.

305 BFH BStBl. II 1989, 763, (766 sub 3. a.E.), Urt. v. 16.12. 1988, III R 113/85.
306 BFH BStBl. II 1990, 368, Urt. v. 20.9. 1989, X R 140/87.
307 BFH BStBl. II 1990, 368, (371 sub 3.a), Urt. v. 20.9. 1989, X R 140/87.
308 BFH BStBl. II 1990, 368, (372 sub c), Urt. v. 20.9. 1989, X R 140/87.
309 BFH BStBl. II 1990, 368, (371 sub 3.a), Urt. v. 20.9. 1989, X R 140/87.

Nur wenige Jahre später mußte sich auch der Große Senat zu der zuletzt geschilderten Problematik äußern.[310] Die Vorlage, die diesmal vom IV. Senat des Bundesfinanzhofs stammte,[311] zielte an sich auf eine Entscheidung zum sogenannten Drittaufwand, zur Frage nämlich, ob der Steuerpflichtige, der mit Hilfe eines Wirtschaftsgutes Einkünfte erwirtschaftet, Aufwendungen Dritter auf dieses Wirtschaftsgut als Werbungskosten oder Betriebsausgaben geltend machen kann. In dem Beschluß 2/86 war dies bewußt offen gelassen worden. Aber auch diesmal brauchte der Große Senat darauf nicht einzugehen.

In dem zugrundeliegenden Fall waren die Eheleute Miteigentümer eines Hausgrundstücks, auf dem sich ihre Privatwohnung und die Arztpraxis des Ehemannes befand. Sämtliche Anschaffungs- und Herstellungskosten sowie späteren Renovierungsaufwand hatte allein der Ehemann getragen. Da nur er aus seiner ärztliche Tätigkeit Einkünfte hatte, waren auch nur bei ihm Absetzungen von dem betrieblich genutzten Gebäudekomplex, und zwar – entsprechend seinem Miteigentumsanteil – nur anteilig anerkannt worden. Darin, ob der Aufwand nur anteilig auf diesen betrieblichen Gebäudeanteil zu beziehen war, lag das einkommensteuerliche Problem. Da es jedoch lediglich um Aufwand des steuerpflichtigen Ehemannes selbst ging, brauchte sich der Große Senat zum Problem der Berücksichtigung eines Drittaufwands nicht zu äußern. Er hat die vorgelegte Rechtsfrage vielmehr anders beantwortet. Die Analyse der Entscheidung ist aufschlußreich.

Der Große Senat hält zunächst lehrbuchhaft fest, daß „Ausgaben für die Anschaffung oder Herstellung von abnutzbaren Wirtschaftsgütern des Anlagevermögens nur mit den AfA berücksichtigt werden." Dabei ist noch nicht an ein Nutzungsrecht gedacht. Das würde nach jetzt feststehender Judikatur zwar gleichfalls zu den abnutzbaren Wirtschaftsgütern rechnen. Aber der nächste Satz des Beschlusses ergibt, daß der Große Senat das Gebäude meint. Denn er fährt fort mit der Lehrbuchsentenz, daß Gebäudeteile unterschiedlicher Funktion, daß also die Arztpraxis und die Privatwohnung, selbständige Wirtschaftsgüter bilden und diese nach Maßgabe der Eigentumsverhältnisse in wiederum verschiedene Wirtschaftsgüter aufzufächern sind. Deswegen, so hält das Gericht insoweit abschließend fest, sei der auf die Praxis entfallende Gebäudeteil dem Ehemann seinem Miteigentumsanteil entsprechend nur zur Hälfte als Betriebsvermögen zuzurechnen.[312] Es folgt ein Gedankensprung mit einer Aussage, die einen Kern des Beschlusses bildet. Sie lautet: „Das allen Einkunftsarten zugrundeliegende Net-

310 BFH BStBl. II 1995, 281, Beschl. v. 30.1. 1995, GrS 4/92.
311 BFH BStBl. II 1992, 948, Beschl. v. 9.7. 1992, IV R 115/90.
312 BFH BStBl. II 1995, 281, (284 sub II.), Beschl. v. 30.1. 1995, GrS 4/92.

toprinzip, demzufolge die erwerbswirtschaftlichen Aufwendungen von den steuerpflichtigen Einnahmen abgezogen werden (vgl. §2 Abs. 2 i.V.m. §§4 ff. und 9 EStG), gebietet grundsätzlich den Abzug der vom Steuerpflichtigen zur Einkunftserzielung getätigten Aufwendungen auch dann, wenn und soweit diese Aufwendungen auf in fremdem Eigentum stehende Wirtschaftsgüter erbracht werden.“[313] Gemeint ist der Anteil des betrieblich genutzten Gebäudes, der auf den Miteigentumsanteil der Ehefrau entfällt. Da die Befugnis zu Absetzungen vom eigenem Wirtschaftsgut im Betriebsvermögen des Klägers selbstverständlich war, ging es im folgenden allein um Absetzungen bezüglich des Gebäudeanteils im Miteigentum der Ehefrau.

Der Große Senat schließt sich für diese Frage einer Überlegung an, die – wie oben berichtet[314] – bereits 1978 der VIII. Senat angestellt hatte.[315] Sie besagt, daß im Falle eigener Aufwendungen des Steuerpflichtigen auf ein von ihm genutztes fremdes Wirtschaftsgut die so geschaffenen Nutzungsmöglichkeiten wie materielle Wirtschaftsgüter mit den Herstellungskosten zu aktivieren und fortlaufend abzusetzen seien.[316] Damit lehnt sich der Große Senat an die Judikatur zu Bauten auf fremden Grundstücken an.[317] Die Aktivierung basiert hierbei, was hervorgehoben werden muß, nicht auf einer Einlage aus Privatvermögen in das Betriebsvermögen. Die Nutzungsmöglichkeit, so wird vielmehr angenommen, hat der Unternehmer oder Freiberufler hier in seinem Betrieb begründet. Da sie mit den betreffenden Herstellungskosten wie ein – wie es heißt – materielles Wirtschaftsgut zu aktivieren sein soll, soll das Aktivierungsverbot des §5 II EStG nicht entgegenstehen. Dieser Hintergrund wird jedoch vom Großen Senat im Beschluß 4/92 dadurch verwischt, daß sich das Gericht noch auf die beiden oben geschilderten Urteile des III. und des X. Senats des Bundesfinanzhofs beruft.[318] In den betreffenden Fällen hatten der III. und der X. Senat aber, wie berichtet, Absetzungen des Steuerpflichtigen von einem eingelegten dinglichen bzw. schuldrechtlichen Nutzungsrecht angenommen. Verständlich ist die Berufung auf diese Rechtsprechung nur, weil es dem Großen Senat ganz offensichtlich alleine darum ging, zu begründen, was aus dem sogenannten Nettoprinzip abgeleitet werden soll. Es heißt dazu: „In den von der vorstehenden Rechtsprechung entschiedenen Fallgestaltungen geht es nicht um die steuerrechtlichen Folgen der Nutzung fremden Vermögens, sondern in erster Linie um die Abziehbarkeit von

313 BFH BStBl. II 1995, 281, (284 sub III.pr.), Beschl. v. 30.1. 1995, GrS 4/92.
314 Kap. 2 III.1.
315 BFH BStBl. II 1979, 399, (401), Urt. v. 31.10. 1978, VIII R 182/75; BFH BStBl: II 1979, 401, (403), Urt. v. 31.10. 1978, VIII R 196/77.
316 BFH BStBl. II 1995, 281, (284 sub III.1.), Beschl. v. 30.1. 1995, GrS 4/92.
317 s.o. Kap. 2 IV.
318 BFH BStBl. II 1995, 281, (284 sub III.2. a und b.), Beschl. v. 30.1. 1995, GrS 4/92.

eigenem Aufwand, der durch die Einkunftserzielung veranlaßt ist. Zur Wahrung des Nettoprinzips sind daher eigene Aufwendungen in Fällen des vorbehaltenen Nutzungsrechts zum Betriebsausgaben- oder Werbungskostenabzug zugelassen worden. Lediglich aus bilanztechnischen Gründen ist der zu beurteilende Aufwand des Steuerpflichtigen ‚wie ein materielles Wirtschaftsgut' behandelt worden."

Da es bei der Qualifizierung als ein materielles Wirtschaftsgut darum geht, ob aktiviert werden muß oder nach §5 II EStG nicht aktiviert werden darf, ist die Berufung auf eine Bilanztechnik fehl am Platz. Der Große Senat hat im Beschluß 4/92 die Rechtslage mehr verwirrt als geklärt. Der Gedankengang der Entscheidung wirkt auch deshalb ambivalent, weil der Bezugspunkt der Argumentation hin und herspringt. Einmal ist es die Baulichkeit, das anderemal das daran bestehende Nutzungsrecht: Der Teil der Aussage, daß Ausgaben zur Herstellung abnutzbaren Anlagevermögens nur über Absetzungen geltend gemacht werden könnten, bezieht sich auf das Gebäude, das laut Beschluß anteilig gerade nicht dem steuerpflichtigen Ehemann, sondern seiner Frau zuzurechnen war. Die Position dagegen, die, und zwar „wie materielle Wirtschaftsgüter", vom Mann zu aktivieren sein und von der er dann Absetzungen soll vornehmen dürfen, wird als seine von ihm durch Baumaßnahmen geschaffene Nutzungsmöglichkeit bezeichnet. Widersprüchlich wirkt auch, das nach Meinung des Großen Senats das Aktivum zwar ein Nutzungsvorteil sein soll, daß sich die Absetzungen aber auf das Gebäude beziehen und im Streitfall nach §82i EStDV richten sollen,[319] also nicht gemäß §7 I EStG nach der Dauer des Nutzungsrechts. Ganz offensichtlich ging es dem Gericht primär darum, ein Gebot, das es aus dem sogenannten Nettoprinzip ableiten will, zu verwirklichen, darum nämlich, den Betriebsausgabenabzug erwerbswirtschaftlicher Aufwendungen – in welcher Form auch immer – zu erreichen.

V. Nachlese zum Beschluß des Großen Senats 4/92

Den Rückgriff auf das sogenannte Nettoprinzip hat der IX. Senat des Bundesfinanzhofs für den Bereich der Überschußeinkünfte vom Beschluß des Großen Senats 4/92 übernommen.[320] Ein Steuerpflichtiger, der sein vermietetes Wohngrundstück unter dem Vorbehalt eines schuldrechtlichen Nutzungsrechts Kindern geschenkt hat, soll – was der VIII. Senat noch abgelehnt hatte[321] –, weiterhin die

319 BFH BStBl. II 1995, 281, (285 sub V.), Beschl. v. 30.1. 1995, GrS 4/92.
320 BFH BStBl. II 1997, 121, Urt. v. 28.3. 1995, IX R 126/89.
321 BFH BStBl. II 1986, 327, (332), Urt. v. 30.7. 1985, VIII R 71/81.

Gebäudeabsetzungen vornehmen dürfen, wenn er die Anschaffungs- oder Herstellungskosten für das Gebäude getragen hat. Es, so heißt es in den Worten des Großen Senats, „folgt aus dem allen Einkunftsarten zugrundeliegenden Nettoprinzip, daß ein Steuerpflichtiger zur eigenen Einkunftserzielung getätigte Aufwendungen auch dann abziehen kann, wenn und soweit er diese Aufwendungen für in fremdem Eigentum stehende Wirtschaftsgüter leistet."[322] Das gilt nach einem weiteren Urteil des IX. Senats auch für den Erben, der die Erbschaft gegen Einräumung eines Nießbrauchs an den Nachlaßgrundstücken, ausgeschlagen hat.[323]

In jüngerer Zeit macht sich aber jedenfalls für Gewinneinkünfte eine neue Tendenz bemerkbar. Der VIII. Senat des Bundesfinanzhofs nimmt wirtschaftliches Eigentum des Steuerpflichtigen an dem betrieblich genutzten Gebäudeteil an, das ihm und seinem Ehegatten zu Miteigentum gehört, wenn er gegen diesen Ausgleichsansprüche wegen der Errichtung des Gebäudes hat.[324] So hatten bereits der I. Senat,[325] der XI. Senat[326] und der X. Senat[327] geurteilt. Der III. Senat, der früher anders entschieden hatte,[328] hat einer Abweichung auf Anfrage des VIII. Senats zugestimmt.[329]

Früher war in anderen Entscheidungen dieser Gedanke verworfen worden,[330] so auch noch im Beschluß des Großen Senats 4/92.[331] Die jetzt vertretene Verknüpfung eines Anspruchs auf Erstattung von Baukosten mit wirtschaftlichem Eigentum an dem Gebäude oder Gebäudeteil wirkt auch befremdlich. Denn das Gebäude darf der Bauherr zwar nutzen, hat also insofern zivilrechtlich ein Nutzungsrecht, das ihm einkommensteuerlich zuzurechnen ist. Für Einkünfte verfügen kann er aber auch nur über dieses Nutzungsrecht und nicht über das Gebäude, dessen Wert ihm nicht zukommt. Der Anspruch auf Erstattung der Baukosten vermittelt, weil er auf den Zeitpunkt der Erstellung fixiert und von der weiteren Entwicklung der Wertverhältnisse unabhängig ist, diesen Wert nicht. Die anders lautenden Ausführungen des VIII. Senats, der Bauherr trage das Risiko eines Verlustes und einer Wertminderung, er könne kraft seines Entschädigungsanspruchs „zu jedem Zeitpunkt über den Wert des Gebäudes verfügen", sind zivil-

---

322 BFH BStBl. II 1997, 121, (122 sub 1.), Urt. v. 28.3. 1995, IX R 126/89.
323 BFH BStBl. II 1996, 431, (432 sub 1.a), Urt. v. 4.6. 1996, IX R 59/94.
324 BFH BStBl. II 2002, 741, Urt. v. 14.5. 2002, VIII R 30/98.
325 BFH BStBl. II 1994, 164, Urt. v. 28.7. 1993, I R 88/92.
326 BFH BStBl. II 1997, 774, Urt. v. 11.6. 1997 XI R 77/96.
327 BFH BStBl. II 2002, 281, Urt. v. 18.7. 2001, X R 23/99.
328 BFH BStBl. II 1988, 493, Urt. v. 11.12. 1987, III R 188/81.
329 BFH BStBl. II 2002, 741, (743 sub e), Urt. v. 14.5. 2002, VIII R 30/98.
330 BFH BStBl. II 1984, 202, (203 sub aa), Urt. v. 8.12. 1983, IV R 20/82; BFH BStBl. II 1989, 763, (764 sub 1.), Urt. v. 16.12. 1988, III R 113/85.
331 BFH BStBl. II 1995, 281, (284 sub 1.), Beschl. v. 30.1. 1995, GrS 4/92.

rechtlich schlicht falsch. Inwieweit diese Thesen des VIII. Senats eine Abkehr von der Argumentation des Großen Senats im Beschluß 4/92 signalisieren, läßt sich allerdings nicht sagen.

VI. Die Beschlüsse des Großen Senats 1 und 2/97

In drei Beschlüssen vom 23. August 1999[332] hat sich der Große Senat wiederum mit ähnlichen Fragen befassen müssen, wie sie schon im Beschluß 4/92 aufgeworfen worden waren. Da sie sämtlich in das Thema der vorliegenden Arbeit hereinspielen, müssen jedenfalls die beiden ersten Beschlüsse hier betrachtet werden.

1. Der Beschluß des Großen Senats 1/97

Der diesem Beschluß[333] zugrunde liegende Fall weist Parallelen auf zu der im Beschluß 4/92 behandelten Gestaltung. Die Klägerin benutzte ein Arbeitszimmer in dem Haus, das ihrem Ehemann gehörte. Sie hatte sich an den Anschaffungskosten ihres Mannes zum Erwerb des Hauses beteiligt. Der Große Senat wertet, nachdem er den Beschluß 4/92 mit dessen Begründung rekapituliert hat, ihren Beitrag als Werbungskosten, die sie in Form von Absetzungen soll geltend machen können.[334] Von welchem Wirtschaftsgut diese Absetzungen vorzunehmen sind, ist für das Gericht keine Frage, weil es die Absetzungsbefugnis nicht mehr auf Wirtschaftsgüter bezieht. Vielmehr heißt es nur lapidar: „Voraussetzung für den Abzug als Werbungskosten (AfA) ist nicht, daß dem Steuerpflichtigen das Wirtschaftsgut, an dessen Anschaffungs- oder Herstellungskosten er sich beteiligt, als Eigentümer zuzurechnen ist. Ausschlaggebend ist vielmehr letztlich, ob der Steuerpflichtige Aufwendungen im beruflichen Interesse trägt. Der Große Senat hat die Rechtsprechung zum Bau auf fremdem Grund und Boden sowie zum Abzug von eigenem Aufwand des dinglich oder obligatorisch Nutzungsberechtigten sowie die Aussagen im Beschluß vom 26. Oktober 1987 GrS 2/86 dahin gewürdigt und bestätigt, daß es nicht um die Nutzung eigenen oder fremden Vermögens, sondern um die Abziehbarkeit von eigenem Aufwand geht, der durch die Einkunftserzielung veranlaßt ist. Dieser Aufwand muß ... zur Wahrung des Nettoprinzips ... auch dann abziehbar sein, wenn die Voraussetzungen eines bilanzierungsfähigen Wirtschaftsgutes nicht vorliegen. In diesen Fällen wird der

332 BFH BStBl. II 1999, 778 - 788, Beschl. v. 23.8. 1999, GrS 1,2 und 3/97.
333 BFH BStBl. II 1999, 778, Beschl. v. 23.8. 1999, GrS 1/97.
334 BFH BStBl. II 1999, 778, (780), Beschl. v. 23.8. 1999, GrS 1/97.

Aufwand nur bilanztechnisch ‚wie ein materielles Wirtschaftsgut' behandelt. Das bedeutet, daß die Aufwendungen zwar nicht sofort als Betriebsausgaben oder Werbungskosten abziehbar sind, wohl aber, da sie ihrer Natur nach Herstellungs- oder Anschaffungskosten eines Gebäudes sind, nach den für Gebäude geltenden AfA-Regeln abgeschrieben werden können."[335]

Dieser Gewaltakt markiert die Abkehr des Bundesfinanzhofs von der Figur des einkommensteuerlich bedeutsamen Nutzungsrechts. Wenn Absetzungen nicht mehr von einem Wirtschaftsgut vorzunehmen sind, weil sie gar nicht dessen Wertschwund angeben sollen, dann wird für sie auch kein Nutzungsrecht mehr als Basis benötigt. Zugleich wird deutlich, daß der Ansatz eines bilanziellen Aktivpostens im Falle von Gewinneinkünften in solchen Fällen in der Tat nur Technik darstellt und nicht rechtliche Wertungen ausdrückt.

2. *Der Beschluß des Großen Senats 2/97 und seine Nachlese im Urteil IX R 25/03 vom 15. November 2005*

In dem Beschluß 4/92 hatte sich der Große Senat des Bundesfinanzhofs der Vorlagefrage des IV. Senats zum sogenannten Drittaufwand, wie oben IV. berichtet, noch entziehen können.[336] Auf eine Vorlage des VI. Senats[337] hat der Große Senat dann aber im Beschluß 2/97 doch dazu Stellung beziehen müssen.[338] Es ging in dem zugrundeliegenden Fall um eine besondere Konstellation: Die Eheleute hatten mit gemeinschaftlichen Mitteln zwei Eigentumswohnungen erworben, die eine zu Alleineigentum des Mannes, die andere zu Alleineigentum der Frau. Sie nutzte in der Wohnung ihres Ehemannes einen Raum als Arbeitszimmer für berufliche Zwecke. Es ging darum, ob sie die Aufwendungen des Ehemannes, die auf dieses Arbeitszimmer entfielen, bei ihren Einkünften als Werbungskosten geltend machen konnte. Das hat der Große Senat verneint. Das Gericht hat die gemeinsam getätigten Anschaffungskosten für beide Wohnungen nicht anteilig auf jede Wohnung bezogen, sondern den Anteil des Mannes an diesen Anschaffungskosten nur auf seine Wohnung, den Kostenanteil der Ehefrau nur auf die ihr gehörende Wohnung. Im Unterschied zu dem oben berichteten Fall im Beschluß des Großen Senats 4/92 hatte der Ehefrau die Anschaffungskosten für die Wohnung des Mannes, in dem sie ihr Arbeitszimmer eingerichtet hatte, also gar nicht, auch nicht anteilig getragen. Folglich machte sie insoweit für ihr Arbeitszimmer reinen Drittaufwand geltend. Dies hat der Große Senat ihr verwehrt. Es heißt da-

---

335 BFH BStBl. II 1999, 778, (780 sub b), Beschl. v. 23.8. 1999, GrS 1/97.
336 BFH BStBl. II 1995, 281, Beschl. v. 30.1. 1995, GrS 4/92.
337 BFH BStBl. II 1997, Beschl. v. 25.11. 1996, VI R 8/90.
338 BFH BStBl. II 1999, 782, Beschl. v. 23.8. 1999, GrS 2/97.

zu: „Aus dem Grundsatz der persönlichen Leistungsfähigkeit ergibt sich, daß der Steuerpflichtige die Aufwendungen i.S. des §9 Abs. 1 EStG persönlich tragen muß. Die Ermittlung der Einkünfte ist subjektbezogen. ... Die Einkünfte können aber nur dann Ausdruck der persönlichen Leistungsfähigkeit sein, wenn sich auch ihre Komponenten, d.h. die Einnahmen und Werbungskosten (§2 Abs. 2 Nr. 2 EStG) daran orientieren. Wie dem Steuerpflichtigen nur solche Einnahmen zuzurechnen sind, die seine persönliche Leistungsfähigkeit erhöhen, so sind entsprechend nur solche Aufwendungen als Werbungskosten zu berücksichtigen, die seine persönliche Leistungsfähigkeit mindern.“[339]

Für das hier behandelte Thema ist dieser Beschluß in mehrfacher Hinsicht bedeutsam. Man muß ihn in Zusammenhang mit dem Urteil IX R 25/03 vom 15. November 2005 sehen. Hier beschreitet der IX. Senat des Bundesfinanzhofs noch einen anderen Weg, der ganz offensichtlich als eine Alternative zur Konzeption eines Nutzungsrechts gedacht ist.[340] Danach kann ein Steuerpflichtiger im Rahmen seiner Einkünfte aus Vermietung und Verpachtung auch Erhaltungsaufwand, den ein Dritter für ihn getätigt hat, als Werbungskosten abziehen. In dem zugrundeliegenden Fall bezog der Kläger Einkünfte aus der Vermietung eines Grundstücks. Die nötigen Erhaltungsarbeiten ließ nicht er durchführen, sondern sein Vater. Dieser hatte die Handwerker in eigenem Namen beauftragt und auch die auf seinen Namen lautenden Rechnungen mit eigenen Mitteln beglichen. Während das Finanzamt und das Finanzgericht dem Kläger den Abzug dieser Aufwendungen als Werbungskosten verwehrten, hob der IX. Senat das finanzgerichtliche Urteil auf und verwies die Sache zurück. Das Finanzgericht, so heißt es im Urteil, habe mit unzutreffenden Gründen die Abzugsfähigkeit der Erhaltungsaufwendungen abgelehnt.

Die Entscheidungsgründe sind aufschlußreich. Der IX. Senat führt aus: Einkünfte seien zwar subjektbezogen,[341] was nach der Rechtsprechung des Bundesfinanzhofs heiße, daß Einkünfte nur dem Steuerpflichtigen zuzurechnen sind, der sie erzielt hat.[342] Deshalb auch, so liest man weiter, „können nur solche Aufwendungen als Werbungskosten i. S. des §9 Abs. 1 EStG abgezogen werden, welche die persönliche Leistungsfähigkeit des Steuerpflichtigen mindern (ständige Rechtsprechung, vergl. Beschluss des Großen Senats des Bundesfinanzhofs – BFH – vom 23. August 1999 GrS 2/97, BFHE 189, 160, BStBl. II 1999, 782 unter C.IV.1.b).“ Die Mittelherkunft sei aber für den Ausgabenabzug, so lautet das Urteil des IX. Senats dann, nicht bedeutsam (Kursivdruck vom Gericht).

339 BFH BStBl. II 1999, 782, (785 sub b), Beschl. v. 23.8. 1999, GrS 2/97.
340 BFH BStBl. II 2006, 623, Urt. v. 15.11. 2005, IX R 25/03.
341 BFH BStBl. II 2006, 623, (624 sub 1 a) aa), Urt. vom 15.11. 2005, IX R 25/03.
342 Grundlegend BFH BStBl. II 1981, 295 - 299, VIII R 63/79, 75/79 und 128/78.

Der Senat hat sich also verbal zum Beschluß des Großen Senats 2/97 bekannt, wonach Drittaufwand nicht Werbungskosten des Steuerpflichtigen sein können. Man fragt sich bei genauer Betrachtung aber, ob das Gericht letztlich nicht doch solchen Drittaufwand als berücksichtigungsfähig anerkannt hat.[343] Die Figur des Nutzungsrechts ist danach jedenfalls entbehrlich.

343 Kritisch auch Seitz, FR 2006, 201.

Teil 2: Nutzungen und Nutzungsrechte im Einkommensteuerrecht

Kapitel 1: Dogmatische Vorüberlegungen

I. Methodische Einsichten im Rückblick auf die Ergebnisse des 1. Teils

Die vorangegangenen Ausführungen hinterlassen einen gemischten Eindruck: Die einzelne Entscheidung für sich mag konsistent wirken, auch schlüssig und im Ergebnis überzeugend, wie der Leser empfindet, wenn auf dem Boden einer gefestigten Judikatur geurteilt worden ist. Dieses Bild aber ändert sich, sobald man die Rechtsprechung der vergangenen 30 Jahre insgesamt überblickt und die einzelnen Entscheidungen einander gegenüberstellt. Statt einer klaren Linie zu folgen, bewegen sich die Urteile im Zickzack. Was gestern noch wie der Schlußpunkt einer konsequenten Entwicklung erschien, ist heute bereits aufgegeben oder aber durch Überlegungen aufgeweicht, die vordem ausdrücklich verworfen worden sind.

Beginnen wir, um diese gerade artikulierte Einschätzung zu belegen, mit dem Schluß des letzten Kapitels in Teil 1. Es ging um die einkommensteuerliche Qualifizierung eines Baus, den ein Miteigentümer zu betrieblichen Zwecken auf dem gemeinschaftlichen Ehegattengrundstück errichtet hat. In einem Urteil aus dem Jahre 2002 nimmt der VIII. Senat hier wirtschaftliches Eigentum des Bauherrn an dem Gebäude an, auch insoweit als zivilrechtlich der andere Ehegatte zur ideellen Hälfte Miteigentümer ist.[344] So war zuvor nur in Ausnahmefällen geurteilt,[345] als eine generelle Lösung ist es entweder stillschweigend übergangen oder expressis verbis „grundsätzlich" abgelehnt worden.[346] Daß es sich anders verhalten, daß wirtschaftliches Eigentum am Gebäude bestehen soll, wenn der Bauherr von dem Grundstückseigentümer bzw. dem anderen Miteigentümer Ausgleich beanspruchen kann, ist nicht stichhaltig. Denn die auf Geld zielende Forderung verschafft dem Forderungsinhaber keinerlei Verfügungsmacht über das Gebäude. Er hat mit Rücksicht auf den Ausgleich keine Handhabe, das Gebäude mit seinem Wert zur Erzielung von Einkünften einzusetzen und sozusagen für sich zu ver-

344 BFH BStBl. II 2002, 741, Urt. v. 14.5. 2002, VIII R 30/98.

345 So z.B. beim Vorbehaltsnießbrauch: BFH BStBl. II 1977, 629, Urt. v. 8.3. 1977, VIII R 180/74.

346 BFH BStBl. II 1995, 281, (284 sub III.1.), Beschl. v. 30.1. 1995, GrS 4/92.

brauchen, wie dies §39 II AO für eine vom zivilrechtlichen Eigentum abweichende Zurechnung verlangt. Der VIII. Senat führt für seine Annahme außer diesem ungeeigneten Argument auch nichts weiter ins Feld als das Einverständnis anderer Senate. Das Urteil verfolgt nicht den Begründungsstrang, den der Große Senat im Beschluß 4/92 mit Hinweis auf das Nettoprinzip des Einkommensteuerrechts vorgegeben hat, sondern bricht einfach mit der früher anders lautenden Judikatur. Dies läßt vermuten, daß der VIII. Senat die Ansicht des Großen Senats nicht teilt. Und dies wiederum belegt, daß es ein stimmiges Konzept des Bundesfinanzhofs, wie Nutzungen und Nutzungsrechte im Einkommensteuerrecht zu behandeln sind, nicht gibt. Aber selbst der Beschluß des Großen Senats 2/86 bestätigt diesen Eindruck. Die grundlegenden Thesen zu den Bedingungen einer Einlage vertragen sich nicht mit den Überlegungen zur sogenannten Aufwandseinlage. Entweder widerlegt die Aufwandseinlage nämlich die dogmatischen Aussagen zu den Voraussetzungen einer Einlage. Oder aber die Figur der Aufwandseinlage ist eine Fehlinterpretation. In jedem Falle weckt das Zweifel an dem dogmatischen Rüstzeug, das der Große Senat ins Feld geführt hat.

Nimmt man die verschiedenen Stimmen im Schrifttum hinzu, dann wird deutlich, daß die Dogmatik des Einkommensteuerrechts noch immer nicht ausgereift ist. Nicht einmal darüber herrscht Einigkeit, ob sogenannter Drittaufwand berücksichtigungsfähig ist oder nicht. Der Große Senat hat eine Aussage dazu sowohl im Beschluß 2/86 als auch in der Entscheidung 4/92 ausdrücklich vermieden. Im Schrifttum wird demgegenüber verschiedentlich vehement dafür plädiert, daß der Steuerpflichtige auch den Aufwand eines anderen als Betriebsausgaben oder Werbungskosten soll verwerten können. Biergans und andere stellen dem Nettoprinzip, auf das sich der Große Senat im Beschluß 4/92 berufen hat, das Veranlassungsprinzip in einer besonderen Ausprägung gegenüber, derart, daß Ermittlung und Zurechnung der Einkünfte unabhängig voneinander vollzogen werden sollen. Erst wenn von den Einnahmen der durch sie veranlaßte Aufwand abgezogen worden ist, soll gefragt werden, welcher Steuerpflichtige die so festgestellten Einkünfte denn nun erzielt hat. Ob er oder ein Dritter darauf Aufwendungen getätigt hat, soll gleichgültig sein. Damit wird eine Grundfeste der Einkommensteuer berannt, wird nämlich ihr subjektbezogener Charakter in Frage gestellt, wiederum ein Anzeichen für Uneinigkeit im dogmatischen Gefüge des Einkommensteuerrechts.

II. Grundgedanken zu einer Dogmatik des Einkommensteuerrechts

Aus alledem folgt, daß man sich, bevor Einzelfragen beantwortet werden können, Klarheit über dieses Gefüge verschaffen muß, über die dogmatischen Grundfiguren des Einkommensteuerrechts und ihren Bezug zueinander.

Um die Dogmatik des Einkommensteuerrechts also geht es hier. Dabei ist mit Dogmatik das geistige Gerüst zum Verständnis der einkommensteuerlichen Normen gemeint. Scheinbar ist die Dogmatik des Einkommensteuerrechts fest gefügt. Bereits die Gegenüberstellung des Vorlagebeschlusses des I. Senats des Bundesfinanzhofs mit der daraufhin ergangenen Entscheidung des Großen Senats 2/86 erweist das Gegenteil. Die Ansichten des I. Senats und des Großen Senats zu einem Kernbegriff des Einkommensteuerrechts, dem Begriff des Wirtschaftsgutes, gehen weit auseinander. Das gilt für die Aussage selbst wie auch für die Anknüpfungspunkte der Begriffsbildung und die dabei angewandte methodische Argumentation. Während der I. Senat das Gesetz sprechen läßt, allerdings ohne über diese Wortinterpretation hinauszukommen, legt der Große Senat bilanzsteuerliche Überlegungen zugrunde, seinerseits aber ohne deren Triftigkeit auszuloten. Verallgemeinert man das darin jeweils festzustellende methodische Defizit, so ist es die mangelnde Absicherung in einer stimmigen Dogmatik. Der Sinnzusammenhang, nach dem die Normen des Einkommensteuerrechts ausgerichtet sind, ist verborgen. Deshalb sind die dogmatischen Aussagen der Steuerrechtswissenschaft auch nicht darauf ausgerichtet. Deshalb sind sie vielmehr vage und wirken beliebig.

1. Das methodische Bekenntnis zum systematischen Rechtsdenken

Dieser Arbeit liegt das Bekenntnis zum systematischen Rechtsdenken zugrunde. Fraglos schöpft der praktisch arbeitende Jurist seine Erkenntnis nicht unbedingt aus einer Systematik, sondern sehr viel häufiger aus intuitiven Quellen. Soll das so gefundene Ergebnis aber abgesichert werden, so muß es eingebunden werden in einen gedanklichen Zusammenhang, in dem der einzelne Aspekt Glied einer gedanklichen Kette ist, also das für das Detail verwandte Argument einen Stellenwert im Gesamtzusammenhang hat. Wie aber, so muß die Frage lauten, stellt sich dieser gedankliche Zusammenhang dar? Wie müssen danach die Aussagen der Dogmatik lauten?

2. *Auf der Suche nach den die Dogmatik des Einkommensteuerrechts bestimmenden Faktoren*

Die Antworten auf die Frage, welche Faktoren die Dogmatik des Einkommensteuerrechts bestimmen, sind sehr unterschiedlich ausgefallen. Klarheit und Einigkeit können nicht festgestellt werden.

a) *Der Rückgriff auf den Einkommensbegriff*

Vor allem in der Frühzeit der Wissenschaft vom Einkommensteuerrecht hat man vom Einkommensbegriff die Antwort auf die Grundfrage nach den systembildenden Elementen erwartet.

Die Einkommensteuer ist eine Steuer vom Einkommen. Daher hat der Einkommensbegriff lange Jahre Finanzwissenschaft[347] und Steuerrechtswissenschaft[348] beschäftigt. Es ging dabei um die Frage, von welcher Beschaffenheit das von der Besteuerung erfaßte Einkommen, ob es Einkommen etwa im Sinne der Quellentheorie oder der Vermögenszuwachstheorie sein müsse. In der Literatur zum Einkommensteuerrecht werden diese Überlegungen bis zum heutigen Tage fortgeführt.[349] Dabei handelt es sich aber mehr um eine Referenz gegenüber einer vergangenen Epoche der Wissenschaft. Rechtsdogmatische Einsichten sind daraus nicht gewonnen worden und werden auch nicht mehr ernsthaft erwartet.

b) *Die Besteuerung nach der Leistungsfähigkeit im Sinne einer Besteuerung nach der Zahlungsfähigkeit*

Dagegen mißt man dem Umstand, daß das Einkommen einen Gradmesser für die Leistungsfähigkeit des Steuerpflichtigen, nämlich für seine Zahlungsfähigkeit bildet, besondere Bedeutung bei. Die Besteuerung vom Einkommen wird daher allgemein als eine Besteuerung nach der Leistungsfähigkeit verstanden, dies als das das Einkommensteuerrecht bestimmende Prinzip.[350] Die Frage ist nur, welche

347 Hermann, Staatswirtschaftliche Untersuchungen, 1832, 299: Schmoller, Über die Lehre vom Einkommen in ihrem Zusammenhang mit den Grundprinzipien der Steuerlehre, Zeitschrift für die gesamte Staatswissenschaft Bd. 19; Schanz, Der Einkommensbegriff und die Einkommensteuergesetze, Finanz-Archiv 1896, Bd. 13, 1.

348 Blümich/Schachian, EStG 1925, Einleitung I, S. 1 - 6; sehr ausführlich Strutz, EStG 1925, 1927, Einl. I., S. 3 - 41; Hensel, Steuerrecht, §41, S. 231 ff.

349 z.B. Kirchhof/Söhn, EStG §2, A 285 ff, 313 ff; Crezelius, Steuerrecht II, §4 III.1. (S. 23); Tipke/Lang, Steuerrecht, §9 Rdnr. 50 ff; Tipke, Steuerrechtsordnung II §12, 4.2. (S. 623 ff).

350 Aus der Fülle des Schrifttums etwa Tipke/Lang, Steuerrecht, §4 C 1.2. (S. 78 ff); Birk, Das Leistungsfähigkeitsprinzip, 18 ff, 43 ff; Tipke, Steuerrechtsordnung I §10,

dogmatischen Schlußfolgerungen diese Einsicht erlaubt. Daß sich das Einkommensteuerrecht an der Leistungsfähigkeit des Steuerpflichtigen orientiert, ergibt sich bei dieser Sicht aus der Bemessungsgrundlage der Einkommensteuer. Sie bemißt sich laut §2 V 1 EStG nach dem Einkommen. Ein höheres Einkommen wird höher, ein niedrigeres Einkommen niedriger besteuert. Insofern drückt sich im Einkommen die Leistungskraft des Steuerpflichtigen aus. Die Einkommenbesteuerung auf der Basis des so verstandenen Leistungsfähigkeitsprinzips im Sinne nämlich einer Besteuerung nach der Zahlungsfähigkeit wird als ein Gebot der Verfassung betrachtet, genauer als ein Gebot des verfassungsrechtlichen Gleichheitssatzes.[351] Die Steuerpflichtigen werden zur Finanzierung des Staates nicht unterschiedslos in gleicher Höhe nach Köpfen herangezogen, sondern nach Maßgabe der jeweiligen Zahlungsfähigkeit. Die Gleichheit der Belastung besteht hierbei darin, daß jeder nach seinen Kräften, eben nach seiner Leistungskraft, erfaßt wird.[352] Das so gedeutete Leistungsfähigkeitsprinzip hat daher einen Gerechtigkeitswert. Allerdings heißt es dazu bei Kruse: „Der Gedanke, der Reiche müsse zu den Lasten des Gemeinwesens mehr beisteuern als der Arme, ist nicht sehr tiefgründig ...“[353] und weiter: „Der Grundsatz der Besteuerung nach der Leistungsfähigkeit sagt nichts darüber aus, worin sich diese Leistungsfähigkeit äußert, nach welchen Maßstäben sie gemessen wird und welche Folgerungen aus der nachgewiesenen Leistungsfähigkeit gezogen werden müssen.“[354] Das heißt mit anderen Worten, daß sich aus der Besteuerung nach der Zahlungsfähigkeit für die Dogmatik des Einkommensteuerrechts keine konkreten Aussagen ergeben. Ausgehend von der Feststellung, daß die Höhe der Einkommensteuerschuld von der Höhe des Einkommens abhängt, finden sich keine gedanklichen Verbindungen zur Lösung dogmatischer Grundfragen. Daher gibt es Stimmen, die das Leistungsfähigkeitsprinzip in der Steuerrechtsdogmatik für wertlos halten.[355] Die Verteidiger betonen demgegenüber, daß es sich bei dem Leistungsfähigkeitsprinzip um einen fundamentalen Wertmaßstab der gerechten Besteuerung handele, der allerdings mit Rücksicht auf seinen hohen Abstraktionsgrad näher konkreti-

---

2.3; II, §12, 4.1; Kruse, Steuerrecht, S. 49; Kruse, Festschrift Friauf, S. 793 ff; Kirchhof, StuW 1985, 319 ff; StuW 2000, 316, (325); Lang, Festschrift Kruse, S. 313 ff; Walz, Steuergerechtigkeit, S. 158 ff.

351 Kirchhof, StuW 1985, 319 ff.

352 BVerfGE 67, 290, (297).

353 Kruse, Steuerrecht, 49/50; kritisch Leisner, StuW 1983, 97 ff.

354 Kruse, Steuerrecht, 52.

355 Blaurock, JA 1980, 142, (146); Walz, Steuergerechtigkeit, 116 ff; Gassner/Lang, Das Leistungsfähigkeitsprinzip, 7 ff.

siert werden müsse.[356] Die Konkretisierung bewegt sich dann jedoch wiederum im Allgemeinen und erschöpft sich letztlich in der Aussage, daß das Leistungsfähigkeitsprinzip ein Gebot der Gerechtigkeit sei.[357]

c) Rechtfertigungstheorien zur Erkenntnis der systembildenden Ordnungsstrukturen

Ein anderer Begründungsstrang auf der Suche nach den systembildenden Ordnungsstrukturen findet sich in Theorien zur Rechtfertigung der Besteuerung im allgemeinen und der Einkommenbesteuerung im besonderen. Dabei spielt auch wieder die Besteuerung nach der Leistungsfähigkeit eine Rolle. Vor allem Tipke hat in seinen Veröffentlichungen die Bedeutung betont, die eine systematische Betrachtungsweise für das Verständnis des Einkommensteuerrechts hat.[358] In seinem Werk über die Steuerrechtsordnung unternimmt er den Versuch einer Rechtfertigung der Besteuerung durch systembildende Prinzipien des Steuerrechts. Dazu gehört seiner Meinung nach auch der Grundsatz der Besteuerung nach der Leistungsfähigkeit. Dieses Prinzip gewährleistet – wie bereits ausgeführt – daß jeder in Höhe seines Einkommens, also nach Maßgabe seiner individuellen Zahlungsfähigkeit und damit im Vergleich zur Einkommensteuerpflicht der anderen gerecht mit Einkommensteuer belegt wird.[359] Dezidiert wendet sich Tipke zugleich gegen die Rechtfertigungslehre Kirchhofs, der den rechtfertigenden Grund für die Besteuerung darin sieht, daß der Staat mit seinen Leistungen die Lebensbedingungen des Individuums schafft, so daß das Einkommen ein Gemeinschaftsprodukt des Bürgers und des Staates sei.[360] Wer demgegenüber, wie Tipke,[361] der Freiheit des Individuums auch zur wirtschaftlichen Entfaltung prinzipiellen Vorrang einräumt, muß dieser Überlegung Kirchhofs widersprechen. Das aber braucht hier sowenig wie die Rechtfertigungstheorie Tipkes weiter verfolgt zu werden. Denn der Grund, insofern auch die Rechtfertigung für Steuern und somit auch für die Einkommensteuer ist allein der Finanzbedarf des Gemeinwesens, den wir um des Gemeinwesens willen akzeptieren müssen. Die Steuern als

---

356 Birk, Leistungsfähigkeitsprinzip, S. 50 ff; Lang in Ebling, Besteuerung vom Einkommen, 49, (56 ff.); Tipke, Steuerrechtsordnung II, 2. Aufl. §12, 4.1 (S. 619 ff); Tipke/Lang, Steuerrecht §4.1.1 (S. 78 ff) m.w.N.
357 Tipke, Steuerrechtsordnung Bd. II §12, 4.1 (S. 619 ff); Lang in Ebling, Besteuerung vom Einkommen, 49, (57).
358 Tipke, StuW 1971, 2 ff.
359 Tipke, Die Steuerrechtsordnung Bd. I, 479 ff; Bd. II, 619 ff.
360 Kirchhof in Ebling, Besteuerung vom Einkommen, 1, (14/15).
361 Tipke, Steuerrechtsordnung II, S. 615/616.

solche müssen à priori sein, so daß man eine Rechtfertigung im Sinne einer Begründung nicht benötigt.

d) Das Prinzip der Interessenabwägung im Recht als Grundlage der Dogmatik des Einkommensteuerrechts

Die angeblichen Rechtfertigungsgründe, die Tipke aufführt, so auch das Prinzip einer Einkommenbesteuerung nach der Leistungsfähigkeit des Steuerpflichtigen, haben richtigerweise eine andere Funktion als die, die staatliche Besteuerung zu rechtfertigen.

Das allerdings wird erst sichtbar, wenn man das Steuerrecht wie Recht überhaupt als einen auf Gerechtigkeit zielenden Ausgleich widerstreitender Belange bzw. widerstreitender Interessen versteht.[362] Das Interesse des Staates, den Finanzbedarf der Allgemeinheit zu decken, benötigt, wie ausgeführt, keine weitere Begründung. Aspekte wie die Besteuerung nach der Leistungskraft des Steuerpflichtigen beziehen sich daher nicht zum Zwecke einer solchen Rechtfertigung auf dieses Interesse. Sie dienen vielmehr dem gegenläufigen Interesse des Steuerpflichtigen. Also liefern sie keinen die Besteuerung rechtfertigenden Grund, sondern knüpfen sie an einschränkende Voraussetzungen zum Schutze des Steuerpflichtigen. Die Besteuerung nach der Leistungsfähigkeit ist eine solche Bedingung zugunsten des Steuerpflichtigen. Und zwar spielt die Berücksichtigung der Leistungsfähigkeit eine Rolle nicht nur in dem Sinne, daß sich die Höhe der Einkommensteuerschuld nach der Zahlungskraft des Steuerpflichtigen bemißt. Vielmehr muß dieser Gesichtspunkt bis hin zu Einzelfragen der Besteuerung beachtet werden. Die Abwägung zwischen dem Interesse des Staates daran, seinen Finanzbedarf durch Besteuerung zu decken, und dem gegenläufigen Interesse des Steuerbürgers ist bei jeder Entscheidung, die nach den Normen des Einkommensteuerrechts zu fällen ist, bedeutsam. Das Ergebnis der Abwägung, die auf eine Besteuerung nach der Leistungsfähigkeit zielt, stellt dann den gebotenen Interessenausgleich dar und damit ein akzeptables Resultat. Wenn man die Rechtfertigung, von der Tipke spricht, so versteht, dann kann man sagen, daß eine in diesem Sinne akzeptable Besteuerung angemessen erscheint. Dabei muß jedoch der systematische Hintergrund, daß nämlich die betreffenden Rechtsnormen das Ergebnis einer Abwägung zwischen widerstreitenden Belangen darstellen, einbezogen werden. Es geht um ein Werten und Abwägen, um einen Bewertungsvorgang, der bei jeder einzelnen Rechtsfrage des Einkommensteuerrechts wiederkehrt.

---

362 Costede, StuW 1996, 19, (24 a.E.).

Diese Erkenntnis muß – wie für das Thema der Arbeit noch zu zeigen ist – bis ins Detail die Dogmatik des Einkommensteuerrechts und deren Begriffsbildung bestimmen.[363] Der Gedanke dagegen, daß sich im Einkommen des Steuerpflichtigen seine Zahlungsfähigkeit und darin seine Leistungskraft ausdrückt, daß eine Einkommenbesteuerung nach der Höhe des Einkommens also eine Besteuerung nach der Leistungsfähigkeit ist, ist – wie sich gezeigt hat – dogmatisch unfruchtbar. Bezieht man die Besteuerung nach der Leistungsfähigkeit mit der herrschenden Lehre nur darauf, daß der Tarif der Höhe des Einkommens folgt, dann ist der Blick auf die Wertungsfragen des Einkommensteuerrechts bereits verstellt. Denn das Einkommen ist für sich gesehen ein rein rechtstechnischer Begriff, in dem selbst keinerlei Wertungen wiederkehren. Das Einkommen ist nur das Ergebnis einer Rechenoperation, bei der die Einkünfte addiert und gewisse Beträge davon abgezogen werden. Die rechtlichen Wertungen, die das Einkommensteuerrecht bestimmen und die eine Dogmatik begrifflich einzufangen hat, treten erst im Zusammenhang mit den Einkünften hervor. Dies wird sichtbar, wenn man die Normen des Einkommensteuerrechts als das Resultat einer Interessenabwägung versteht, wobei das Leistungsfähigkeitsprinzip dem Interesse des Steuerpflichtigen, nämlich seinem Schutz dient.

Ein Beispiel, auf das schon mehrfach hingewiesen worden ist, liefert die Frage, wem welche Einkünfte zuzurechnen sind und welche Gesichtspunkte darüber entscheiden. Die Antwort ist einer Interessenabwägung zu entnehmen, der Abwägung des Staatsinteresse gegenüber dem Interesse des Steuerpflichtigen. Um dessen Belange gegenüber dem Fiskus zu wahren, dürfen ihm Einkünfte prinzipiell nur insoweit zugerechnet werden, als sie das Resultat eben seiner Leistungen darstellen.[364] Obgleich dies im Anschluß an Ruppe mittlerweile der allgemeinen Meinung entspricht,[365] hat bislang nur Costede diese Überlegung auf die Besteuerung nach der Leistungsfähigkeit zurückgeführt.[366] Diese gedankliche Verbindung erscheint aber zwingend. Gegenüber der schlichten Aussage, daß ein höheres Einkommen höher, ein niedrigeres Einkommen niedriger mit Einkommensteuer belegt werden soll, hat das Leistungsfähigkeitsprinzip dabei allerdings ein anderes Gesicht. Es zeigt sich noch deutlicher, daß die Besteuerung nach der Leistungsfähigkeit ihren Platz im Rahmen einer Interessenabwägung, einer rechtlichen Wertung also, hat.

---

363 Costede, StuW 1995, 115 ff.
364 Costede, Festschrift Felix, S. 17, (22).
365 Philipowski, StuW 1979, 113; Stadie, Zurechnung, 23; Bordewin, DStR 1981, 519 (sub I.1.); Biergans/ Stockinger, FR 1982, 25, (31 ff); Tipke/Lang, Steuerrecht §4.1.1 (S. 78 ff).
366 Festschrift Felix, S. 17, (22).

Diese Abwägung zwischen dem fiskalischen Interesse und den Belangen des Steuerpflichtigen kehrt auch bei der Zurechnung des Vermögens, mit dessen Hilfe der Steuerpflichtige Einkünfte erzielt, wieder. Es kann Betriebsvermögen, es kann aber auch Privatvermögen sein. In beiden Fällen handelt es sich um Vermögensmassen, die für die Besteuerung nicht in toto, sondern in ihren Bestandteilen interessieren. Das Steuerrecht nennt die einzelnen Bestandteile Wirtschaftsgüter oder Güter. Ob diese Begriffe unterschiedlich oder identisch sind, soll hier zunächst beiseite gelassen werden. Jedenfalls wird im Einkommensteuerrecht der Begriff Wirtschaftsgüter auf Betriebsvermögen bezogen. Es soll sich nach gängiger Definition dabei um Vorteile von Geldeswert handeln, die Nutzen für mehrere Jahre haben und bewertbar sind.[367] Weshalb diese Definition den Begriff Wirtschaftsgut richtig beschreibt und was den Maßstab für die Richtigkeit bildet, wird aber nirgends gesagt. Costede entwickelt die Begriffsbildung aus der Funktion des Begriffs und aus der Wirkung, die die Annahme eines Wirtschaftsgutes für die Einkommenbesteuerung hat. Die Funktion besteht darin, die kleinste Einheit einer für die Einkommensteuer relevanten Vermögensmasse anzugeben, im Falle von Gewinneinkünften also die kleinste Einheit der Elemente eines Betriebsvermögens. Die Wirkungsweise dieser Einheit besteht darin, daß Wertveränderungen die Gewinneinkünfte beeinflussen: Eine Wertsteigerung kann irgendwann Gewinn bilden, eine Wertminderung einen Verlustfaktor. Das beeinflußt die Einkünfte, schließlich das Einkommen und damit die Einkommensteuerschuld. Unter dem Aspekt einer Besteuerung nach der Leistungsfähigkeit sind Wirtschaftsgüter danach Faktoren, in denen sich Leistungsfähigkeit ausdrücken kann. Costede definiert sie daher als zurechenbare Leistungsfähigkeit,[368] wobei sich die Zurechnung nach den Auswirkungen für die Leistungsfähigkeit des Steuerpflichtigen bemißt. Ein Wirtschaftsgut ist ihm zuzurechnen, wenn er es zur Erzielung von Einkünften einsetzen kann bzw. eingesetzt hat und dessen Wert für sich realisieren kann.[369] Das heißt, es richtet sich danach, ob er das Wirtschaftsgut für Leistungen verwenden kann oder verwendet, deren Gegenwert Einkünfte begründet, die als Ausdruck seiner Leistungen ihm zuzurechnen sind.[370]

Weiterhin bedeutet Besteuerung nach der Leistungsfähigkeit auch, daß die die Leistungskraft mindernden Faktoren im Interesse des Steupflichtigen berücksichtigt werden müssen, wenn die Abwägung zwischen dessen Belangen und denen des Fiskus angemessen sein soll. Nicht nur für Gewinneinkünfte ist das bedeutsam, für die der Gewinn durch einen Betriebsvermögensvergleich ermittelt wird,

---

367 RFH RStBl. 1928, 260, (261), Urt. v. 27.3. 1928, I A 470/27; BFH BStBl. II 1987, 14, Urt. v. 9.7. 1986, I R 218/82.

368 Costede, StuW 1995, 115, (117/118).

369 Costede, StuW 1995, 115, (117/118).

370 Costede, StuW 1995, 115, (117/118).

so daß ein Wertschwund im Betriebsvermögen den Gewinn ebenso beeinflußt wie ein Wertzuwachs. Es muß auch für Überschußeinkünfte gelten. Der Große Senat des Bundesfinanzhofs hat dies im Beschluß 4/92 auf das sogenannte Nettoprinzip zurückgeführt. Ein so benanntes Prinzip drückt aber keine wertende, sondern lediglich eine berechnende Betrachtung aus. Es stammt aus dem Vokabular der Kaufmannssprache. Für eine Rechtswissenschaft, die Wertungsjurisprudenz ist, die die juristische Entscheidung also nach Maßgabe einer rechtlichen Bewertung verdeutlichen muß, ist dieser Begriff ungeeignet. Zutreffender wird das, was mit dem Nettoprinzip gesagt werden sollte, durch die Anknüpfung an das Prinzip einer Besteuerung nach der Leistungsfähigkeit beschrieben: durch das Gebot nämlich, daß für die Einkommenbesteuerung auch die die Leistungskraft mindernden Faktoren zu berücksichtigen sind. Bei den Überschußeinkünften erklären sich so die Absetzungen von abnutzbaren Wirtschaftsgütern des Privatvermögens, woraus folgt, daß die These, es komme bei den Überschußeinkünften auf das Vermögen nicht an, falsch ist. Die Absetzungen berücksichtigen die die Leistungsfähigkeit mindernde Aufopferung des Wirtschaftsgutes für Einkünfte.[371]

Die Überlegung, daß die Normen des Einkommensteuerrechts als Resultat einer Interessenabwägung zu verstehen sind, daß dabei das Prinzip der Besteuerung nach der Leistungsfähigkeit dazu dient, im Rahmen dieser Abwägung die Belange des Steuerpflichtigen zu berücksichtigen, bestimmt also die Dogmatik des Einkommensteuerrechts. Im folgenden soll dies für die einkommensteuerliche Behandlung von Nutzungen und Nutzungsrechten fruchtbar gemacht werden.

Kapitel 2: Nutzungen und Nutzungsrechte als Wirtschaftsgüter

I. Die Funktion des Begriffs Wirtschaftsgut

Das Defizit, das für die Dogmatik des Einkommensteuerrechts festgestellt werden muß, tritt besonders krass hervor, wenn man den Begriff des Wirtschaftguts betrachtet. Das Gesetz verwendet diesen Begriff seit dem EStG von 1934. Zumindest für die Gewinneinkünfte ist es eine zentrale Größe. Für Überschußeinkünfte spricht das Gesetz in §8 EStG von Gütern, die Einnahmen begründen können. Ob aber die Begriffe Gut und Wirtschaftsgut identisch sind oder ob sie sich unterscheiden und inwiefern dies der Fall ist, ist umstritten. Deshalb soll der Wirtschaftsgutsbegriff hier zunächst nur für den Bereich der Gewinneinkünfte untersucht werden.

---

371 Costede, StuW 1986, 44, (46).

Für Gewinneinkünfte müssen die Wirtschaftsgüter im Betriebsvermögen bewertet werden (§6 EStG), um den Gewinn durch Betriebsvermögensvergleich nach §4 I EStG zu ermitteln. Was aber sind Wirtschaftsgüter? Sind, was hier insbesondere interessiert, auch Nutzungsrechte oder sogar Nutzungen Wirtschaftsgüter? Und was ist damit entschieden? Ein Blick in die juristische Literatur zu diesem Begriff, in die Judikatur und in das Schrifttum zum Einkommensteuerrecht, fördert verschiedene Kriterien, die den Begriff bestimmen sollen, zu Tage.

In einer Entscheidung des Reichsfinanzhofs, die die erste grundlegende Äußerung des Gerichts zu diesem Begriff ist, heißt es: „Es besteht ... für einen kaufmännische Bücher führenden Gewerbetreibenden wegen derjenigen Wirtschaftsgüter, die er gegen eine Aufwendung, regelmäßig also gegen eine Geldleistung erworben hat, steuerrechtlich eine Aktivierungspflicht dann, wenn sie nach allgemeiner Verkehrsanschauung an und für sich einer besonderen Bewertung zugänglich sind und nach eben dieser Verkehrsanschauung einen wesentlichen und über die Dauer des einzelnen Steuerabschnitts wesentlich hinausreichenden Wert für das gewerbliche Unternehmen besitzen. Darunter können geeignetenfalls auch solche Erwerbungen fallen, die weder körperliche Sachen sind, noch Rechte im bürgerlichen Sinne begründen; freilich stellt noch keineswegs jedweder gegen Entgelt erlangte wirtschaftliche Vorteil ein solches steuerrechtlich aktivierungspflichtiges Wirtschaftsgut dar.“[372]

Aus welchen Quellen diese Einsicht geschöpft worden ist, teilt das Gericht nicht mit, überträgt vielmehr die genannten Kriterien auf den zugrundeliegenden Fall. Es ging, noch unter der Geltung des EStG 1925, um Aufwendungen für die Vereinbarung eines Wettbewerbsverbots. Während die betroffene GmbH die dafür getätigten Betriebsausgaben erfolgswirksam abziehen wollte, hatte das Finanzamt die Aktivierung des Rechts aus dem Wettbewerbsverbot verlangt. Der Reichsfinanzhof stimmte dem, wie zuvor schon das Finanzgericht, zu. Seit diesem Urteil wird der Wirtschaftsgutsbegriff stets in Zusammenhang mit der Aktivierung verstanden und wird deshalb mit Bedingungen versehen, die auf die Bilanzierung des Wirtschaftsguts zielen. Der I. Senat des Bundesfinanzhofs definierte in einem Urteil aus dem Jahre 1986: „Nach ständiger Rechtsprechung sind Wirtschaftsgüter nicht nur Gegenstände im Sinne des bürgerlichen Rechts, sondern auch tatsächliche Zustände, konkrete Möglichkeiten und sämtliche Vorteile für den Betrieb, deren Erlangung der Kaufmann sich etwas kosten läßt und die einen wesentlichen und über die Dauer des einzelnen Steuerabschnitts hinausreichenden Wert für das Unternehmen haben und gesondert bewertbar sind.“[373] Er-

---

372 RFH RStBl. 1928, 260, (261), Urt. v. 27.3. 1928, I A 470/27.

373 BFH BStBl. II 1987, 14, Urt. v. 9.7. 1986, I R 218/82; fast gleichlautend: BFH BStBl. II 1990, 794, (795 sub b), Urt. v. 16.2. 1990, III B 90/88.

sichtlich hat die oben aufgeführte Definition des Reichsfinanzhofs Pate gestanden. Wieder geht es um die Bilanzierung, im zugrundeliegenden Fall deshalb, weil für Bausparvorratsverträge Abschlußgebühren gezahlt worden waren. Wie noch oft spricht das Gericht davon, daß die betreffenden Abschlußgebühren zu aktivieren seien, obgleich nicht Betriebsausgaben, sondern das für sie erworbene Wirtschaftsgut das Aktivum darstellt. Das aber ist nur eine Mariginalie. Bemerkenswerter ist, daß auch in der Rechtsprechung des Bundesfinanzhofs nirgends eine tiefere Begründung für dieses Verständnis des Wirtschaftsgutes geliefert oder auch nur versucht worden ist. Die Bedingungen werden wie vorgegeben angesehen. Das Schrifttum folgt der Rechtsprechung darin.[374]

Besonders für das Schrifttum spielt noch die Anlehnung an den handelsrechtlichen Begriff des Vermögensgegenstandes eine Rolle. Da §5 I 1 EStG für die Steuerbilanz vorschreibt, daß das Betriebsvermögen anzusetzen ist, „das nach den handelsrechtlichen Grundsätzen ordnungsmäßiger Buchführung auszuweisen ist", wird allgemein vertreten, daß auch die handelsrechtliche Begriffsbildung für das Bilanzsteuerrecht maßgeblich sei.[375] Daher folgt das steuerrechtliche Schrifttum der Vorgabe des Handelsrechts und bestimmt den Begriff des Wirtschaftsgutes so wie das Handelsrecht den Begriff des Vermögensgegenstandes. Man findet dieses Bekenntnis regelmäßig zu Beginn aller Überlegungen, die sich mit dem Begriff des Wirtschaftsgutes beschäftigen.[376] Der Bundesfinanzhof folgt gleichfalls dieser Sicht.[377] Allerdings hat das Gericht sich dabei nicht der im Handelsrecht früher vorherrschenden Ansicht angeschlossen, wonach als Vermögensgegenstand nur solche Positionen in Betracht kommen, die selbständig verkehrsfähig sind, also auch unabhängig vom Betrieb übertragen werden können.[378] Vielmehr soll es nach Ansicht der steuerrechtlichen Judikatur auch für den Begriff des Vermögensgegenstandes im Handelsrecht genügen, daß die betreffende Größe zusammen mit dem Betrieb übertragen werden kann. Das nämlich reicht für die Annahme eines Wirtschaftsgutes nach Meinung der Rechtsprechung aus, was aber, da ja angeblich auch das Handelsrecht so den Vermögensgegenstand bestimmt, die Identität beider Begriffe nicht in Frage stellt.[379]

---

374 Verwiesen sei dafür nur auf Söffing, JbFStR 1978/79, 199, (200 - 203); Kußmaul, Nutzungsrechte, 44 -52 m.w.N.

375 Beisse, BB 1980, 637ff; Beisse, DStR 1980, 243 ff.

376 Beisse, BB 1980, 637, (638 sub B I.1.); Beisse, DStR 1980, 243, (245 sub C. I.1.); Knobbe-Keuk, Bilanz- und Unternehmensteuerrecht, S. 82 ff.

377 BFH BStBl. II 1976, 13, Urt. v. 26.2. 1975, I R 72/73; BFH BStBl. II 1988, 348, (352 sub aa), Beschl. v. 26.10. 1987, GrS 2/86.

378 Freericks, Bilanzfähigkeit und Bilanzierungspflicht, S. 334; Knobbe-Keuk, Bilanz- und Unternehmensteuerrecht, S. 82 f.

379 BFH BStBl. II 1976, 13, Urt. v. 26.2. 1975, I R 72/73.

Wie oben bereits berichtet,[380] hat dann der I. Senat des Bundesfinanzhofs durch seine Vorlage zum Großen Senat das Begriffsverständnis der herrschenden Lehre, die in den Wirtschaftsgutsbegriff Bedingungen der Aktivierung einbezieht, angegriffen,[381] erfolglos aber, weil der Große Senat dies abschlägig beschieden und an dem gängigen Begriffsverständnis festgehalten hat.[382]

Während das steuerrechtliche Schrifttum sich damit begnügt, die danach maßgeblichen einzelnen Faktoren des Wirtschaftsgutsbegriffs zu erläutern,[383] entwickelt Costede diesen Begriff auf der Grundlage einer ganz abweichenden Konzeption,[384] der sich diese Arbeit anschließt. Sein Gedankengang läuft, wie folgt: Wenn das Einkommensteuerrecht bei Abwägung des fiskalischen Interesses gegenüber dem Interesse des Steuerpflichtigen diesen zu seinen Gunsten nach Maßgabe seiner Leistungsfähigkeit besteuert, dann muß in Positionen, die die Steuerpflicht beeinflussen können, in Wirtschaftsgütern also, die Leistungsfähigkeit sichtbar sein. Da das nur für Wirtschaftsgüter gilt, die eben dem Steuerpflichtigen zuzurechnen sind, definiert Costede das Wirtschaftsgut als Ausdruck zurechenbarer Leistungsfähigkeit.[385] Damit ist der abstrakte Begriff des Wirtschaftsgutes bezeichnet. Er gibt deutlich seine Funktion zu erkennen, nämlich als kleinstes Element Gradmesser der Leistungsfähigkeit eines Steuerpflichtigen zu sein. So ist das Prinzip der Einkommenbesteuerung nach der Leistungsfähigkeit begrifflich eingefangen und dogmatisch nutzbar gemacht worden.

Ob im Einzelfall eine Position in diesem Sinne als Ausdruck zurechenbarer Leistungsfähigkeit verstanden werden kann und weiter, ob sie denn auch konkret dem Steuerpflichtigen, um dessen Einkommenbesteuerung es geht, zugerechnet werden kann, sind dann weitere Fragen. Die Antworten darauf können nur durch rechtliche Bewertung gefunden werden, durch eine Bewertung, die sich der Aufgabe bewußt ist, zurechenbare Leistungsfähigkeit und deren persönliche Zurechnung festzustellen.

II. Die Unabhängigkeit des Wirtschaftsgutsbegriffs von den Bedingungen einer Aktivierung

Die beschriebene Begriffsbestimmung, die Wirtschaftsgüter als Ausdruck zurechenbarer Leistungsfähigkeit versteht, bezeichnet zwar die Funktion des Begriffs,

380 Teil 1 Kap. 3 I. 2a.
381 BFH BStBl. II 1987, 65, Beschl. v. 20.8. 1986, IR 41/82.
382 BFH BStBl. II 1988, 348, Beschl. v. 26.10. 1987, GrS 2/86.
383 Söffing, JbFStR 1978/79, 199 ff; Kußmaul, Nutzungsrechte, S. 44 ff.
384 Costede, StuW 1995, 115 ff.
385 Costede, StuW 1995, 115, (117).

nämlich den kleinsten Nenner eines Gradmessers der Leistungsfähigkeit anzugeben. Sie sagt aber nichts darüber aus, ob ein solches Wirtschaftsgut auf der Aktivseite einer Bilanz aufzunehmen ist. Die Bedingungen einer Aktivierung des Wirtschaftsgutes sind in diesem Begriff nicht enthalten. Das entspricht dem Vorlagebeschluß des I. Senats, in dem die These vertreten worden ist, daß Nutzungen Wirtschaftsgüter seien.[386] Verbunden war damit die Annahme, daß sie auch als Einlagen in ein Betriebsvermögen in Betracht kämen. Um diese zweite Überlegung geht es an dieser Stelle nicht. Sie ist unten für sich zu prüfen.[387] Hier soll nur die erstgenannte Frage verfolgt werden, ob die Bedingungen einer Aktivierung gesondert und nicht schon im Begriff des Wirtschaftsgutes zu erfassen sind. Der I. Senat hat dies in seiner Vorlage an den Großen Senat nur schlicht behauptet. Eine irgendwie stichhaltige Erklärung für diese These findet sich in dem Beschluß nicht. Diese Begründung hat erst Costede geliefert.[388]

Er hat dargelegt, daß es drei verschiedene Zwecke gibt, deretwegen die Aktivierung von Wirtschaftsgütern geboten sein kann, nämlich die Aktivierung zur Gewinnerhöhung wegen erhöhter Leistungsfähigkeit, die Aktivierung zur Gewinnminderung wegen verminderter Leistungsfähigkeit und die Aktivierung zur Gewinnvermeidung im Fall einer Einlage. Wenn es aber, so lautet seine Argumentation, verschiedene Bedingungen für das Gebot einer Aktivierung gibt, dann können sie nicht in ein und demselben Begriff des Wirtschaftsgutes eingefangen werden. Vielmehr muß man sie aus diesem Begriff herausnehmen und je nach Aktivierungszweck gesondert erfassen. Diese conclusio ist zwingend, wenn die Prämisse zutrifft, daß es eben verschiedene Aktivierungsziele gibt. Den Beweis hierfür hat Costede geliefert. Das soll jetzt in der gebotenen Kürze nachgezeichnet werden. Costede geht bei seinen Überlegungen von den Wirkungen aus, die eine Aktivierung nach sich ziehen kann.[389]

Nimmt man als erstes die Aktivierung im Fall der Anschaffung eines nicht abnutzbaren Wirtschaftsgutes, dann ist festzustellen, daß die Aktivierung des betreffenden Wirtschaftsgutes den Betriebsausgabenabzug der Anschaffungskosten neutralisiert. Das aber bedeutet, daß der Gewinn des Steuerpflichtigen wegen der Aktivierung höher ausfällt als es ohne sie wäre, weil dann nämlich der Betriebsausgabenabzug der Anschaffungskosten den Gewinn schmälern würde. Also wird in dieser Situation zum Zwecke der Gewinnerhöhung aktiviert. Und das heißt, da die Einkommenbesteuerung bei Abwägung der fiskalischen Belange gegenüber dem Interesse des Steuerpflichtigen dessen Leistungsfähigkeit zu be-

---

386 BFH BStBl. II 1987, 65, (68/69 sub b), Beschl. v. 20.8. 1986, I R 41/82.
387 s.u. Kap. 4.
388 Costede, StuW 1995, 115, (120 ff).
389 Costede, StuW 1995, 115, (120).

rücksichtigen hat, daß im Anschaffungsfall entsprechende Leistungsfähigkeit vorliegt. Es ist eine Leistungsfähigkeit, die über die in der Zurechnung eines Wirtschaftsgutes liegende Leistungsfähigkeit hinausgeht, eben eine erhöhte Leistungsfähigkeit, wie Costede definiert. Die Aktivierung beruht also darauf, daß sich in der Anschaffung eines Wirtschaftsgutes, für das der Unternehmer Anschaffungskosten einsetzt, bei ihm erhöhte Leistungsfähigkeit ausdrückt. Betrachtet man von dieser Warte aus die Definition des Begriffs Wirtschaftsgut durch die herrschende Lehre, dann findet man die dafür verwendeten Kriterien wieder. Ein Wirtschaftsgut soll ein Vermögensvorteil sein, den sich der Unternehmer etwa kosten läßt. Dieses „sich etwas kosten lassen" macht deutlich, daß im Erwerb des angeschafften Wirtschaftsgutes erhöhte Leistungsfähigkeit zum Ausdruck kommt. Weiterhin soll die Position, um ein Wirtschaftsgut darzustellen, bewertbar sein, was dadurch hervortritt, daß die Anschaffungskosten eben den Wert des Erwerbs angeben. Die Bedingung, daß ein Wirtschaftsgut Nutzen für mehrere Jahre aufweisen muß, ist ganz eindeutig auf die Aktivierung bezogen, die nämlich sinnwidrig wäre, wenn sich das erworbene Wirtschaftsgut sofort wieder verflüchtigt. Aber hier zeigt sich zugleich, daß diese Voraussetzung gerade nicht auf die Existenz eines Wirtschaftsgutes schlechthin, sondern eben auf dessen Aktivierung bezogen ist, in unserem Beispiel auf die Aktivierung zum Zwecke der Gewinnerhöhung wegen erhöhter Leistungsfähigkeit. Daß es sich um Wirtschaftsgüter handeln kann, auch wenn sie gerade nicht aktiviert werden, daß also die Definition des Wirtschaftsgutes und die Bedingungen einer Aktivierung jeweils gesondert zu untersuchen sind, kann man, wie Costede hervorgehoben hat, dem §5 II EStG entnehmen. Diese Vorschrift bestimmt, daß immaterielle Wirtschaftsgüter, die nicht abgeleitet von einem anderen Inhaber gegen Entgelt erworben worden sind, nicht aktiviert werden dürfen. Das handelsrechtliche Vorsichtsprinzip, das für die entsprechende Normierung durch §248 II HGB als Begründung angeführt wird,[390] kann die einkommensteuerrechtliche Norm des §5 II EStG nicht erklären, weil sich die Höhe der Einkommensteuerschuld nicht nach handelsrechtlichen Maßstäben bemißt, die dem Gläubigerschutz und dem Schutz gegenüber Mitgesellschaftern dienen. Vielmehr ist der einkommensteuerrechtliche Grund für das Aktivierungsverbot des §5 II EStG der, daß bei Abwägung des fiskalischen Interesses gegenüber den Belangen des Steuerpflichtigen nach der Wertentscheidung des §5 II EStG diese hier überwiegen. Man erkennt das, wenn man berücksichtigt, daß der Unternehmer das betreffende immaterielle Wirtschaftsgut nur gegen Betriebsausgaben zu Betriebsvermögen erworben haben wird. Das Aktivierungsverbot bewirkt, daß diese Betriebsausgaben sich gewinnmindernd auswirken, weil der Gegenwert eben nicht aktiviert wird. Das heißt aber, daß das

---

390 Schmidt/Weber-Grellet, EStG §5, Tz. 162; Kirchhof/Crezelius, EStG §5, Tz. 70.

Gesetz im immateriellen Wirtschaftsgut keine erhöhte Leistungsfähigkeit sieht, weil es die Erprobung auf dem Markt noch nicht bestanden hat. Für den weiteren Verlauf heißt das folgendes: Läßt das Wirtschaftsgut sich später – mit dem ganzen Betrieb oder gar gesondert – veräußern, so stellt der Erlös, da in der Bilanz ja kein entsprechendes Aktivum vorhanden ist, in vollem Umfang Gewinn dar. Insofern wird die Besteuerung, die im Fall der Aktivierung schon früher eingesetzt hätte, dann nachgeholt. §5 II EStG begründet also kein Steuergeschenk. Der Unternehmer kann lediglich einen Zinsvorteil verbuchen. Stellt sich das Wirtschaftsgut dagegen später als wertlos heraus, dann bleibt es eben bei der Einschätzung, wonach erhöhte Leistungsfähigkeit schon früher nicht sichtbar war.[391]

Betrachtet man als nächstes die Aktivierung im Fall einer Einlage eines nicht abnutzbaren Wirtschaftsgutes, dann wird deutlich, daß die Aktivierung hier nicht der Gewinnerhöhung dient. Im Gegenteil wird ja die Betriebsvermögensmehrung in Höhe des Einlagewertes durch den Teilwertabzug nach §4 I 1 EStG eleminiert. Das ließe sich allerdings sehr viel einfacher, aber ebenso effektiv dadurch erreichen, daß eingelegte Wirtschaftsgüter schlicht nicht aktiviert würden. Daß die Einlage vielmehr doch aktiviert wird, so daß das Gesetz noch den gedanklichen Teilwertabzug vom laufenden Gewinn vorsehen mußte, hat alleine den Sinn, einen künftigen Gewinn bei einer späteren Veräußerung, Entnahme oder Betriebsaufgabe jedenfalls in Höhe des Einlagewertes zu vermeiden. Die Aktivierung in Höhe dieses Teilwertes bewirkt nämlich, daß nur ein darüberhinausgehender Wertzuwachs als Gewinn erfaßt werden kann.[392]

Schließlich sei noch hingewiesen auf die Fälle einer Aktivierung zum Zweck der Gewinnreduzierung. Sie sind im Fall einer Einlage von abnutzbaren Wirtschaftsgütern zu beobachten. Nur die Aufnahme in der Bilanz gestattet nämlich gewinnmindernde Absetzungen vom Aktivum.[393]

Die Aktivierungszwecke einer Gewinnvermeidung oder auch einer Gewinnreduzierung sind nicht durch Bedingungen einzufangen, die bezogen sind auf eine Aktivierung zum Zwecke der Gewinnerhöhung wegen erhöhter Leistungsfähigkeit, was die Ausgangsthese Costedes belegt, daß Wirtschaftgut und Aktivierung zweierlei sind. Das bedeutet, daß das Verständnis der herrschenden Lehre vom Begriff des Wirtschaftsgutes dogmatisch nicht haltbar ist. Die Bedingungen einer Aktivierung gehören nicht in diesen Begriff. Wirtschaftsgüter sind schlicht vermögenswerte Positionen, die – wenn man sie unter dem Aspekt einer Besteuerung nach der Leistungsfähigkeit abstrakt beschreibt – zurechenbare Leistungsfähigkeit ausdrücken. Damit ist nicht bereits die konkrete, aktuelle Zurech-

391 Zum ganzen Costede, StuW 1995, 115, (120).
392 Costede, StuW 1995, 115, (121).
393 Costede, StuW 1995, 115, (121).

nung zum Betriebs- oder Privatvermögen eines bestimmten Steuerpflichtigen gemeint.[394] Gemeint ist mit der Wendung „Zurechenbarkeit“ nur die Möglichkeit, daß die betreffende Position einem beliebigen Steuerpflichtigen mit einkommensteuerlicher Wirkung als dessen Leistungsfähigkeit zugerechnet werden könnte.[395]

III. Gut und Wirtschaftsgut

Nach allgemeiner Meinung haben die Begriffe Gut und Wirtschaftsgut eine unterschiedliche Bedeutung. Das Gesetz verwendet bei den Überschußeinkünften den Begriff des Gutes bzw. der Güter, bei den Gewinneinkünften spricht es von Wirtschaftsgütern. Definiert werden die Begriffe aber nicht. Die gesetzliche Definition in §8 I EStG bezieht sich nicht auf den Begriff des Gutes, sondern auf den der Einnahmen. Einnahmen sind danach „alle Güter, die in Geld oder Geldeswert bestehen und dem Steuerpflichtigen im Rahmen einer der Einkunftsarten des §2 Abs. 1 Satz 1 Nr. 4 bis 7 zufließen.“ Fraglos soll dies jedoch aussagen, das Einnahmen durch Zufluß geldwerter Güter begründet werden. Das für Einnahmen interessierende Gut ist jedenfalls ein Vermögensgut, ein vermögenswerter Vorteil. Das wurde in der amtlichen Begründung zum EStG 1934 noch mit dem Begriff des Wirtschaftsgutes gleichgesetzt. Die Erläuterung des Zuflußzeitpunktes nach §11 I EStG lautet: „Ein Wirtschaftsgut ist dem Berechtigten dann zugeflossen, wenn er über das Wirtschaftsgut verfügen kann...“[396] Für die amtliche Begründung des §8 I EStG sind die Begriffe Güter und Wirtschaftsgüter also identisch. So lautete, nachdem die Begriffe dann aber lange Jahre unterschiedlich definiert worden sind, auch die Annahme in dem Beschluß, mit dem der I. Senat dem Großen Senat die Frage vorlegte, ob Nutzungsvorteile einlagefähige Wirtschaftsgüter sind.[397] Das aber hat der Große Senat abgelehnt und ausdrücklich die begrifflichen Unterschiede zwischen Gütern und Wirtschaftsgütern betont. Nach Ansicht des Großen Senats können jedwede Vermögensvorteile Güter sein, Wirtschaftsgüter dagegen nur aktivierbare Positionen.[398]

Erkennt man demgegenüber, daß die Bedingungen einer Aktivierungspflicht im Begriff des Wirtschaftsgutes nicht enthalten sind, daß sie vielmehr gesondert zu prüfen sind, dann muß die begriffliche Trennung zwischen Gütern und Wirt-

---

394 Dazu unten IV.
395 Costede, StuW 1995, 115, (117).
396 RStBl. 1935, 33, (40).
397 BFH BStBl. II 1987, 65, (68 /69 sub b), Beschl. v. 20.8. 1986, I R 41/82.
398 BFH BStbl. II 1988, 348, (352 sub bb), Beschl. v. 26.10. 1987, GrS 2/86.

schaftsgütern aufgegeben werden. Beide Begriffe bezeichnen übereinstimmend zurechenbare Leistungsfähigkeit.

IV. Zur Zurechnung zum Zwecke der Einkommenbesteuerung

Wir sprechen in der Rechtswissenschaft verschiedentlich davon, daß jemandem etwas zugerechnet wird. Im Einkommensteuerrecht handelt es sich um Zurechnungen zum Zwecke der Einkommenbesteuerung. Dabei geht es sowohl um die Zurechnung von Einkünften schlechthin als auch um die besondere Einkunftsart, wie schließlich auch darum, welche Wirtschaftsgüter dem Steuerpflichtigen wie zugerechnet werden. Einem Gewerbetreibenden werden gewerbliche Einkünfte, ihm werden Wirtschaftsgüter zu gewerblichem Betriebsvermögen zugerechnet. Privatvermögen wird dem Steuerpflichtigen im Rahmen von Überschußeinkünften zugerechnet. Es geht dabei um die Verknüpfung bestimmter Rechtsfolgen des Steuerrechts, die auf den Steuerpflichtigen bezogen werden, was einkommensteuerlich zu seinen Lasten oder auch zu seinen Gunsten wirkt. Das muß, wie stets, das Ergebnis einer Interessenabwägung sein, wobei die Besteuerung nach der Leistungsfähigkeit des Steuerpflichtigen zu berücksichtigen ist. Wie schon mehrfach betont, spielt diese Abwägung mit Berücksichtigung der Leistungsfähigkeit bei jeder einzelnen Frage eine Rolle, nicht nur bei der Zurechnung der Einkünfte, sondern ebenso bei der Zurechnung von Wirtschaftsgütern zu Betriebs- oder Privatvermögen eines Steuerpflichtigen. Jedwede Zurechnung kann bedeuten, daß der Steuerpflichtige Einkommensteuer bzw. mehr Einkommensteuer oder auch weniger Einkommensteuer schuldet. Infolgedessen muß die Antwort auf die Frage, was wem wie einkommensteuerlich zuzurechnen ist, aus einer Abwägung der fiskalischen Belange gegenüber den Interessen des Steuerpflichtigen gewonnen und dabei die Besteuerung nach dessen Leistungsfähigkeit berücksichtigt werden.

1. Zur Zurechnung der Einkünfte

Das ist für die Zurechnung von Einkünften in dieser Arbeit bereits verschiedentlich vorgetragen worden. Hier sei nur kurz wiederholt, was seit Ruppes Ausführungen auf der Jahrestagung der Deutschen Steuerjuristischen Gesellschaft von 1977[399] herrschende Lehre ist, daß nämlich dem Steuerpflichtigen Einkünfte nach Maßgabe der Leistungen, die er dafür erbracht hat, zugerechnet

399 Ruppe in Tipke, Übertragung von Einkunftsquellen, 11ff.

werden.[400] Das ist eine Zurechnung gerade nicht nach der Zahlungsfähigkeit, nach den Geldmitteln also, über die der Steuerpflichtige verfügt. Wer über die Zinsen aus einem Guthaben verfügen kann, weil der Kreditgeber ihm die betreffenden Zinsansprüche abgetreten hat, ist zwar zahlungsfähig, aber nicht einkommensteuerpflichtig. Denn nicht er hat die Leistung erbracht, für die der Zinsanspruch die Gegenleistung darstellt. Die Einkünfte aus Kapitalvermögen werden vielmehr dem Kapitalgeber zugerechnet. Von ihm stammt mit der Überlassung des Kapitals die Leistung, aus der sich bei einer Besteuerung nach der Leistungsfähigkeit die Zurechnung der Kapitaleinkünfte ergibt.

2. *Zur Zurechnung von Wirtschaftsgütern*

Die Zurechnungsproblematik und mit ihr die Abwägung zwischen den widerstreitenden Interessen des Fiskus und des Steuerpflichtigen, die eine Berücksichtigung der Besteuerung nach der Leistungsfähigkeit gebietet, kehrt auch bei der Frage wieder, wem welche Wirtschaftsgüter zu Betriebs- oder zu Privatvermögen zuzurechnen sind. Denn die Entscheidung, ob ein Wirtschaftsgut zum Betriebsvermögen eines Steuerpflichtigen gehört oder nicht, hat mit der Einbeziehung in den Betriebsvermögensvergleich unmittelbare Auswirkungen auf die Höhe der Einkommensteuerschuld. Doch auch die Zurechnung eines Wirtschaftsgutes zu Privatvermögen hat einkommensteuerliche Rechtsfolgen. Im Ausnahmefall eines Spekulationsgewinns kann eine Wertsteigerung Einkünfte begründen. Im Fall eines abnutzbaren Wirtschaftsgutes können Absetzungen, wenn das Wirtschaftsgut zur Erzielung von Einkünften eingesetzt wird, die Einkünfte, damit das Einkommen und somit die Steuerschuld mindern.

Wie aber lauten die Kriterien, nach denen Wirtschaftsgüter einem Steuerpflichtigen zugerechnet werden?

a) Die Zurechnung im allgemeinen

Das regelt §39 AO für Wirtschaftsgüter. Für Güter, die nach §8 EStG im Rahmen von Überschußeinkünften interessieren, fehlt eine Zurechnungsvorschrift. Es kann aber keine Frage sein, daß die Aussagen des §39 AO entsprechend gelten. Nach §39 I AO sind Wirtschaftsgüter dem Eigentümer zuzurechnen. Abweichend davon spricht §39 II Nr. 1 AO Wirtschaftsgüter bei wirtschaftlichem Eigentum dem wirtschaftlichen Eigentümer zu, bei Treuhandverhältnissen dem Treugeber, bei Sicherungseigentum dem Sicherungsgeber und bei Eigenbesitz dem Eigenbesitzer. §39 AO verwendet für seine Aussagen also Begriffe des Bürgerlichen

---

400 s.o. Teil 1 Kap. 2 I. 3.

Rechts. Die eigentlichen, für das Steuerrecht maßgeblichen Zurechnungskriterien werden dabei nicht ausdrücklich genannt. Sie sind aber sichtbar, wenn man das zugrundeliegende Prinzip aufdeckt. Dieses Prinzip ist nämlich gerade keine Zurechnung nach bürgerlich-rechtlichem Eigentum mit Ausnahmeregelungen nach §39 II AO, wie dies die herrschende Lehre meint.[401] Costede schreibt dazu: „Da die Zurechnung von Wirtschaftsgütern einkommensteuerlich zur Zurechnung von Einkünften führen kann, müssen Wirtschaftsgüter für die Einkommensteuer nach demselben Prinzip zugerechnet werden, wie auch Einkünfte, also nach dem Grundsatz der Besteuerung nach der Leistungsfähigkeit. Daraus ergeben sich zwanglos die Kriterien für die Zurechnung von Wirtschaftsgütern. Im Rahmen einer Besteuerung nach der Leistungsfähigkeit kann dem Steuerpflichtigen nur unter zwei Voraussetzungen ‚etwas' als ein Wirtschaftsgut zugerechnet werden, erstens, wenn ihm dessen Wert zukommt, und zweitens, wenn er es einsetzen kann, um Einkünfte zu erzielen. Dann nämlich drückt sich in einer solchen Position, dem Wirtschaftsgut also, einkommensteuerliche Leistungsfähigkeit aus, an die die Besteuerung anknüpfen darf."[402] Beide Voraussetzungen finden sich in der Regelung des §39 AO wieder. Regelmäßig kommt dem Eigentümer einer Sache dessen Wert zu, und er kann auch bestimmen, ob und wie er die Sache zur Erzielung von Einkünften einsetzen will. Kann jedoch ein anderer im Fall wirtschaftlichen Eigentums die Sache für ihre gesamte Nutzungsdauer nutzen, ihren Wert also restlos für sich verbrauchen, dann kann er unter Ausschluß des Eigentümers sowohl den Wert für sich realisieren als auch das Wirtschaftsgut für Einkünfte einsetzen. Deshalb ist es steuerlich ihm, nicht dem Eigentümer zuzurechnen. Dasselbe gilt bei Treuhandverhältnissen für den Treugeber, bei Sicherungseigentum für den Sicherungsgeber, bei Eigenbesitz für den Eigenbesitzer. Also treten die der Zurechnung zugrundeliegenden Kriterien in Abs. 2 des §39 AO deutlich hervor. Die dort beschriebenen Fälle bezeichnen keine Ausnahmen vom Zurechnungsprinzip, sondern lassen vielmehr eben dieses Prinzip erkennen.[403] Es ist, richtig beschrieben, eine Zurechnung nach Maßgabe der Leistungsfähigkeit.

Costede definiert, da für ihn Wirtschaftgüter zurechenbare Leistungsfähigkeit beschreiben, positive Wirtschaftsgüter danach „als Positionen, deren Vorteile ein Steuerpflichtiger für sich ausmünzen, d.h. deren Wert er also für sich realisieren und die er einsetzen kann, um Einkünfte zu erzielen." Hat der Steuerpflichtige, um dessen Einkommenbesteuerung es geht, diese Möglichkeit, dann ist das betreffende Wirtschaftsgut ihm auch zuzurechnen.

---

401 Tipke/Kruse, AO, §39, Tz. 3.
402 Costede, StuW 1995, 115, (117).
403 Costede, StuW 1995, 115, (117/118).

b) Die Zurechnung zu Betriebsvermögen und zu Privatvermögen

Betriebsvermögen bilden nach der Definition der Rechtsprechung, die das Schrifttum uneingeschränkt übernommen hat,[404] alle aktiven und passiven Wirtschaftsgüter, die dem Betrieb unmittelbar dienen, d.h., die der Steuerpflichtige objektiv erkennbar zum unmittelbaren Einsatz im Betrieb bestimmt hat – sogenanntes notwendiges Betriebsvermögen[405] – oder die der Steuerpflichtige dazu bestimmt hat, den Betrieb zu fördern, und die dazu auch objektiv geeignet sind, sogenanntes gewillkürtes Betriebsvermögen.[406] Die darin enthaltene Voraussetzung, daß die betreffenden Wirtschaftsgüter vom Steuerpflichtigen dazu bestimmt sein müssen, dem Betrieb zu dienen bzw. ihn zu fördern, bringt die oben beschriebene Zurechnungsbedingung zum Ausdruck. Dem Steuerpflichtigen zuzurechnen sind, wie gesagt, Wirtschaftsgüter nur, wenn er über ihren Einsatz zur Erzielung von Einkünften bestimmen kann. Setzt er sie nun für seinen Betrieb ein, indem er sie dazu bestimmt, dem Betrieb zu dienen oder ihn jedenfalls zu fördern, so macht er von dieser Befugnis Gebrauch und widmet die betreffenden Wirtschaftsgüter so zu Betriebsvermögen. Zugleich aber muß im Rahmen der Abwägung zwischen dem entsprechenden Interesse des Steuerpfltigen und den fiskalischen Belangen eben auch das Interesse des Fiskus beachtet werden. Es darf nicht sein, daß der Steuerpflichtige einseitig seine Steuerlast manipulieren kann, etwa, indem er verlustbringende Wirtschaftsgüter ohne Bezug zu seinem Betrieb zu Betriebsvermögen deklariert, um damit den Gewinn und somit das Einkommen zu senken. Die fiskalischen Belange, denen danach Rechnung getragen werden muß, werden dadurch berücksichtigt, daß nur solche Wirtschaftgüter als Betriebsvermögen in Betracht kommen, die dem Betrieb entweder als sogenanntes notwendiges Betriebsvermögen tatsächlich unmittelbar dienen oder – im Falle sogenannten gewillkürten Betriebsvermögens – jedenfalls objektiv geeignet sind, den Betrieb zu fördern.[407]

Privatvermögen, und zwar wie man sagt notwendiges Privatvermögen, sind demgegenüber solche Wirtschaftsgüter, die dem Steuerpflichtigen zuzurechnen sind, weil er ihren Wert realisieren und über ihren Einsatz für Einkünfte bestimmen kann, die er aber eben nicht für betriebliche Zwecke einsetzt.

---

404 Kirchhoff/Crezelius, EStG §4, Tz. 31 ff; Wassermeyer in Söhn, Betriebs-/Privatsphäre, S. 315 ff; Woerner, StBJb 1989/90, 207 ff.

405 BFH BStBl. II 1991, 829, (830), Urt. v. 6.3. 1991 X R 57/88.

406 BFH BStBl. II 1980, 40, (41 sub 1.b), Urt. v. 11.10. 1979, IV R 125/76; Woerner, StBJb 1989/90, 207 ff.

407 BFH BStBl. II 1980, 40, (41 sub 1.b), Urt. v. 11.10. 1979, IV R 125/76.

c) Gemischt genutzte Wirtschaftsgüter

Werden Wirtschaftsgüter teils betrieblich, teils privat genutzt, dann werden unbewegliche Wirtschaftsgüter, Grundstücke also, nach dem Anteil der betrieblichen bzw. der privaten Nutzung in mehrere Wirtschaftsgüter aufgeteilt, auch wenn sie nach den Regeln des Bürgerlichen Rechts eine einheitliche Sache bilden.[408] Das soll nach herrschender Meinung bei beweglichen Sachen nicht gelten. Hier wird die Sache in toto entweder dem Betriebsvermögen zugerechnet, wenn sie zu mehr als 50% betrieblichen Zwecken dient, dem Privatvermögen, wenn sie zu mehr als 50% privat genutzt wird.[409] Begründet wird dies damit, daß bei beweglichen Sachen eine Aufteilung wie bei Grundstücken nicht möglich sei.[410]

Zugrunde liegt offenbar die Annahme, daß die Qualifizierung dem Steuerrecht vorgegeben, daß sie das Ergebnis einer sogenannten wirtschaftlichen Betrachtungsweise sei. Das ist nicht haltbar, wenn man sich vergegenwärtigt, daß die steuerrechtlichen Rechtsfolgen, insbesondere die einkommensteuerrechtlichen, das Resultat einer rechtlichen Abwägung, also einer Bewertung sein müssen. Die Aufteilung bebauter Grundstücke in zwei verschiedene Wirtschaftsgüter, in Grund und Boden und in das Gebäude, zeigt das beispielhaft. Diese Aufteilung ist steuerrechtlich geboten, weil nur das Gebäude abnutzbar ist. Um also vom Gebäude Absetzungen vornehmen zu können, muß es als eigenständiges Wirtschaftsgut von dem nicht abnutzbaren Grund und Boden unterschieden werden.[411] Es ist in diesem Sinne das Steuerrecht, das danach bestimmt, was ein Wirtschaftsgut ist, ob es sich um ein Wirtschaftsgut des Betriebsvermögens oder um ein Wirtschaftsgut des Privatvermögens handelt. Das muß auch bei gemischter Nutzung beachtet werden. Daher ist das Argument, bei beweglichen Wirtschaftsgütern bereite eine Aufteilung praktische Schwierigkeiten, nicht stichhaltig, wenn die steuerrechtliche Handhabung eine Aufspaltung in mehrere Wirtschaftsgüter verlangt. So aber verhält es sich, wie oben im Zusammenhang mit der sogenannten Aufwandseinlage bereits hervorgehoben worden ist.[412] Diese Figur ist nur deshalb erfunden worden, weil es anders nicht möglich schien, Aufwendungen, die ein Steuerpflichtiger auf ein Wirtschaftsgut seines Privatvermögens getätigt hat, bei der Gewinnermittlung zu berücksichtigen, wenn das betreffende Wirtschaftsgut später zum Teil betrieblich genutzt wird. Wäre es in vollem

---

408 Schmidt/Heinicke, EStG §4, Tz. 192/193.

409 Wassermeyer in Söhn, Abgrenzung der Betriebs-/Berufssphäre von der Privatsphäre, S. 315, (331 ff).

410 Kritisch Wassermeyer in Söhn, Abgrenzung der Betriebs-/Berufssphäre von der Privatsphäre, S. 315, (331 ff).

411 Costede, StuW 1995, 115, (118).

412 s.o.Teil 1 Kap. 3 II.

Umfang Betriebsvermögen geworden, so würde die betriebliche Nutzung eine Einlage des Wirtschaftsgutes begründen. Der bereits getätigte Aufwand ließe sich, soweit er den Teilwert erhöht, über den Teilwertabzug nach §4 I 1 EStG gewinnmindernd im Betrieb berücksichtigen. Nur wenn es wegen des angeblichen Aufteilungsverbotes bei Privatvermögen bleibt, muß die sogenannte Aufwandseinlage zur Hilfe herangezogen werden. Diese Figur stellt aber einen dogmatischen Bruch dar, weil sie dem Satz widerspricht, daß nur Wirtschaftsgüter eingelegt werden können. Teilt man nun die betreffende bewegliche Sache auf in ein Wirtschaftsgut des Betriebsvermögens und ein Wirtschaftsgut des Privatvermögens, dann ist die Aufwandseinlage entbehrlich.

Soweit sich die früher getätigten Aufwendungen im Teilwert nicht niederschlagen, ist es nicht berechtigt, sie jetzt noch betrieblich zu berücksichtigen. Ein sozusagen nachgeholter Betriebsausgabenabzug wäre, da das Betriebsvermögen gerade nicht belastet wird, unberechtigt, und deshalb auch der Abzug mit Hilfe einer Aufwandseinlage.

V. Folgerungen für die Qualifizierung von Nutzungen und Nutzungsrechten als Wirtschaftsgüter

1. Zur einkommensteuerlichen Qualifizierung von Nutzungsrechten

Betrachtet man die hier vertretene Definition von Wirtschaftsgütern als Ausdruck zurechenbarer Leistungsfähigkeit, nämlich „als Positionen, deren Vorteile ein Steuerpflichtiger für sich ausmünzen, d.h. deren Wert er also für sich realisieren und die er einsetzen kann, um Einkünfte zu erzielen",[413] dann sind Nutzungsrechte fraglos Wirtschaftsgüter, wie dies auch der herrschenden Meinung entspricht.[414] Kraft des Rechts, die Nutzungen einer Sache oder eines Rechts ziehen, können die Vorteile, die die Nutzungen mit sich bringen, ausgewertet werden. Es ist der Nutzungsberechtigte, der diese Möglichkeit hat. Insofern können Nutzungsrechte potentiell einem Steuerpflichtigen zugerechnet werden, sind also zurechenbar und insofern Wirtschaftsgüter.

2. Zur einkommensteuerlichen Qualifizierung von Nutzungen

Wie nun verhält es sich mit Nutzungen? Gemeint ist die faktische Möglichkeit, etwas zu nutzen, ohne eine entsprechende Berechtigung?

---

413 Costede, StuW 1995, 115, (118).
414 BFH BStBl. II 1088, 348, (353 sub c), Beschl. v. 26.10. 1987, GrS 2/86.

Soweit dieser Vorteil einen Vermögenswert hat, liegt dieser Aspekt eines Wirtschaftsgutes vor. Die Frage ist nur, ob es sich um einen zurechenbaren Vermögenswert handelt, der jedenfalls potentiell einem Steuerpflichtigen zugerechnet werden kann, oder ob es um Vorteile geht, die jedermann ausnutzt, wie etwa die Inanspruchnahme des Sonnenlichts. Daß auch die Nutzung dieser Möglichkeit Einkünfte begründen kann, etwa wenn jemand mit Hilfe der Solarenergie eine Fabrik betreibt, steht auf einem anderen Blatt. Es geht nicht darum, sondern um die Frage, ob die Nutzungsmöglichkeit als solche ein zurechenbares „etwas“ ist, das einem Steuerpflichtigen potentiell zugerechnet werden könnte, das insofern ein Wirtschaftsgut darstellt, das ihm im konkreten Fall dann auch aktuell zugerechnet würde. Dafür muß eine irgendwie verdichtete Beziehung zwischen dem Vorteil und dem Steuerpflichtigen vorliegen, ein Verhältnis also, das im Grunde bereits die aktuelle Zurechnung bedeutet. So etwa verhält es sich, wenn dem Steuerpflichtigen de facto ein Kapital zinslos überlassen wird, das er bis auf weiteres für sich einsetzen kann. Dann allerdings kann auch kein Zweifel bestehen, daß es sich bei dieser Nutzungsmöglichkeit um einen zurechenbaren Vermögensvorteil und deshalb um ein Wirtschaftgut handelt.

Es sei dabei noch einmal daran erinnert, daß mit dieser Begriffsbestimmung noch nichts über die Qualität etwa als ein aktivierbares Wirtschaftsgut ausgesagt worden ist oder darüber, ob dieses Wirtschaftsgut Gegenstand einer Einlage sein kann.

Kapitel 3: Zur Aktivierung von Nutzungen und Nutzungsrechten

I. Aktivierung und Aktivierungspflicht

Aktivierung bedeutet die Aufnahme eines Wirtschaftsgutes auf der Aktivseite der Bilanz. In der Steuerbilanz wird das Betriebsvermögen des Steuerpflichtigen zur Gewinnermittlung, zum Zwecke der Einkommenbesteuerung von Gewinneinkünften also, aufgeführt. Genauer gesagt, werden die Wirtschaftsgüter des Betriebsvermögens ausgewiesen, auf der Aktivseite die aktiven, auf der Passivseite die passiven Wirtschaftsgüter sowie die rechnerische Differenz als sogenanntes Eigenkapital, das besagt, in welcher Höhe die aktiven Wirtschaftsgüter eben durch Eigenmittel finanziert worden sind. Die bilanziellen Besonderheiten der Rechnungsabgrenzungsposten und Rückstellungen können hier beiseite gelassen werden.

1. Die verschiedenen Funktionen der Aktivierung

Wie oben bereits ausgeführt, kommt eine Aktivierung positiver Wirtschaftsgüter aus drei verschiedenen Gründen in Betracht.[415]

Die Aktivierung hat im Fall einer Einlage den Zweck, in Höhe des Teilwertes der Einlage künftig Gewinn zu vermeiden, nämlich auszuschließen, daß bei einer späteren Veräußerung oder Entnahme des eingelegten Wirtschaftsgutes bzw. bei einer Betriebsveräußerung oder Betriebsaufgabe die im Zeitpunkt der Einlage eingetretene Wertsteigerung des Betriebsvermögens als Gewinn erscheint. So verhielte es sich aber, wenn die Einlage nicht aktiviert würde. Dieser Aspekt der Aktivierung soll unten (Kapitel 4) gesondert betrachtet werden, wird daher hier nicht weiter verfolgt.

Die Aktivierung hat ferner bei Aufnahme eines abnutzbaren Wirtschaftsgutes die Aufgabe, den Gewinn zu mindern. Die Aktivierung macht den Wertschwund, der im Betriebsvermögen durch die Abnutzung des Wirtschaftsgutes eintritt, sichtbar. Bei der Einlage eines abnutzbaren Wirtschaftsgutes ist das der einzige Zweck der Aktivierung. Das kann hier außer Acht bleiben, weil dieser Aspekt unten (Kapitel 5) gesondert behandelt werden soll. Bei der Anschaffung eines abnutzbaren Wirtschaftsgutes kumuliert diese Wirkung der Aktivierung mit ihrer dritten Funktion.

Die Aktivierung kann nämlich den Zweck haben, den Gewinn zu erhöhen, wenn sie erhöhte Leistungsfähigkeit ausweist, die es rechtfertigt, daß Betriebsausgaben neutralisiert werden. Dann ist der Gewinn höher als dies ohne die Aktivierung der Fall wäre. Das ist zu beobachten bei der Anschaffung und Herstellung von Wirtschaftsgütern des Betriebsvermögens.

2. Die Aktivierungspflicht bei Aktivierung zur Gewinnerhöhung

a) Die Bedingungen der Aktivierungspflicht

Wenn in Rechtsprechung und Schrifttum von Aktivierung die Rede ist, geht es regelmäßig um diesen Aspekt, der jetzt hier betrachtet werden soll. Es sind Konstellationen, in denen bei Abwägung der Interessen des Fiskus gegenüber denen des Steuerpflichtigen die Gewinnerhöhung wegen erhöhter Leistungsfähigkeit angemessen erscheint. Daß die Aktivierung zur Neutralisierung der Betriebsausgaben führt, daß also die betreffenden Anschaffungs- oder Herstellungskosten neutralisiert werden und der Gewinn dadurch erhöht wird, liegt auf der Hand. Die herrschende Lehre hat aber nicht erkannt, daß dahinter die Abwägung der fiskali-

---

415 s.o. Teil 2, Kap. 2 II.

schen gegenüber den Interessen des Steuerpflichtigen steht, daß es die in der Aktivierung zum Ausdruck kommende erhöhte Leistungsfähigkeit des Steuerpflichtigen ist, die die Gewinnerhöhung rechtfertigt. Das hat Costede dargelegt.[416] Diese Erkenntnis erlaubt die konsequente Ausrichtung der Dogmatik auf das Prinzip der Interessenabwägung mit Berücksichtigung der Leistungsfähigkeit des Steuerpflichtigen.

Dies heißt jedoch nicht, daß damit die Überlegungen, die nach der herrschenden Lehre Bedingungen einer Aktivierungspflicht sind, bedeutungslos wären. Sie sind aber unter dem Aspekt zu würdigen, ob sie eine erhöhte Leistungsfähigkeit des Steuerpflichtigen belegen, die die Gewinnerhöhung rechtfertigt. Durch diesen Bezug tritt überhaupt erst die einkommensteuerliche Wirkung der betreffenden Bedingungen und damit ihre Funktion hervor.

Neben dem vermögenswerten Vorteil, der, wenn er ein zurechenbares Etwas darstellt, nach der hier vertretenen Rechtsauffassung bereits das Wirtschaftsgut ausmacht, werden noch zwei weitere Bedingungen genannt. Erst sie prägen nach der herrschenden Lehre das Etwas zu einem Wirtschaftsgut. Jedoch haben sie richtigerweise nicht diese Bedeutung, wohl aber die Funktion, erhöhte Leistungsfähigkeit des Steuerpflichtigen auszuweisen, die die Aktivierung zur Gewinnerhöhung rechtfertigen kann. Es sind die beiden Aspekte, daß der Vermögensvorteil für den Steuerpflichtigen Nutzen über mehrere Jahre haben und daß er selbständig bewertbar sein muß.[417]

Der erstgenannte Gesichtspunkt ist unmittelbar einsichtig: Da der Bestandsvergleich zur Ermittlung von Gewinn und Verlust nach §4 I 1 EStG durch Vergleich der Anfangs- und der Endwerte des Betriebsvermögens im Besteuerungsabschnitt vorgenommen wird, kommen nur solche Wirtschaftsgüter für eine Aktivierung in Betracht, die über das Jahr der Aufnahme hinaus noch Bestand haben.

Zum zweiten Gesichtspunkt, der individuellen Bewertbarkeit, ist zu sagen, daß in der Bilanz die Wirtschaftsgüter einzeln ausgewiesen werden müssen, deshalb nämlich, weil das Steuerrecht verschiedene Wirtschaftsgüter gegebenenfalls unterschiedlich behandelt und bewertet. Und dies verlangt eben die Individualisierung. Also können nur solche Positionen in der Bilanz erscheinen, die individuell bewertet werden können. Die Voraussetzung der selbständigen Bewertbarkeit ist also ganz fraglos auf die Aktivierung bezogen. Die Ansiedlung im Begriff des Wirtschaftsgutes ist eine Fehlinterpretation der herrschenden Lehre. Der in diesem Zusammenhang ausgefochtenen Streit, ob Wirtschaftsgüter wie Vermögensgegenstände selbständig verkehrsfähig oder aber – wie dies der Bundesfi-

416 Costede, StuW 1995, 115, (120 ff).

417 ständige Rechtsprechung: z.B. BFH BStBl. II 1987, 14, Urt. v. 9.7. 1986, I R 218/82.

nanzhof meint – mit dem Betrieb veräußerlich und nur selbständig bewertbar sein müssen, wird verständlicher, wenn man die Funktion dieser Merkmale erkennt. Im Rahmen der Abwägung zwischen den fiskalischen Interessen und den Belangen des Steuerpflichtigen heißt nämlich Verzicht auf die selbständige Verkehrsfähigkeit, daß die Interessen des Steuerpflichtigen dem Fiskus gegenüber nicht erst dann zurücktreten müssen, wenn das Wirtschaftsgut auf dem Markt alleine für sich umgeschlagen werden kann. Vielmehr wird erhöhte Leistungsfähigkeit, die eine Gewinnerhöhung rechtfertigt, bereits dann angenommen, wenn das angeschaffte oder hergestellte Wirtschaftsgut im Betriebsvermögen einen individualisierbaren Wert darstellt. Dies ist eine Wertungsfrage, die für das Steuerrecht anders beantwortet werden kann und beantwortet wird als für das Handelsrecht, für das es mit dem Handelsbilanzausweis nicht um Steuerfiskus und Steuerpflicht, sondern um die Interessen von potentiellen Gläubigern oder von Mitgesellschaftern geht.

Die genannten beiden Merkmale können allerdings für sich allein die Aktivierungspflicht nicht begründen. Hinzukommen muß noch die aktuelle Zurechnung des Wirtschaftsgutes zu Betriebsvermögen des Steuerpflichtigen. Erst das begründet die Rechtspflicht, die wegen der mit der Aktivierung einhergehenden Gewinnerhöhung erhöhte Steuerpflicht des Steuerpflichtigen auslöst. Und dafür muß der Steuerpflichtige das Wirtschaftsgut zur Erzielung von Einkünften einsetzen und dessen Wert, jedenfalls bei einer Veräußerung des gesamten Betriebes, für sich realisieren können.[418]

Die verschiedenen Kriterien der Aktivierungspflicht, die die herrschende Doktrin sämtlich im Begriff des Wirtschaftsgutes erfassen will, kehren also auch hier wieder, aber anders strukturiert. Dadurch erscheinen sie aber aufgefächert jeweils in dem Funktionszusammenhang, zu dem sie gehören.

b) Aktivierungspflicht bei Anschaffung und Herstellung

In diesem Zusammenhang ist noch folgendes zu berücksichtigen: Eine Aktivierungspflicht besteht nur für Wirtschaftsgüter, die dem Steuerpflichtigen als notwendiges Betriebsvermögen zugerechnet werden. Andere Wirtschaftsgüter, die eben nicht zum notwendigen Betriebsvermögen gehören, können zwar gewillkürt zu Betriebsvermögen werden, aber nur dadurch, daß der Steuerpflichtige sie zu Betriebsvermögen widmet, durch Aufname in seine Bücher, d.h. durch Aktivierung. Zuvor bestand gerade keine Aktivierungspflicht. Daß es sich um Wirtschaftsgüter handeln muß, die kraft ihrer Eignung für den Betrieb förderlich sind,

---

418 Costede, StuW 1995, 115, (121).

muß noch hinzutreten.[419] Im übrigen müssen die genannten Bedingungen der Aktivierung, nämlich, daß die betreffenden Wirtschaftsgüter bewertbar sind und Nutzen für mehrere Jahre haben, selbstverständlich gleichfalls gegeben sein.

Für die Aktivierungspflicht interessieren also Wirtschaftsgüter nicht des gewillkürten, sondern nur des notwendigen Betriebsvermögens, und zwar nur dann, wenn sie dem Steuerpflichtigen aktuell zu Betriebsvermögen zugerechnet werden. Dies ist, wie oben ausgeführt,[420] dann der Fall, wenn ihr Wert ihm zukommt und er sie – um nämlich Gewinneinkünfte zu erwirtschaften – für seinen Betrieb einsetzt.

In ein Betriebsvermögen können Wirtschaftsgüter durch Anschaffung bzw. Herstellung, durch Einlagen, durch Einbringung und gegebenenfalls durch unentgeltliche Übertragung nach §6 IV EStG gelangen. Im folgenden wird zunächst nur die Aktivierungspflicht für Fälle der Anschaffung oder Herstellung von Wirtschaftsgütern behandelt. Die Fälle sogenannter Einbringungen – im Grunde Einlagen, bei denen aber ausnahmsweise die Buchwertfortführung gestattet wird (z.B.§§6 V EStG, 24 UmwStG), – interessieren hier nicht, weil die eingebrachten Wirtschaftsgüter bereits Betriebsvermögen bilden, während es hier um die Begründung von Betriebsvermögen geht. Schenkungen schließlich sind unentgeltliche Übertragungen regelmäßig aus Privatvermögen, die erst durch eine Einlage Betriebsvermögen begründen. Die Problematik der Einlagen soll aber erst unten (Kapitel 4) zur Sprache kommen. Die seltenen Fälle unentgeltlicher Übertragung unmittelbar zu Betriebsvermögen (§6 IV EStG), wie Schmiergelder oder Werbegeschenke, können beiseite gelassen werden.

Wenn im folgenden die Aktivierung im Fall der Anschaffung oder Herstellung von Wirtschaftsgütern betrachtet wird, muß jedoch die Regelung des §5 II EStG beachtet werden. Danach sind immaterielle Wirtschaftsgüter des Anlagevermögens nur bei abgeleitetem, entgeltlichem Erwerb zu aktivieren. Hat der Steuerpflichtige sie in seinem Betrieb selbst geschaffen, dann sind die dafür getätigten Betriebsausgaben erfolgswirksam, weil das immaterielle Wirtschaftsgut eben nicht aktiviert wird. Dabei handelt es sich nicht um eine Ausnahme. Vielmehr drückt §5 II EStG aus, daß das Gesetz mangels Erprobung des Wirtschaftsgutes auf dem Markt zugunsten des Steuerpflichtigen noch keine erhöhte Leistungskraft annimmt.[421] Das ist das Ergebnis einer Interessenabwägung durch den Gesetzgeber. Für den Juristen der das Gesetz nach Maßgabe der darin zum Ausdruck gekommenen Wertung anwendet, bedeutet dies, daß er zur Beurteilung, ob

---

419 BFH BStBl. II 1975, 582, (583), Urt. v. 30.4. 1975, I R 111/73; BFH BStBl. II 1980, 40, (41), Urt. v. 11.10. 1979, IV R 125/76.

420 Teil 2, Kap. 2 IV.2. b).

421 Costede, StuW 1995, 115, (119).

ein materielles oder ob ein immaterielles Wirtschaftsgut anzunehmen ist, diese Bewertungskriterien heranzuziehen hat.[422] Das hat den Bundesfinanzhof veranlaßt, bei Bauten auf fremden Grundstücken Nutzungsvorteile als materielle Wirtschaftsgüter zu werten.[423] Auf diesen Gesichtspunkt wird noch einzugehen sein.

II. Zur Aktivierung von Nutzungen

Daß danach Nutzungen nicht aktiviert werden können, ist unmittelbar sinnfällig. Die Möglichkeit, einen Vorteil zu nutzen, verflüchtigt sich mit der Nutzung oder auch der Nichtnutzung, mit Zeitablauf also sogleich. Man kann den Vorteil nicht festhalten. Er mag zwar als Nutzungsmöglichkeit fortbestehen. Sie ist dann aber, da die entsprechende Nutzung etwas anderes ist als die vergangene, genutzte oder auch nicht genutzte Möglichkeit, nicht mehr identisch. Der Vorteil hat also für den Steuerpflichtigen nicht Nutzen für mehrere Jahre. Eine Aktivierung, die etwas Bestehendes, sogar als etwas über ein Jahr hinaus Bestehendes ausweisen soll, scheidet daher schon aus diesem Grunde aus.

III. Zur Aktivierung von Nutzungsrechten

Bei Nutzungsrechten verhält es sich anders. Zu denken ist an dingliche Nutzungsrechte, wie Nießbrauch und Dienstbarkeiten, vor allem das Erbbaurecht, und auch an schuldrechtliche Nutzungsrechte, wie Miete, Pacht und Leihe, ferner gegebenenfalls das Leasing. Daß es sich bei diesen Nutzungsrechten um Wirtschaftsgüter handelt, ist schon oben festgestellt worden.[424] Die Bedingungen der Aktivierung wegen erhöhter Leistungsfähigkeit, die hier nur für den Fall der Anschaffung oder der Herstellung interessieren, müssen jedoch noch festgestellt werden. Unter diesen Aspekten sind verschiedenste Situationen zu berücksichtigen:

1. Entgeltliche und unentgeltliche Nutzungsrechte

Ein wesentlicher Unterschied, der für die Aktivierungspflicht einkommensteuerrechtlich bedeutsam sein kann, besteht zwischen entgeltlich und unentgeltlich be-

---

422 Costede, StuW 1995, 115, (119).

423 BFH BStBl. II 1979, 399. (401), Urt. v. 31.10. 1978, VIII R 182/75; BFH BStBl. II 1997, 533, Urt. v. 15.10. 1996, VIII R 44/94; BFH BStBl II 1997, 774, Urt. v. 11.6. 1997, XI R 77/96.

424 s.o. Teil 2, Kap. 2 V.1.

gründeten Nutzungsrechten. Bei entgeltlichen Nutzungsrechten, wie z.B. Rechten aus Miete und Pacht, handelt es sich um ein – wie man sagt – schwebendes Geschäft. Damit sind gegenseitige Verträge mit synallagmatisch verbundenen Rechten und Pflichten gemeint.

a) Das Aktivierungsverbot im Fall schwebender Geschäfte

Die Rechte und Pflichten aus solchen schwebenden Geschäften werden erst bilanziert, wenn eine Seite wenigstens zum Teil geleistet hat.[425] Dies wird seit jeher so praktiziert und handelsrechtlich als ein Grundsatz ordnungsgemäßer Buchführung verstanden. Mit Rücksicht auf die Maßgeblichkeit der Handelsbilanz für die Steuerbilanz (§5 I EStG), wird dies auch bilanzsteuerrechtlich berücksichtigt.[426] Die rechtlichen Begründungen lauten unterschiedlich.[427] Die von Simon vorgetragene Ansicht, im Fall schwebender Geschäfte sei die doppelte Buchführung erst dann, wenn eine Seite geleistet habe, imstande, Rechte und Pflichten aufzunehmen,[428] wird mittlerweile nirgends mehr vertreten. Ebensowenig kann die Berufung auf das handelsrechtliche Vorsichtsprinzip,[429] darauf nämlich, daß die Rechte und Pflichten aus schwebenden Geschäften im Falle von Leistungsstörungen durch Rücktritt entfallen können und insofern ungewiß sind, überzeugen. Denn das Risiko, daß eine Seite etwa wegen nachträglicher Unmöglichkeit der Gegenleistung vom Vertrag zurücktreten und das Geschäft rückgängig machen kann, besteht auch nach einer Vorleistung (§§326 I, IV, 275, 346 BGB). Es ist jedoch anerkannt, daß bei drohenden Verlusten und auch im Falle der Vorleistung bzw. Erfüllung bilanziert werden muß,[430] das heißt aber trotz der Unsicherheit, ob es nicht doch zum Rücktritt kommt. Da sich in den durch schwebende Geschäfte begründeten Rechten durchaus erhöhte Leistungsfähigkeit des berechtigten Steuerpflichtigen manifestiert, wird das Aktivierungsverbot als eine Ausnahme von der Aktivierungspflicht betrachtet. Die einleuchtendste Begründung lautet, daß vermieden werden soll, die Bilanz durch Aktivierung des Rechts aus

425 BFH BStBl. III 1960, 291, (293), Urt. v. 28.1. 1960, IV 226/58 S; BFH BStBl. III 1961, 118, (119), Urt. v. 24.1. 1961, I 200/60 S.
426 BFH BStBl. II 1983, 413, (415 sub 1.), Urt. v. 20.1. 1983, IV R 158/80.
427 Bauer, Schwebende Geschäfte, S. 30 ff; Bieg, StuW 1976, 339, (341); Crezelius, Feschschrift Döllerer, S. 81, (85 ff); Simon, Bilanz, S. 174; Woerner, FR 1984, 489, (491 ff).
428 Simon, Bilanz, S. 174.
429 Döllerer, BB 1980, 1133, (1335); Woerner, FR 1984, 489, (491 ff).
430 BFH BStBl. II 1983, 413, (415 sub 1.), Urt. v. 20.1. 1983, IV R 158/80.

dem schwebenden Geschäft einerseits und durch Passivierung der entsprechenden Rechtspflicht andererseits künstlich aufzublähen.[431]

Da diese Ausnahme von der Aktivierungspflicht – mögen die Begründungen dafür auch unterschiedlich lauten – unangefochten seit jeher praktiziert wird, da es auch keine triftigen Gründe gibt, dies nicht zu befolgen, gehört sie zu den ungeschriebenen Normen des Bilanz- und des Bilanzsteuerrechts. Soweit Nutzungsrechte aus gegenseitigen Verträgen erwachsen, soweit also für die Nutzung ein Entgelt zu zahlen ist, ist für sie danach das Aktivierungsverbot für schwebende Geschäfte zu beachten. Für unentgeltlich begründete Nutzungsrechte gilt das dagegen nicht.

b) Besonderheiten bei Bauten auf fremden Grundstücken

Überprüft man unter diesem Gesichtspunkt die oben aufgeführte Judikatur zur Problematik der Bauten auf fremdem Grund und Boden[432], dann fragt sich, wie die Urteile, wonach die Nutzungsvorteile aus solchen Bauten wie materielle Wirtschaftsgüter zu aktivieren sein sollen, mit dem Aktivierungsverbot in Einklang zu bringen sind. Denn die zugrunde liegenden Miet- oder Pachtverhältnisse rechnen fraglos zur Kategorie der entgeltlichen schwebenden Geschäfte.

Eine überzeugende Begründung dafür hat Claudia Schilling geliefert.[433] Das Aktivierungsverbot für schwebende Geschäfte, so lautet ihre Beweisführung, betrifft die im Synallagma eines gegenseitigen Vertrages bestehenden gegenseitigen Verpflichtungen bzw. der entsprechenden gegenseitigen Berechtigungen. Soweit Rechtspositionen nicht in dieses Synallagma der Gegenseitigkeit einbezogen sind, gilt das Aktivierungsverbot für sie nicht. So aber verhält es sich ihrer Ansicht nach bei den Vorteilen aus der Nutzung von Bauten oder Umbauten, die der Mieter oder Pächter nach eigener Vorstellung auf dem fremden Grundstück ausgeführt hat.[434] Es kann sich dabei um ein selbständiges Nutzungsrecht handeln, das neben dem aus der Miete oder der Pacht hervorgegangenen und im schwebenden Geschäft befangenen Nutzungsrecht besteht. Selbständigkeit ist dann anzunehmen, wenn sich das betreffende Nutzungsrecht nicht auf das Wirtschaftsgut bezieht, das vermietet oder verpachtet worden ist. So verhält es sich, wenn durch den Bau oder Einbau eine Einrichtung geschaffen worden ist, die nicht zum Nutzungs- oder Funktionszusammenhang des vermieteten bzw. verpachteten Gebäudes gehört, sondern eigenen betrieblichen Zwecken dient. Unter diesen Voraus-

---

431 Bauer, Schwebende Geschäfte, S. 39; Schilling, Bauten auf fremden Grundstücken, S. 64.

432 s.o. Teil 1, Kap. 2 IV.

433 Schilling, Bauten auf fremden Grundstücken, S. 65 ff.

434 Schilling, Bauten auf fremden Grundstücken, S. 65 ff.

setzungen, so lautet die Aussage des Großen Senats 5/71, sind Gebäudeteile, die der Grundstückseigentümer nachträglich geschaffen hat, selbständige Wirtschaftsgüter.[435] Diese These ist von der Rechtsprechung auch für Baumaßnahmen auf fremden Grundstücken übertragen worden.[436] Die zugrunde liegende Annahme, daß nicht das äußere Bild entscheidet, wenn ein äußerlich geschlossenes Gebäude oder ein geschlossener Gebäudekomplex auf ein und demselben Grundstück in Erscheinung tritt, trifft zu. Ob ein einziges Wirtschaftsgut oder ob eine Mehrheit von Wirtschaftsgütern vorliegt, richtet sich nach den Bedürfnissen des Steuerrechts.[437] Besteht aber, so lautet die Schlußfolgerung von Claudia Schilling, neben dem Nutzungsrecht aus Miete oder Pacht ein selbständiges Nutzungsrecht an dem Vorteil aus einem nachträglich erstellten Bau, Einbau oder Umbau, dann ist es in das Synallagma des schwebenden Geschäfts nicht einbezogen. Dann steht also das Aktivierungsverbot für schwebende Geschäfte der Aktivierung auch nicht entgegen,[438] so daß über eine Aktivierungspflicht nachzudenken wäre.

2. *Zur Aktivierungspflicht beim Erwerb (Anschaffung oder Herstellung) von Nutzungsrechten*

Es sei noch einmal an die Bedingungen für die Annahme erhöhter Leistungsfähigkeit in Fällen der Anschaffung oder Herstellung von Wirtschaftsgütern erinnert: Das Wirtschaftsgut, der zurechenbare Vermögensvorteil nämlich, muß selbständig bewertbar, für mehrere Jahre nutzbar und dem Steuerpflichtigen zu Betriebsvermögen zuzurechnen sein, was bedeutet, daß er es zur Erzielung von Gewinn einsetzen kann und eingesetzt hat und seinen Wert jedenfalls bei einer Betriebsveräußerung realisieren könnte.

Betrachten wir dies für verschiedene Nutzungsrechte, so empfiehlt es sich, vorweg die Rechtsprechung zu Bauten auf fremden Grundstücken zu untersuchen, sodann Nutzungsrechte an beweglichen Wirtschaftsgütern.

a) Bauten auf fremden Grundstücken

Behandelt werden hier nur die Fälle von Bauten, Um- oder Anbauten auf fremden Grundstücken, die keine Scheinbestandteile im Sinne des §95 BGB bilden, weil sie dann schon zivilrechtlich Eigentum des Bauherrn wären. Außer Acht

---

435 BFH BStBl. II 1974, 132, Beschl. v. 26.11. 1973, GrS 5/71.
436 BFH BStBl. II 1975, 443, Urt. v. 26.2. 1975, I R 32/73.
437 Costede, StuW 1995, 115, (119).
438 Schilling, Bauten auf fremden Grundstücken, S. 70/71.

bleiben auch Fälle von wirtschaftlichem Eigentum. Die in jüngerer Zeit von verschiedenen Senaten des Bundesfinanzhofs vertretene Auffassung, wirtschaftliches Eigentum sei anzunehmen, wenn wegen der Errichtung eines Gebäudes Ausgleichsansprüche bestehen,[439] ist schon oben abgelehnt worden. Im Fall von Verwendungsersatzansprüchen wären diese dem Bauherrn zuzurechnen und gegebenenfalls zu aktivieren, nicht das Bauwerk. Im übrigen werden hier auch nur solche Fälle erörtert, in denen solche Ausgleichsansprüche nicht bestehen. Es werden lediglich die Konstellationen betrachtet, in denen ein Mieter oder Pächter den errichteten Bau, ohne weitere Rechte daran zu haben, betrieblich nutzen darf. Wie, so ist zu fragen, steht es dann mit den weiteren Bedingungen der Aktivierungspflicht für den Vorteil, den Bau nutzen zu können?

Wenn der Bau Nutzen für mehrere Jahre vermittelt, währt auch der Vorteil des Nutzens für den Mieter oder Pächter mehrere Jahre. Diese Bedingung der Aktivierung ist dann also gegeben. Der Nutzungsvorteil ist, da die Baukosten bekannt sind, auch bewertbar; da zudem nur solche Bauten in Betracht kommen, die wegen eigenständiger Funktion selbständige Wirtschaftsgüter bilden, ist auch die selbständige Bewertbarkeit keine Frage. Darüberhinaus muß aber, wie gesagt, das Wirtschaftsgut des Nutzungsvorteil dem Mieter oder Pächter zu Betriebsvermögen zuzurechnen sein, was bedeutet, daß er es einsetzen kann und einsetzt, um Gewinn zu erwirtschaften, und daß er dessen Wert realisieren kann. Die erste Komponente ist gegeben, da der Bauherr den Bau ja für seine betrieblichen Zwecke errichtet hat. Ob auch die zweite Bedingung vorliegt, hängt davon ab, ob der Bauherr, wenn er seinen Betrieb veräußert, dem Erwerber den Eintritt in den Miet- oder Pachtvertrag vermitteln kann, mit der Befugnis, auch den Bau zu nutzen. Das ist der Fall, wenn der Vermieter zustimmt. Ist der Vermieter nicht einverstanden, dann kann der Mieter den Vorteil, den der Bau ihm gewährt, nicht weitergeben, kann dessen Wert also auch nicht zusammen mit dem ganzen Betrieb verwerten. Dann aber kann von einer erhöhten Leistungsfähigkeit, die die Aktivierung und die daraus folgende Gewinnerhöhung angemessen erscheinen läßt, nicht gesprochen werden. Vielmehr stellen dann die Aufwendungen für den Bau erfolgswirksame Betriebsausgaben dar.

Könnte der Mieter dagegen den Vermieter veranlassen, dem Eintritt eines Betriebsnachfolgers in den Mietvertrag zuzustimmen, dann kann er auch den Wert, den der Vorteil des Baus bedeutet, bei einer Betriebsveräußerung realisieren. Trotzdem ist die Aktivierung problematisch, weil §5 II EStG entgegenstehen könnte, die Einschätzung des Gesetzgebers nämlich, daß immaterielle Wirt-

439 BFH BStBl. II 2002, 741, Urt. v. 14.5. 2002, VIII R 30/98; BFH BStBl. II 1994, 164, Urt. v. 28.7. 1993, I R 88/92; BFH BStBl. II 1997, 774, Urt. v. 11.6. 1997 XI R 77/96; BFH BStBl. II 2002, 281, Urt. v. 18.7. 2001, X R 23/99.

schaftsgüter, deren Wert noch nicht auf dem Markt erprobt worden ist, noch keine erhöhte Leistungsfähigkeit ausdrücken. Das heißt dann, daß der Steuerpflichtige das immaterielle Wirtschaftsgut in seinem Betriebsvermögen nicht aktivieren, daß er vielmehr Betriebsausgaben für dessen Herstellung erfolgswirksam abziehen darf. Um die Bedeutung dessen zu erfassen, muß gesagt werden, daß dies kein Steuergeschenk, sondern letztlich nur ein Zinsgewinn des Steuerpflichtigen ist. Das betreffende Wirtschaftsgut ist in seinem Betriebsvermögen ja vorhanden. Sollte es sich verbraucht haben, bevor eine Verwertung durch Veräußerung oder Betriebsveräußerung in Frage kam, dann wäre es auch im Fall einer Aktivierung durch Abnutzung verschwunden. Ist es noch vorhanden, so erhöht der Erlös, der bei einer Veräußerung oder Betriebsveräußerung darauf entfällt den Veräußerungsgewinn, da mangels Aktivierung dieser Erlös in vollem Umfang Veräußerungsgewinn darstellt. Dann also wird die Gewinnminderung, die dadurch eingetreten ist, daß das immaterielle Wirtschaftsgut früher nicht aktiviert worden ist, sozusagen rückgängig gemacht und die Besteuerung auf die Gewinnerhöhung nachgeholt. Der Unterschied liegt nur darin, daß der Steuerpflichtige die Steuer erst später entrichten muß, also einen Zinsvorteil gegenüber der Situation hat, die im Fall der Aktivierung eingetreten wäre. Diesen Vorteil will §5 II EStG dem Steuerpflichtigen im Fall selbst geschaffener immaterieller Wirtschaftsgüter vermitteln. Unter diesem Aspekt ist auch die Entscheidung, ob ein immaterielles oder ein materielles Wirtschaftsgut anzunehmen ist, zu fällen.[440] Vor diesem Hintergrund also sind die Urteile zu sehen, nach denen der Vorteil eines Baus auf fremden Grundstücken „wie ein materielles Wirtschaftsgut" zu aktivieren ist.[441] Diese Formel gibt allerdings nur das Resultat an, nicht aber die Begründung dafür, weshalb es denn so ausfällt. Da die Gerichte diese Begründung nicht geliefert haben, muß sie aus dem gedanklichen Zusammenhang erschlossen werden:[442] Da der Vorteil, den Bau zu nutzen, im Bau sozusagen verkörpert ist, erscheint es dem Bundesfinanzhof offenbar als widersprüchlich, bei einer Zurechnung des Baus erhöhte Leistungsfähigkeit anzunehmen, dies aber für eine Zurechnung des Rechts auf Nutzung zu leugnen. Bei wertender Betrachtung hielt das Gericht es also für angemessen, die Aufwendungen für den Bau in beiden Fällen durch die Aktivierung des Gegenwerts zu neutralisieren und damit den Gewinn zu erhöhen. Dies ist eine Wertung, die nicht zwingend, die aber jedenfalls vertretbar ist. Daher gebietet die Rechtssicherheit, es bei dieser Wertung auch in Zukunft zu belassen, zumal die Gegenansicht zwar gleichfalls vertretbar, aber ebensowenig zwin-

440 Costede, StuW 1995, 115, (119).

441 BFH BStBl. II 1975, 443, (445 sub 2.), Urt. v. 26.2. 1975, I R 32/73; später ständige Rechtsprechung ohne weitere Begründung: BFH BStBl. II 1997, 774, Urt. v. 11.6. 1997, XI R 77/96.

442 Dazu Schilling, Bauten auf fremden Grundstücken, S. 86 ff.

gend ist. Der Rechtsprechung zu Bauten auf fremden Grundstücken ist danach zuzustimmen.[443]

b) Bauten auf Grundstücken im Miteigentum

Wie, so fragt sich, ist zu entscheiden, wenn das Grundstück dem Bauherrn als Miteigentümer mit gehört.

Nach Ansicht von Claudia Schilling ist in solch einem Fall wie bei Bauten auf fremden Grundstücken zu urteilen, wenn der Bauherr das in seinem Miteigentum stehende Grundstück von dem anderen Miteigentümer zu betrieblichen Zwecken gemietet hat und es dafür bebaut oder ein Gebäude ausbaut.[444] Dem kann zugestimmt werden, aber so verhält es sich bei Miteigentum regelmäßig nicht. Vielmehr wird es in aller Regel so sein, daß die Miteigentümer, häufig Eheleute, sich über die unentgeltliche Nutzung des Grundstücks zu betrieblichen Zwecken einigen. Da die Einlagenproblematik an anderer Stelle zur Sprache kommen soll, betrachten wir hier nur Fälle, in denen der Unternehmer oder Freiberufler den Bau, Umbau oder Anbau mit betrieblichen Mitteln finanziert. Insofern scheint die Situation ähnlich zu sein, wie bei Bauten auf fremden Grundstücken. Und in der Tat hat der Bundesfinanzhof dann gleichermaßen geurteilt.[445]

Dabei ist aber ein wesentlicher Unterschied übersehen worden. In diesen Fällen wird nämlich die unentgeltliche Nutzung des gemeinschaftlichen Grundstücks nicht jedem beliebigen Miteigentümer, sondern nur der einen Person, bei Eheleuten nur dem Ehegatten, gestattet sein. Das heißt aber, daß dieser den Nutzungsvorteil nicht, auch nicht zusammen mit seinem Betrieb, wird weitergeben können.[446] Der Unternehmer kann dann den Nutzungsvorteil zwar betrieblich einsetzen, kann aber dessen Wert nicht durch eine Veräußerung realieren. Das heißt, daß ihm der Nutzungsvorteil nicht mit der Konsequenz erhöhter Leistungsfähigkeit zu Betriebsvermögen zugerechnet werden kann. Damit scheidet eine Aktivierung aus. Die Betriebsausgaben im Zusammenhang mit dem Bau sind daher dann erfolgswirksam.

Die anders lautenden Urteile zu Bauten auf gemeinschaftlichen Grundstücken von Eheleuten, die sich mit der Feststellung begnügen, der Nutzungsvorteil sei wie ein materielles Wirtschaftsgut zu aktivieren, sind danach mit dieser Begrün-

443 So auch Schilling, Bauten auf fremden Grundstücken, S. 109.
444 Schilling, Bauten auf fremden Grundstücken, S. 72.
445 z.B. BFH BStBl. II 1978, 6, (7 sub 2.), Urt. v. 13.7. 1977, I R 217/75; BFH BStBl. II 1990, 368, (371 sub 3.a), Urt. v. 20.9. 1989, X R 140/87; BFH BStBl. II 1995, 281, (284 sub III.1.), Beschl. v. 30.1. 1995, GrS 4/92.
446 so auch Groh, DB 1988, 514, (517).

dung nicht, sondern nur haltbar, wenn der Vorteil der betrieblichen Nutzung mit dem Betrieb weitergegeben werden und insofern ausgebeutet werden kann.

c) Nutzung beweglicher Wirtschaftsgüter

Das Besondere der Bauten auf fremden Grundstücken besteht darin, das die Erstellung des Bauwerks oder auch des An- oder Umbaus selbständige Wirtschaftsgüter begründen kann, dann jedenfalls, wenn die Gebäudeteile nicht im Funktionszusammenhang der vorhandenen Bauten aufgehen. Die betreffenden Nutzungsvorteile des Bauherrn können also wiederum als selbständige Wirtschaftsgüter betrachtet werden, die der Berechtigte selbst hergestellt hat und die daher nicht in das Synallagma des schwebenden Geschäfts einbezogen sind.

Bei der entgeltlichen Nutzung beweglicher Wirtschaftsgüter ist nicht vorstellbar, daß der Steuerpflichtige mit entsprechenden Herstellungskosten noch einen zweiten Nutzungsvorteil neben dem im schwebenden Geschäft befangen Nutzungsrecht begründet. Wenn Aufwendungen des Mieters oder Pächters das Miet- oder Pachtobjekt selbst betreffen, steht der Vorteil, es zu nutzen, im Synallagma des schwebenden Geschäfts und unterliegt daher dem Aktivierungsverbot, so daß der Aufwand dann also erfolgswirksame Betriebsausgaben darstellt. Das gilt auch im Fall von Ersatzbeschaffungen, falls der Mieter oder Pächter dazu ohne Anspruch auf Ausgleich verpflichtet ist. Die von ihm ersetzten Wirtschaftsgüter treten dann an die Stelle der verbrauchten und sind wie diese im Synallagma des schwebenden Geschäfts befangen. Stellt der Steuerpflichtige dagegen ein neues Wirtschaftsgut her, das nicht dem Vermieter oder Verpächter, sondern ihm zuzurechnen ist, dann hat er dieses und nicht nur den Vorteil, es nutzen zu dürfen, zu aktivieren.

Ist der Steuerpflichtige unentgeltlich zur Nutzung beweglicher Wirtschaftsgüter berechtigt, so greift zwar nicht das Aktivierungsverbot für schwebende Geschäfte ein. Eine Aktivierung zur Darstellung erhöhter Leistungsfähigkeit kommt aber gleichwohl nicht in Betracht. Der Steuerpflichtige hat den Nutzungsvorteil nämlich nicht mit Herstellungskosten zu Betriebsvermögen begründet. Wenn nicht eine Einlage in Betracht kommt, was unten (Kapitel 4) zu untersuchen ist, sind Aufwendungen in diesem Zusammenhang erfolgswirksame Betriebsausgaben.

Das Ergebnis lautet danach, daß Nutzungsrechte nur in Sonderfällen, nämlich bei Bauten auf fremden Grundstücken, zum Ausweis erhöhter Leistungsfähigkeit zu aktivieren sind.

Kapitel 4: Zum Problem der Einlage von Nutzungen und Nutzungsrechten

Die Einlageproblematik ist in Rechtsprechung und Schrifttum, wie oben aufgezeigt worden ist, für Nutzungen und Nutzungsrechte in extenso behandelt worden. Es geht jetzt um die Stellungnahme dieser Arbeit hierzu.

I. Definition und Rechtsfolgen einer Einlage

Das Einkommensteuergesetz äußert sich zu Einlagen in der Gewinnermittlungsvorschrift des §4 I EStG und in der Bewertungsvorschrift des §6 I Nr. 5 EStG. §4 I 5 EStG bringt eine Definition. Danach sind Einlagen „alle Wirtschaftsgüter (Bareinzahlungen und sonstige Wirtschaftsgüter), die der Steuerpflichtige dem Betrieb im Laufe des Wirtschaftsjahres zugeführt hat." Die Definition bezeichnet also das Objekt dessen, was eingelegt wird, nämlich Wirtschaftsgüter. Das Einlegen wird als ein „dem Betrieb zuführen" gekennzeichnet. Die Einlage ist also erst durch das Einlegen zu Betriebsvermögen jedenfalls dieses Betriebes geworden. Das heißt, daß die Einlage erst dadurch in den Bestandsvergleich, in den das betreffende Betriebsvermögen einbezogen ist, aufgenommen wird. Da der Steuerpflichtige nur solche Wirtschaftsgüter seinem Betrieb zuführen und damit zu seinem Betriebsvermögen machen kann, die ihm zuzurechnen sind, muß die einkommensteuerliche Qualität zuvor Privatvermögen oder ein anderes Betriebsvermögen des Steuerpflichtigen sein. Im letztgenannten Fall spricht man aber, soweit eine Buchwertfortführung gestattet ist, von einer Einbringung. Einlagen sind also regelmäßig Zuführungen zu Betriebsvermögen aus dem Privatvermögen des Steuerpflichtigen. Soviel zu dem, was sich nach dem Gesetz über die Voraussetzungen sagen läßt.

Die Rechtsfolgen sind erstens, was als selbstverständlich nicht besonders hervorgehoben wird, die Aktivierung des eingelegten Wirtschaftsgutes, und zwar mit dem Teilwert, den die Einlage zum Zeitpunkt des Einlegens hat (§6 I Nr. 5 EStG), zweitens das gedankliche Herausrechnen dieses Wertes aus dem Gewinn des Jahres der Einlage. Die Einlage vermehrt in Höhe ihres Teilwertes das Betriebsvermögen und würde damit den durch Bestandsvergleich ermittelten Gewinn erhöhen, wenn sie nicht nach §4 I 1 EStG aus dem laufenden Gewinn herausgerechnet würde. Sie soll also, wie das Gesetz bestimmt, – der Grund wäre noch zu erforschen – nicht in diesen Gewinn eingehen.

Das ließe sich an sich auch dadurch erreichen, daß man Einlagen nicht aktiviert. Aber auch die im Gesetz nicht genannte Aktivierung der Einlage hat ihren Sinn. Würde die Einlage nicht aktiviert werden, so würde ihr Wert, soweit im Betriebsvermögen noch vorhanden, bei einer späteren Veräußerung bzw. einer Betriebsveräußerung, bei einer Entnahme oder Betriebsaufgabe den Veräußerungs- bzw. den Entnahme- oder Aufgabegewinn erhöhen. Die Aktivierung schließt das in Höhe des Teilwertes, den die Einlage zum Zeitpunkt des Einlegens hatte, aus, weil nur der über dem Buchwert des Aktivums liegende Erlös oder Wert Gewinn bildet. Also dient die Aktivierung einer Einlage der späteren Gewinnvermeidung.[447]

Wird ein abnutzbares Wirtschaftsgut eingelegt, dann zeigt sich noch die dritte Funktion, die eine Aktivierung haben kann. Von dem aktivierten abnutzbaren Wirtschaftsgut werden nämlich, wenn es Anlagevermögen darstellt, Absetzungen vorgenommen (§6 I Nr. 1, 7 EStG). Deren einkommensteuerlicher Hintergund ist, wenn man den Zusammenhang zwischen Gewinnermittlung und Absetzungen unvoreingenommen betrachtet, unmittelbar einsichtig: Die Absetzungen geben den Wertschwund an, der für die Gewinnermittlung durch Bestandsvergleich zwangsläufig gewinnmindernd berücksichtigt werden muß.[448] Die herrschende Lehre, die den Zweck der Absetzungen darin sieht, daß der Aufwand zum Erwerb des abnutzbaren Wirtschaftsgutes auf die Jahre der Nutzung verteilt werden soll,[449] läßt sich mit §4 I 1 EStG nicht in Einklang bringen. Diese Betrachtungsweise ist für das Einkommensteuerrecht – für die Betriebswirtschaftslehre ist das anders – schlicht falsch. Einkommensteuerlich dient die Aktivierung der künftigen Gewinnminderung, um nämlich vom Aktivum die gewinnmindernden Absetzungen vornehmen zu können.[450] Der Hintergrund dafür soll unten (Kapitel 5) beleuchtet werden.

II. Rückschlüsse aus den Rechtsfolgen auf Sinn und Zweck der Einlageregelung

Fragt man nur nach den Rechtsfolgen, so sind diese mit den eben getroffenen Feststellungen hinreichend beschrieben. Will man jedoch aus den Rechtsfolgen Rückschlüsse auf die Voraussetzungen ziehen, für die Frage also, was denn Gegenstand einer Einlage sein kann, ob etwa auch Nutzungen oder aber jedenfalls Nutzungsrechte in ein Betriebsvermögen eingelegt werden können, dann sind noch weitere Überlegungen anzustellen.

---

447 Costede, StuW 1995, 115, (122/123).

448 Costede, StuW 1986, 44.

449 BFH BStBl. II 1978, 342, Urt. v. 14.2. 1978, VI R 170/76; Schellenberger, FR 1980, 25; Biergans, FR 1984, 297, (302); Biergans, FR 1986, 365, (370); Schmidt/Drenseck, EStG §7, Tz. 2 u.3.

450 Costede, StuW 1995, 115, (122).

1. Zur Einlagefähigkeit von Nutzungen und Nutzungsrechten nach herrschender Lehre

Die herrschende Lehre sucht die Antwort darauf allein in dem Begriff des Wirtschaftsgutes. Da nach §4 I 5 EStG Einlagen als Wirtschaftsgüter bezeichnet werden, fragt man im Zusammenhang mit der hier untersuchten Thematik, ob denn Nutzungen oder aber doch Nutzungsrechte Wirtschaftsgüter sind. Da der Begriff des Wirtschaftsgutes, wie oben bereits ausgeführt (Teil 1, Kap. 3), stets mit den Bedingungen der Aktivierung verbunden worden ist und Nutzungen schlechterdings nicht aktiviert werden können, stand die Antwort damit fest, daß Nutzungen nämlich nicht in ein Betriebsvermögen eingelegt werden können. Der Vorstoß des I. Senats mit der Überlegung, daß der Steuerpflichtige Nutzungen wie andere Wirtschaftsgüter seinem Betriebsvermögen entnehmen kann, daß er sie also auch müsse einlegen können,[451] ist vom Großen Senat im Beschluß 2/86 verworfen worden. Wiederum hat sich der Große Senat dafür auf das Bilanzsteuerrecht berufen, daß nämlich die Vorschriften über den Ansatz und die Bewertung von Wirtschaftsgütern der Rechtsauffassung des Vorlagebeschlusses widersprächen.[452] Im übrigen hat der Große Senat aber noch eine zweite Begründung nachgeschoben, die dann auch für die Frage, ob denn Nutzungsrechte Gegenstand einer Einlage sein können, herangezogen wird. Es heißt, Einlagen seien nach §4 I 1 EStG deshalb aus dem Gewinn herauszurechnen, weil Vermögen, das der Steuerpflichtige steuerfrei gebildet hat oder das bei ihm bereits besteuert worden ist, nicht der Gewinnbesteuerung unterworfen werden solle. Unter diesem Aspekt hat der Große Senat dann Nutzungen betrachtet und die Schlußfolgerung gezogen, daß sie als Einlagen nicht in Betracht kommen, weil mit ihnen weder steuerfrei gebildetes Vermögen übertragen werde und sie auch nicht beim Steuerpflichtigen bereits besteuert worden sind. Wörtlich heißt es: „Im Gegenteil würde der Ansatz des Nutzungswerts als Einlage dazu führen, daß der auf der Nutzung beruhende und im Betrieb erwirtschaftete Gewinn der Besteuerung entzogen wird, obwohl selbst im Privatvermögen gezogene Nutzungen regelmäßig zu Einkünften aus Kapitalvermögen oder aus Vermietung und Verpachtung führen und der Besteuerung unterliegen.“[453] Für Nutzungsrechte am Privatvermögen des Steuerpflichtigen oder unentgeltlich erlangte Nutzungsrechte an Vermögen von Angehörigen folgert der Große Senat, daß auch sie, obgleich sie die Qualität von Wirtschaftsgütern haben, als Einlagen nicht in Betracht kommen. Andernfalls könnte der Steuerpflichtige – indem er etwa an eigenen privat gehaltenen

451 BFH BStBl. II 1987, 65, (66/67), Beschl. v. 20.8. 1986, I R 41/82.
452 BFH BStBl. II 1988, 348, (352 sub 1 a) bb), Beschl. v. 26.10. 1987, GrS 2/86.
453 BFH BStBl. II 1988, 348, (353 sub aa), Beschl. v. 26.10. 1987, GrS 2/86.

Wirtschaftsgütern für sich ein dingliches Nutzungsrecht begründet oder sich von Angehörigen an deren Wirtschaftsgütern ein Nutzungsrecht schenken läßt – erreichen, „daß die durch Realisierung des Nutzungsrechts erzielte Vermögensmehrung unbesteuert bleibt; dem Nutzungsertrag stände eine entsprechende Abschreibung auf das Nutzungsrecht gegenüber."[454] Das sei nicht vereinbar mit den Wertungen des Einkommensteuerrechts, wonach erzielte Nutzungen der Besteuerung zu unterwerfen seien.[455]

2. *Zur Kritik an dem Beschluß des Großen Senats 2/86*

Mit diesen Überlegungen räumt das Gericht ein, daß die Zulässigkeit von Einlagen eben nicht allein durch Rückgriff auf ihre Qualität als Wirtschaftsgut beantwortet werden kann. Fragt sich nur, ob der Gesichtspunkt, den der Große Senat seiner Schlußfolgerung zugrunde legt, zutrifft, ob es richtig ist, daß als Einlagen nur solche Wirtschaftsgüter geeignet sind, die entweder bereits beim Steuerpflichtigen besteuert worden sind oder die er zulässigerweise steuerfrei gebildet hat. Sucht man nach einem Bezug zwischen diesen Gesichtspunkten und den Rechtsfolgen der Einlage, so findet sich keine stichhaltige Verknüpfung. Daß der Teilwert der Einlage nur dann aus dem laufenden Gewinn herausgerechnet werden soll, wenn die Einlage steuerfrei gebildet worden oder wenn sie bereits besteuert worden ist, leuchtet nicht ein. Zum einen würde das nur überzeugen, wenn es allgemeinen Rechtsgrundsätzen widerspräche, das Einkommen mehrfach nach ein und demselben Objekt zu bemessen oder steuerfrei gebildetes Vermögen einkommensteuerlich zu erfassen. Davon kann aber keine Rede sein.

Noch schwerer wiegt ein methodischer Einwand: Der Große Senat begründet die Rechtsfolge des §4 I 1 EStG, daß nämlich der Teilwert der Einlage aus dem Gewinn herauszurechnen ist, durch Rückgriff auf die Qualität des Einlageobjekts und dessen steuerliche Behandlung aus der Zeit vor der Einlage. Richtigerweise geht es aber um die Frage, was bei der Gewinnermittlung durch Bestandsvergleich zu dem aus dem betreffenden Betriebsvermögen erzielten Gewinn gehört. Die Antwort darauf muß folglich aus einer Abwägung der beiderseitigen Belange, der Interessen des Fiskus und denen des Steuerpflichtigen mit Berücksichtigung einer Besteuerung nach dessen Leistungsfähigkeit gewonnen werden. Darauf, ob das Objekt der Einlage zuvor steuerfrei gebildet oder bereits besteuert worden ist, kommt es daher nicht an.

Maßgeblich ist vielmehr, daß die Gewinnbesteuerung die Leistungen erfassen soll, die der Steuerpflichtige mit Einsatz seines Betriebsvermögens erbracht hat.

---

454 BFH BStBl. II 1988, 348, (353 sub c), Beschl. v. 26.10. 1987, GrS 2/86.
455 BFH BStBl. II 1988, 348, (353 sub c), Beschl. v. 26.10. 1987, GrS 2/86.

Nur das, was er mit Hilfe seines Betriebsvermögens erzielt, soll also Gewinn bilden, nicht aber der Wert einer Einlage, der gerade nicht im Betrieb erwirtschaftet worden ist.[456] Ob die Einlage ihrerseits steuerfrei gebildet oder ob sie beim Steuerpflichigen bereits steuerlich erfaßt worden ist, ist dagegen für §4 I 1 EStG bedeutungslos. Schon eine einfache Vergleichswertung belegt, daß die Begründung des Großen Senats nicht überzeugt. Die Einlage eines abnutzbaren Wirtschaftsgutes, etwa eines PKW, mindert in Höhe des Teilwertes den Gewinn und kann daher durchaus den Nutzen aufzehren, den der Steuerpflichtige aus dem Einsatz des Wirtschaftsgutes zieht. Deswegen ist es aber nicht untersagt, abnutzbare Wirtschaftsgüter in das Betriebsvermögen einzulegen. Wie noch zu zeigen ist (s.u. Kapitel 5), steht auch die Rechtsfolge einer solchen Einlage in Zusammenhang mit der Besteuerung nach der Leistungsfähigkeit, während die Argumente des Großen Senats über die Voraussetzungen einer Einlage sinnwidrig sind.

Das heißt allerdings nicht, daß deshalb auch die Folgerungen, die der Große Senat daraus für die Einlage von Nutzungen und Nutzungsrechten gezogen hat, unrichtig wären. Wie es sich damit verhält, ist also noch zu prüfen.

3. Die Einlagefähigkeit von Nutzungen und Nutzungsrechten

Daß Einlagen nicht im Betrieb erwirtschaftet worden sind, ist aber nur eine Bedingung dafür, die Zuführung eines Wirtschaftsgutes als Einlage zu werten und entsprechend zu behandeln, d.h. sie zu aktivieren und ihren Teilwert aus dem laufenden Gewinn herauszurechnen. Welche Bedingungen dies sind, folgt zwanglos aus den Rechtsfolgen der Einlage, der Aktivierung mit dem Teilwert nämlich und der gedanklichen Gewinnkürzung um diesen Teilwert.

Diese beiden Rechtsfolgen einer Einlage hängen voneinander ab, sind also miteinander verflochten: Würde die Einlage nicht aktiviert, dann wäre es nicht erforderlich, ihren Teilwert gedanklich vom laufenden Gewinn abzuziehen. Denn ohne Aktivierung würde die Zufuhr der Einlage ja nicht das zum Schluß des Wirtschaftsjahres im Bestandsvergleich betrachtete Betriebsvermögen wertmäßig erhöhen. Würde die Aktivierung allerdings unterlassen, könnte die nicht als Aktivum erfaßte Einlage später einen Veräußerungs- oder Entnahme- bzw. Aufgabegewinn erhöhen. Das aber heißt im Umkehrschluß, daß der Gewinn nur dann um den Teilwert der Einlage gedanklich zu reduzieren ist, wenn es zur Aktivierung kommt. Anders ausgedrückt: Einlagen können wegen dieser steuerrechtlichen Verknüpfungen nur solche Positionen sein, die sich aktivieren lassen und im konkreten Fall zu Betriebsvermögen des Steuerpflichtigen zu aktivieren sind.

456 Costede, StuW 1995, 115, (122).

Danach ergeben sich die folgenden Bedingungen, die an eine Einlage zu stellen sind: Es muß sich erstens um Wirtschaftsgüter handeln. Denn aktiviert werden können nur Wirtschaftsgüter. Zweitens müssen diese Wirtschaftsgüter aktivierungsfähig sein. Drittens müssen sie zu Betriebsvermögen des Steuerpflichtigen aktiviert werden, was heißt, daß er sie zur Erzielung von Gewinn einsetzt und daß er ihren Wert mindestens bei einer Betriebsveräußerung für sich realisieren kann.

Betrachtet man unter diesen Aspekten Nutzungen und Nutzungsrechte, so ergibt sich folgendes:

a) Nutzungen

Nutzungen sind, wie oben festgestellt worden ist (Teil 2, Kap. 2), zwar Wirtschaftsgüter. Eine Aktivierung, die Bedingung für die Einlagefähigkeit eines Wirtschaftsgutes ist, kommt bei Nutzungen aber schon deshalb nicht in Betracht, weil sie sich zu jedem Zeitpunkt der Nutzungsmöglichkeit verflüchtigen, mag der Steuerpflichtige sie nun gebraucht haben oder nicht. Daher scheidet die Aufnahme in die Bilanz aus und aus diesem Grund auch die Möglichkeit, Nutzungen einzulegen. Die betreffende Aussage im Beschluß 2/86 des Großen Senats ist also im Ergebnis richtig, wenn auch die Begründung nicht akzeptiert werden kann.[457]

b) Nutzungsrechte

Zur Einlagefähigkeit von Nutzungsrechten ist folgendes zu sagen:

aa) Unentgeltlich eingeräumte Nutzungsrechte

Nutzungsrechte, die – regelmäßig von Angehörigen – dem Steuerpflichtigen unentgeltlich eingeräumt werden, sind in den meisten Fällen auf seine Person zugeschnitten. Das heißt, daß er sie nicht, schon gar nicht gegen Entgelt weitergeben kann, auch nicht mit seinem Betrieb. Dann aber fehlt eine Bedingung für die Zurechnung des Nutzungsrechts zum Betriebsvermögen des Steuerpflichtigen und damit eine Voraussetzung für die Einlagefähigkeit. Auch diese Aussage des Großen Senats im Beschluß 2/86 trifft also zu, wenn auch die Begründung wiederum nicht stichhaltig ist.

Daß die Angehörigen, die dem Steuerpflichtigen unentgeltlich ein Nutzungsrecht eingeräumt haben, Aufwendungen getätigt haben, ändert nichts daran, daß

457 Costede, StuW 1995, 115, (122/123).

eine Einlage nicht in Betracht kommt. Können die Angehörigen ihren Aufwand nicht selbst als Betriebsausgaben oder Werbungskosten geltend machen, dann ist er einkommensteuerlich irrelevant. Aber auch eigene Aufwendungen des Steuerpflichtigen können für sich keine Einlage begründen. Die Figur der Aufwandseinlage ist abzulehnen. Vielmehr ist die Bedingung, daß nur Wirtschaftsgüter eingelegt werden können, unerläßlich. Soweit der Steuerpflichtige Aufwendungen im Betrieb getätigt hat, handelt es sich um erfolgswirksame Betriebsausgaben. Hat er vor Begründung des Nutzungsrechts, etwa eines Nießbrauchs, Aufwendungen ohne Bezug zu seinem Betrieb getätigt, so sind sie gleichfalls einkommensteuerlich irrelevant. Die These des Großen Senats, wonach das einkommensteuerliche Nettoprinzip jedenfalls eine Berücksichtigung von Aufwendungen gebietet, ist in dieser Allgemeinheit nicht haltbar. Es können Betriebsausgaben oder Werbungskosten in Frage kommen, aber jeweils nur in Zusammenhang mit der Erzielung von Einkünften. Auf das Problem der Absetzung soll gesondert unten (Kapitel 5) eingegangen werden.

bb) Nießbrauch am eigenen Privatvermögen

An eigenem Vermögen kommen Nutzungsrechte nur als dingliche Rechte, eben als Nießbrauch, in Betracht. Andernfalls geht das Nutzungsrecht in dem betreffenden Vermögensrecht, etwa dem Eigentum, auf. Es ist dann eine unselbständige Eigenheit des Eigentums. Nur als ein dingliches Recht läßt es sich jedenfalls zivilrechtlich von dem Mutterrecht unterscheiden. Hat der Steuerpflichtige mit dinglicher Wirkung den Nießbrauch an einer Sache in seinem Eigentum begründet, dann fragt sich, ob er es in sein Betriebsvermögen einlegen, ob er etwa bei der Übertragung des Eigentums sich den Nießbrauch vorbehalten und dieses Nutzungsrecht als Einlage verwenden kann. Wie oben berichtet worden ist, hat der III. Senat des Bundesfinanzhofs dies angenommen, um dem Steuerpflichtigen die Absetzungen auf das von ihm errichtete Gebäude zu gestatten.[458]

Das Aktivierungsverbot für immaterielle Wirtschaftsgüter, die nicht entgeltlich von anderen erworben worden sind, steht nach der Rechtsprechung des Bundesfinanzhofs der Einlagefähigkeit nicht entgegensteht.[459] Das ist auch richtig. Denn §5 II EStG bezieht sich auf Fälle einer Aktivierung zur Gewinnerhöhung, was erhöhte Leistungsfähigkeit voraussetzt. Bei immateriellen Wirtschaftsgütern nimmt das Gesetz zugunsten des Steuerpflichtigen diese erhöhte Leistungsfähigkeit nicht an, wenn er das immaterielle Wirtschaftsgut in seinem Betrieb selbst hergestellt, es also nicht gegen Entgelt auf dem Markt erworben hat. Seine Be-

---

458 BFH BStBl. II 1989, 763, (765 sub b), Urt. v. 16.12. 1988, III R 113/85.
459 So schon BFH BStBl. II 1980, 244, (246 sub bb), Urt. v. 22.1. 1980, VIII R 74/77.

triebsausgaben mindern dann also den Gewinn, weil er den Gegenwert nicht aktivieren darf. Das bewirkt einen Zinsgewinn, keine Steuerersparnis, da die Besteuerung nachgeholt wird, wenn das immaterielle Wirtschaftsgut später, etwa im Rahmen einer Betriebsveräußerung veräußert wird. Bei einer Einlage geht es nicht um eine Gewinnerhöhung wegen erhöhter Leistungsfähigkeit, sondern im Gegenteil um die Aktivierung zur Gewinnvermeidung. Also ist es geboten, auch immaterielle Wirtschaftsgüter, die nicht gegen Entgelt von anderen abgeleitet erworben worden sind, bei Einlage zu aktivieren. Ohne die Aktivierung würde das eingelegte immaterielle Wirtschaftsgut später als Gewinn erfaßt, obgleich es in Höhe des Wertes der Einlage nicht zum Gewinn gerechnet werden darf. Das Aktivierungsverbot des §5 II EStG bezieht sich auf einen anderen Aktivierungszweck als die Aktivierungspflicht im Fall einer Einlage.[460]

Die Antwort auf die Frage, ob der Steuerpflichtige den Nießbrauch an seinem Privatvermögen in sein Betriebsvermögen einlegen kann, hängt daher nur davon ab, ob der Nießbrauch dem Steuerpflichtigen zu Betriebsvermögen zugerechnet werden kann. Die übrigen Bedingungen, daß es sich um ein Wirtschaftsgut handeln muß, das, weil es mehrere Jahre genutzt werden kann, auch aktivierbar ist, liegen fraglos vor. Die Zurechnung zu Betriebsvermögen setzt voraus, daß der Steuerpflichtige es zur Erzielung von Einkünften einsetzen und daß er dessen Wert für sich ausmünzen kann. Zur Erzielung von Gewinneinkünften setzt der Steuerpflichtige den Nießbrauch ein, wenn er von der Möglichkeit Gebrauch macht, die Sache, an der das Recht besteht, betrieblich zu nutzen. Bleibt nur die Frage offen, wie es mit der Möglichkeit steht, den Wert des Nießbrauchs zumindest bei einer Betriebsveräußerung zu realisieren. Ein Nießbrauch ist zwar nicht übertragbar, kann aber einem anderen zur Ausübung überlassen werden (§1059 BGB). Daß dies einen Vermögenswert hat und daß ein Erwerber des Betriebes bereit wäre für die betriebliche Nutzung der nießbrauchsbelasteten Sache einen Gegenwert zu zahlen, kann ohne weiteres angenommen werden. Unter diesen Umständen ist der Nießbrauch aber, und zwar auch der vorbehaltene Nießbrauch ein einlagefähiges Wirtschaftsgut.

Problematisch ist allein die Bewertung dieses Rechts. Eine Bemessung nach dem Wert, von dem die Gebäude-Absetzungen vorgenommen werden, ist nicht vertretbar. Die betreffende Ansicht des III. Senats[461] fußt darauf, daß es die Aufwendungen des Steuerpflichtigen für die Anschaffung oder Herstellung des Gebäudes auf dem nießbrauchsbelasteten Grundstück seien, die die Berechtigung zur Einlage des Nießbrauchs lieferten. Das aber ist rein pragmatisch und ohne rechtliche Grundlage gedacht. Durch die Einlage des Nießbrauchs hat das Be-

---

460 Costede, StuW 1995, 115, (122).

461 BFH BStBl. II 1989, 763, (765/766 sub 3.), Urt. v. 16.12. 1988, III R 113/85.

triebsvermögen keinen Wertzuwachs in Höhe der Anschaffungs- oder Herstellungskosten für das Gebäude erfahren. Das Gebäude ist mit diesem Wert dem Grundstückseigentümer zuzurechnen und bildet auch dann, wenn dies der Steuerpflichtige ist, kein Betriebsvermögen, wenn nicht das Grundstück mit Gebäude, sondern nur das Nießbrauchsrecht eingelegt worden ist. Also kommt eine Aktivierung des eingelegten Nießbrauchs auch nicht mit dem Aufwand für das Gebäude in Betracht. Daß der Steuerpflichtige diese Aufwendungen getätigt hat, begründet für sich allein nicht eine Berechtigung zu Absetzungen. Die Einlage ist kein Instrument dafür, Absetzungen nachzuholen, die andernfalls verloren gingen. Diese These des III. Senats des Bundesfinanzhofs zur Bewertung des eingelegten Nießbrauchs muß abgelehnt werden. Die Annahme dagegen, daß der vorbehaltene Nießbrauch in ein Betriebsvermögen eingelegt werden kann,[462] trifft zu.

Dagegen kann die These des X. Senats, dies gelte auch für ein „vorbehaltenes" schuldrechtliches Nutzungsrecht,[463] nicht ohne weiteres bestätigt werden. Zunächst ist zu sagen, daß mit schuldrechtlicher Wirkung Nutzungsrechte nicht vorbehalten werden können. Das nämlich hieße, daß der Steuerpflichtige sie an seinem Eigentum begründet und bei dessen Übertragung das schon bestehende Nutzungsrecht für sich zurückhält. Das ist zivilrechtlich nicht möglich, da die Nutzungsmöglichkeit an der eigenen Sache im Eigentum aufgeht. Gemeint kann daher nur sein, daß der Sacheigentümer die Übertragung der Sache von der Einräumung eines schuldrechtlichen Nutzungsrechts abhängig macht. Das ist fraglos möglich. Auch ein solches schuldrechtliches Nutzungsrecht stellt steuerlich ein Wirtschaftsgut dar. Ob es dem Steuerpflichtigen zu Betriebsvermögen zugerechnet werden kann, so daß er es, vorausgesetzt, es besteht über mehrere Jahre, als Einlage verwenden kann, hängt von der Übertragbarkeit ab. Ist der neue Sacheigentümer damit einverstanden, daß das Nutzungsrecht bei einer Betriebsveräußerung in der Person des Erwerbers wieder begründet wird, dann hat das Nutzungsrecht einen Wert, für den der Erwerber gegebenenfalls auch etwas zu zahlen bereit sein wird. Dann also kann der Steuerpflichtige diesen Wert für sich ausmünzen. Das Nutzungsrecht kann ihm dann zu Betriebsvermögen zugerechnet werden. In diesem Fall ist die These des X. Senats, daß auch ein schuldrechtliches Nutzungsrecht einlagefähig ist, zutreffend, andernfalls nicht. Unrichtig ist aber die Annahme, dies hinge davon ab, daß der Steuerpflichtige die Anschaffungs- oder Herstellungskosten für das Gebäude, das er betrieblich nutzen darf, getragen hat. Unrichtig ist auch, daß sich der Teilwert des eingelegten Nutzungsrechts nach dem Betrag bemißt, nach dem diese Anschaffungs- oder Herstellungskosten

---

462 BFH BStBl. II 1989, 763, (765 sub b) bb), Urt. v. 16.12. 1988, III R 113/85.
463 BFH BStBl. II 1990, 368, (371 sub 3.a), Urt. v. 20.9. 1989, X R 140/87.

hätten abgesetzt werden können, wenn der Steuerpflichtige Grundstückseigentümer geblieben wäre.

cc) Zur Einlage von Nutzungsrechten, die entgeltlich an fremdem Vermögen begründet worden sind.

Diese Nutzungsrechte sind, gleichgültig, ob dinglicher oder schuldrechtlicher Natur, in einem schwebenden Geschäft befangen und unterliegen also, wie oben ausgeführt, dem Aktivierungsverbot, das für Wirtschaftsgüter aus schwebenden Geschäften gilt. Es fragt sich daher, ob dies einer Einlage entgegensteht oder ob der Aktivierungszweck, der mit der Aktivierung einer Einlage verfolgt wird, dieses Aktivierungsverbot so wie im Fall des §5 II EStG[464] verdrängt.

Die Aktivierung der Einlage soll späteren Gewinn vermeiden, der etwa bei einer Betriebsveräußerung ausgewiesen würde, wenn die Einlage nicht mit ihrem Teilwert aktiviert worden wäre. Diese Gefahr besteht aber im Fall schwebender Geschäfte nicht, weil sich bei ihnen Rechte und Pflichten gleichwertig gegenüberstehen. Das ist ja der Grund für das Aktivierungsverbot, weil die Aktivierung und die entsprechende Passivierung die Bilanz nur unnötig aufblähen würden. Infolgedessen kommt die Aktivierung aber auch dann nicht in Betracht, wenn Rechte aus schwebenden Geschäften aus dem Privatvermögen in das Betriebsvermögen überführt werden. Das bedeutet, daß im Fall schwebender Geschäfte eine Bedingung für die Einlagefähigkeit, nämlich die Aktivierung des Wirtschaftsgutes fehlt. Und das heißt, daß Rechte aus schwebenden Geschäften nicht einlagefähig sind.

Nutzungsrechte, die entgeltlich an fremdem Vermögen begründet sind, kann der Steuerpflichtige also nicht in sein Betriebsvermögen einlegen.

Kapitel 5: Zur Bedeutung der Absetzungen im Fall von Nutzungsrechten

Die Frage der Einlagefähigkeit ist, wie die obigen Ausführungen zeigen, nicht zuletzt mit Rücksicht auf Absetzungen erörtert worden. Es ging dabei, da von Nutzungen Absetzungen schlechterdings nicht denkbar sind, allein um Absetzungen im Fall von Nutzungsrechten. Der Teilwert des unentgeltlich erlangten und dann eingelegten Nutzungsrechts sollte nach Ansicht des IV. Senats, der sich der VIII. Senat anschloß, nach der Summe der Absetzungsbeträge bemessen werden, die

464 Costede, StuW 1995, 115, (122).

auf das genutzte Wirtschaftsgut entfallen wären.[465] Diese Judikatur war nach der Entscheidung des Großen Senats 2/86, wonach unentgeltlich erlangte Nutzungsrechte nicht eingelegt werden können,[466] überholt. Jedoch knüpften der III. und der X. Senat des Bundesfinanzhofs für vorbehaltenen Nutzungsrechte daran in solchen Fällen wieder an, in denen der Steuerpflichtige die Anschaffungs- oder Herstellungskosten für das Wirtschaftsgut, an dem das Nutzungsrecht bestand, getragen hatte. Ihm sollte über die Einlage des Nutzungsrechts gestattet werden, weiterhin Absetzungen in gleicher Höhe vorzunehmen, jetzt vom eingelegten Nutzungsrecht.[467] Auch bei Überschußeinkünften spielt die Absetzungen eine Rolle. Mit ganz anderen Überlegungen hat der Große Senat des Bundesfinanzhofs dann in den Beschlüssen 4/92 und 1/97 eine Kehrtwendung vollzogen. Absetzungen, so meint das Gericht seien nur Ausdruck des Nettoprinzips und auch unabhängig davon berechtigt, ob sie von einem abnutzbaren Wirtschaftsgut vorgenommen werden können.[468]

Das alles ist oben bereits beschrieben worden.[469] Jetzt ist die Stellungnahme dieser Arbeit geboten. Dafür müssen die Grundlagen der Absetzungsbefugnis aufgedeckt werden.

I. Die Funktion der Absetzungsbefugnis

Die Absetzungsbefugnis gehört, obwohl tagtäglich von ihr Gebrauch gemacht wird, – wie Costede in seinem grundlegenden Aufsatz im Jahre 1986 geschrieben hat[470] – zu den Geheimnissen des Einkommensteuerrechts. Daran hat sich heute, 20 Jahre später, immer noch nichts geändert. Die Überlegungen und Resultate Costedes haben bislang nicht Eingang in die herrschende Lehre gefunden.

Nach der ganz überwiegenden Ansicht haben die Absetzungen die Aufgabe, Aufwand, den der Steuerpflichtige getätigt hat, um ein abnutzbares Wirtschaftsgut – im Fall von Gewinneinkünften für sein Anlagevermögen – anzuschaffen

465 BFH BStBl. II 1981, 68, Urt. v. 20.11. 1980, IV R 117/79; BFH BStBl. II 1983, 739, (740), Urt. v. 2.8. 1983, VIII R 57/80.
466 BFH BStBl. II 1988, 348, (353 sub c), Beschl. v. 26.10. 1987, GrS 2/86.
467 BFH BStBl. II 1989, 763, (766 sub 3. a.E.), Urt. v. 16.12. 1988, III R 113/85; BFH BStBl. II 1990, 368, Urt. v. 20.9. 1989, X R 140/87.
468 BFH BStBl. II 1995, 281, (284 sub III.pr.), Beschl. v. 30.1. 1995, GrS 4/92; BFH BStBl. II 1999, 778 (780), Beschl. v. 23.8. 1999, GrS 1/97.
469 1. Teil, Kap. 2 II und Kap. 3 VI.
470 Costede, StuW 1986, 44, 45/46.

oder herzustellen, auf die Jahre der Brauchbarkeit des Wirtschaftsgutes zu verteilen.[471]

Zwar heben verschiedene Urteile des Bundesfinanzhofs auch die Ansicht hervor, daß die Absetzungen den Wertverzehr des abnutzbaren Wirtschaftsgutes angäben.[472] Aber daneben wird dann doch wieder betont, daß der diesbezügliche Aufwand verteilt werden solle.[473] Eine Begründung dafür wird nicht geliefert. Diese These erscheint vielmehr als ehernes Postulat.[474]

Daß die Ansicht, Absetzungen sollten den getätigten Aufwand auf die Dauer der Nutzung verteilen, für Gewinneinkünfte nicht zutrifft, liegt auf der Hand. Das Gesetz normiert in §4 I 1 EStG, wie Gewinn zu ermitteln ist, nämlich durch Bestandsvergleich, für den die Wirtschaftsgüter zu bewerten sind, abnutzbare Wirtschaftsgüter des Anlagevermögens nach §6 I Nr. 1 EStG abzüglich der Absetzungen für Abnutzung. Hier, bei der Bewertung also, haben die Absetzungen ihren Platz. Sie zeichnen den Wertverzehr, durch den die abnutzbaren Wirtschaftsgüter an Wert verlieren, nach.[475] Da dies im Fall einer Einlage auch dann gilt, wenn das eingelegte Wirtschaftsgut nicht mit Anschaffungs- oder Herstellungskosten des Steuerpflichtigen erworben, wenn es nämlich geschenkt worden ist, folgert Costede, daß jedenfalls bei den Gewinneinkünften Erwerbsaufwand für die Absetzungen nicht vorausgesetzt werde, so daß die Aufwandsverteilungstheorie hier ganz unhaltbar sei.[476] Die aus betriebswirtschaftlicher Sicht von Jakob/Wittmann vertretene Ansicht, auch einkommensteuerlich interesierte nur der getätigte Aufwand,[477] ist mit dem Einkommensteuergesetz unvereinbar. Aber auch für Überschußeinkünfte kommt er zu diesem Ergebnis. Das belegt er durch den Hinweis, daß andernfalls, wenn Absetzungen der Aufwandsverteilung dienen würden, die Beschränkung des Werbungskostenabzugs auf Absetzungen von abnutzbaren Wirtschaftsgütern unverständlich wäre. Vielmehr müßte es Absetzungen der Anschaffungskosten auch von nicht abnutzbaren Wirtschaftsgütern geben. Da das nicht der Fall ist, sind, so lautet seine Schlußfolgerung, nicht die Anschaffungs- oder Herstellungskosten, ist vielmehr die Abnutzung der ausschlaggebende Gesichtspunkt. Dies führt Costede auf die Besteuerung nach der

471 So expressis verbis BFH BStBl. II 2006, 754, Urt. v. 26.4. 2006, IX R 24/04; BFH BStBl. II 1978, 342, Urt. v. 14.2. 1978, VI R 170/76; Schellenberger, FR 1980, 25; Biergans, FR 1984, 297, (302); Biergans, FR 1986, 365, (370); Jakob/Wittmann, FR 1988, 540; Schmidt/Drenseck, EStG §7, Tz. 2 u.3.

472 BFH BStBl. II 1975, 6, (7), Urt. v. 26.3. 1974, VIII R 210/72.

473 BFH BStBl. II 1979, 38, (39 sub cc), Urt. v. 27.6. 1978, VIII R 12/72.

474 Siehe etwa Schmidt/Drenseck, EStG §7, Tz. 3.

475 Costede, StuW 1986, 44, 45/46.

476 Costede, StuW 1986, 44, 45/46.

477 Jakob/Wittmann, FR 1988, 540.

Leistungsfähigkeit zurück, die bei Abwägung des fiskalischen Interesses gegenüber den Belangen des Steuerpflichtigen zu dessen Gunsten zu berücksichtigen ist. Da nicht nur die die Leistungsfähigkeit stärkenden Aspekte maßgeblich, sondern auch die sie schwächenden Faktoren zu beachten sind, muß sich das Opfer des Steuerpflichtigen zur Erzielung seiner Einkünfte leistungsmindernd auswirken. Der Einsatz eines abnutzbaren Wirtschaftsgutes, das für die Einkünfte verbraucht wird, muß also bei einer Besteuerung nach der Leistungsfähigkeit notwendig, und zwar über die Absetzungen, Beachtung finden.[478] Da der Wertschwund im abnutzbaren Wirtschaftsgut unabhängig davon ist, ob der Steuerpflichtige es entgeltlich oder unentgeltlich erworben hat, spielen die Anschaffungs- oder Herstellungskosten für die Befugnis zu Absetzungen gar keine Rolle. Sie liefern nur die Bemessungsgrundlage für den Wert des Wirtschaftsgutes, um dessen Wertverzehr es geht. Hat der Steuerpflichtige keine Erwerbskosten aufgewendet, so müssen zur Wertfeststellung eben hypothetische herangezogen werden.[479]

II. Zur Absetzungsbefugnis bei Gewinneinkünften

Im Fall von Gewinneinkünften kommen Absetzungen nur von abnutzbaren Wirtschaftsgütern des Anlagevermögens in Betracht, die der Steuerpflichtige aktiviert hat.[480] Wann Nutzungsrechte aktiviert werden können, ist oben (Kapitel 3 und 4) beschrieben worden. Hier ist nur nachzutragen, wie es sich mit Absetzungen verhält. Allgemein ist dazu zu sagen, daß Absetzungen nur vom aktivierten Teilwert des (eingelegten) Nutzungsrechts in Frage kommen. Von einem Gebäude, das zu nutzen der Steuerpflichtige berechtigt ist, kann er, wenn dieses ihm nicht zuzurechnen ist, keine Absetzungen vornehmen. Das folgt aus den obigen Überlegungen zu den Grundlagen der Absetzungsbefugnis. Es geht nicht darum, Aufwand periodengerecht zu verteilen. Vielmehr sollen die Absetzungen den Wertschwund nachzeichnen, den ein Wirtschaftsgut erleidet. Dies muß, wenn es ein Opfer ist, das der Steuerpflichtige zu seinen Lasten erbringt, um Einkünfte zu erzielen, bei der Besteuerung nach der Leistungsfähigkeit berücksichtigt werden. Das Opfer besteht aber darin, daß das abnutzbare Wirtschaftsgut eingesetzt und für die Einkünfte verbraucht wird. Es besteht nicht in irgendwelchem Aufwand, schon gar nicht in Aufwendungen für ein Wirtschaftsgut, das dem Steuerpflichtigen nicht

---

478 Costede, StuW 1986, 44, 46.

479 Costede, StuW 1986, 44, (46). Auch Rößler, DStZ 1981, 274, (277), vertritt dieses Ergebnis.

480 Die Besonderheit in Fällen der Überschußrechnung bleiben hier beiseite.

zuzurechnen ist, das er nämlich nicht zur Erzielung von Einkünften einsetzen kann, dessen Wertsteigerung ihm nicht zukommt und dessen Wertschwund ihn nicht trifft.

Der Wert des eingelegten Nutzungsrechts kann vom Wert des Gegenstandes, an dem es besteht, abhängen, weil ein potentieller Erwerber das Nutzungsrecht nach Maßgabe der Qualität der Nutzungen vergüten wird. Das aber ist nur ein mittelbarer Zusammenhang. Es ist jedenfalls nicht statthaft, ohne weiteres den Abschreibungswert des genutzten Objekts zum Teilwert des eingelegten Nutzungsrechts zu erklären.

III. Zur Absetzungsbefugnis bei Überschußeinkünften

Zur Absetzungsbefugnis bei Überschußeinkünften ist oben die Sicht der facettenreichen Lehrmeinung beschrieben worden.[481] Das Bild das sich dabei zeigt, ist uneinheitlich, da vor allem die Rechtsprechung häufigem Wandel unterzogen war. Hier ist jetzt die Stellungnahme der Arbeit geboten.

Wiederum bildet den Ausgangspunkt zum Verständnis die Einsicht, daß die Abschreibungsbefugnis auf dem Opfer beruht, das der Steuerpflichtige, um Einkünfte zu erzielen, durch den Einsatz eines abnutzbaren Wirtschaftsgutes erbringt. Folglich können Absetzungen auch im Rahmen von Überschußeinkünften nur von Wirtschaftsgütern in Betracht kommen, die dem Steuerpflichtigen zuzurechnen sind. Nur solche Wirtschaftsgüter kann er für Einkünfte einsetzen. Nur bei solchen Wirtschaftsgütern trifft der Wertschwund ihn.

Die Rechtsprechung, die dem Vorbehaltsnießbraucher Absetzungen von dem Gebäude zubilligt, das er noch als Grundstückseigentümer errichtet hat, ist daher, wenn er nicht ausnahmsweise wirtschaftlicher Eigentümer des Gebäudes ist, unhaltbar.

1. Unentgeltlich erworbene Nutzungsrechte

Für die Absetzungsbefugnis ist maßgeblich, daß das Wirtschaftsgut, von dem der Steuerpflichtige Absetzungen vornehmen will, abnutzbar ist, daß es eingesetzt wird, um Einkünfte zu erzielen, und daß es dem Steuerpflichtigen zuzurechnen ist. Nur dann trifft ihn dessen Wertschwund als ein Opfer. Zugerechnet werden Wirtschaftsgüter erstens, wenn der Steuerpflichtige sie zur Erzielung von Einkünften einsetzen kann. Diese Bedingung liegt vor, wenn der Nutzungsberechtigte aus dem Wirtschaftsgut, das er nutzen kann, etwa Einkünfte aus Vermietung

481 Teil 1 Kap. 2 II.

und Verpachtung zieht. Sie sind dann mit Hilfe des Nutzungsrechts erwirtschaftet worden. Zweitens aber muß der Steuerpflichtige imstande sein, den Wert des Wirtschaftsgutes für sich zu realieren. Nur unter dieser weiteren Bedingung ist eine Zurechnung rechtens. Für Betriebsvermögen, dessen Wertzuwachs steuerlich erfaßt werden kann, liegt dies auf der Hand. Der Steuerpflichtige kann nicht für einen Gewinn herangezogen werden, den er gar nicht genießen kann. Aber auch bei Überschußeinkünften ist diese Voraussetzung unerläßlich, hier deshalb, weil die Entwertung eines abnutzbaren Wirtschaftsgutes durch den Einsatz für Einkünfte nur dann ein Opfer des Steuerpflichtigen ist, wenn er es in der Hand hätte, den Wert anderweitig für sich auszumünzen. Ein Nutzungsrecht, das dem Steuerpflichtigen unentgeltlich überlassen worden ist, wird er aber nicht gegen Entgelt einer anderen Person vermitteln können. Es hat für ihn nur den Wert der Einkünfte, die er daraus zieht. Es selbst stellt für ihn keinen Wert dar, der Verbrauch kein Opfer. Also muß man dem Nutzungsberechtigten, dem das Nutzungsrecht unentgeltich eingeräumt worden ist, die Absetzungsbefugnis absprechen, wenn er es nicht gegen Entgelt verwerten kann.

Ist dies dagegen möglich, wie etwa bei einem unentgeltlich eingeräumten Nießbrauch, den der Nießbraucher einem anderen gegen Entgelt zur Ausübung überlassen kann (§1059, 2 BGB), dann verhält es sich anders. In Höhe des Entgelts, das der Steuerpflichtige erzielen könnte, opfert er den Nießbrauch für die Einkünfte, die er daraus erwirtschaftet. Daher muß er zu Absetzungen berechtigt sein. Dagegen darf nicht eingewandt werden, daß ein Entgelt für die Überlassung des Nießbrauchs als Einkünfte aus Vermietung und Verpachtung erfaßt werden könnte (§21 I Nr. 3 EStG). Denn der Verbrauch des Wirtschaftsgutes ist unabhängig davon gleichwohl ein Opfer.

2. *Entgeltlich erworbene Nutzungsrechte*

Bei entgeltlich begründeten Nutzungsrechten, mit deren Hilfe der Steuerpflichtige Einkünfte, etwa Einkünfte aus Vermietung und Verpachtung, erzielt, ist wiederum zu fragen, ob er seine Berechtigung, und zwar gegen Entgelt, weitergeben könnte. Handelt es sich um ein Nießbrauchsrecht, dann ist zwar dessen Übertragung ausgeschlossen. Der Nießbrauch kann aber zur Ausübung jemand anderem überlassen werden (§1059 BGB). Das ist fraglos auch gegen Entgelt möglich. Das Entgelt für eine solche Überlassung wird in den meisten Fällen dem Entgelt entsprechen, das der Nießbraucher seinerseits für den Nießbrauch gezahlt hat. Danach wären dann die Absetzungen zu bemessen.

Ist es dagegen dem Nutzungsberechtigten versagt, sein Recht gegen Entgelt anderen zu vermitteln, dann ist es ihm nicht zuzurechnen. Der Einsatz des Rechts für Einkünfte bedeutet dann kein Opfer, das eine Absetzungsbefugnis begründen würde.

IV. Zur Person des Absetzungsberechtigten

Bislang schien die Antwort auf die Frage, wem die Befugnis, Absetzungen vorzunehmen, zusteht, einfach zu sein. Absetzungsbefugt müßte danach derjenige sein, dem das abnutzbare Wirtschaftsgut, von dem die Absetzungen vorzunehmen sind, zuzurechnen ist. Nach den Beschlüssen des Großen Senats 4/92[482] und 1/97[483] lautet die Antwort aber anders. Danach sollen Absetzungen den Aufwand verteilen, mit dessen Einsatz das abnutzbare Wirtschaftsgut angeschafft worden ist. Zu Absetzungen befugt ist danach derjenige, der den Aufwand getätigt hat. Ob ihm das angeschaffte oder hergestellte Wirtschaftsgut zuzurechnen ist, soll dagegen gleichgültig sein.

So rigoros hat bisher noch niemand die Absetzungsbefugnis in ihren Grundlagen umgestaltet. Diese vom Großen Senat vertretene Ansicht widerspricht eklatant Prinzipien des Einkommensteuerrechts. Allerdings trifft es zu, daß Aufwendungen, die ein Steuerpflichtiger, um Einkünfte zu erzielen, tätigt, steuerschuldmindernd berücksichtigt werden müssen. Die übliche Erklärung, daß im Werbungskosten- oder Betriebsausgabenabzug das sogenannte Nettoprinzip des Einkommensteuerrechts zum Ausdruck komme,[484] ist bei genauerer Betrachtung keine richtige Begründung. Sie besagt für Überschußeinkünfte nur, daß sie deshalb sozusagen netto erfaßt werden, weil nach dem Gesetz die Werbungskosten von den Einnahmen abzuziehen sind. Damit wird die Gesetzeslage – und zwar kalkulatorisch – beschrieben, nicht aber erklärt. Eine Erklärung können nur die Wertungen liefern, auf denen das sogenannte Nettoprinzip beruht. Diese Wertungen folgen aus dem Prinzip, das die Einkommenbesteuerung bestimmt, d.h. aus einer Abwägung der fiskalischen Interessen gegenüber den Belangen des Steuerpflichtigen, zu dessen Gunsten seine Leistungskraft berücksicht werden muß.[485] Die Leistungskraft tritt in den Leistungen des Steuerpflichtigen hervor, mit denen er seine Einkünfte erwirtschaftet. Sie wird aber auch durch Aufwendungen des Steuerpflichtigen für seine Einkünfte beeinflußt, nämlich gegebenenfalls gemindert.

---

482 BFH BStBl. II 1995, 281, (284 sub III.pr.), Beschl. v. 30.1. 1995, GrS 4/92.
483 BFH BStBl. II 1999, 778 (780), Beschl. v. 23.8. 1999, GrS 1/97.
484 BFH BStBl. II 1995, 281, (284 sub III.), Beschl. v. 30.1. 1995, GrS 4/92.
485 s.o. Teil 2, Kap. 1. II.2d.

Danach müßten aber Betriebsausgaben und Werbungskosten im Jahr, in dem sie entstanden sind, jeweils in voller Höhe geltend gemacht werden können. Wenn demgegenüber nur Absetzungen in Betracht kommen, dann deshalb, weil der Steuerpflichtige für den betreffenden Aufwand einen Gegenwert, hier ein abnutzbares Wirtschaftsgut, erworben hat, das ihm zuzurechnen ist. Es gleicht die Minderung der Leistungsfähigkeit aus und ist der Grund dafür, daß die Anschaffungs- oder Herstellungskosten bei Gewinneinkünften durch Aktivierung des Gegenwerts neutralisiert werden und bei Überschußeinkünften eben keine Werbungskosten darstellen. Eine Minderung der Leistungsfähigkeit tritt bei Überschußeinkünften wie bei Gewinneinkünften aber ein, wenn der Wert des abnutzbaren Wirtschaftsguts durch die Abnutzung schwindet. Das wird durch die Absetzungen nachgezeichnet. Absetzungen haben eben die Aufgabe, den Wertschwund in abnutzbaren Wirtschaftsgütern, die der Steuerpflichtige für die Einkünfte opfert, anzugeben.[486]

Tätigt ein Steuerpflichtiger dagegen Aufwendungen für die Anschaffung oder Herstellung abnutzbarer Wirtschaftsgüter, die ihm nicht zuzurechnen sind, dann muß er, wenn der Aufwand seinen Einkünften dient, sofort zum erfolgswirksamen Betriebsausgabenabzug oder zum Abzug der Werbungskosten in voller Höhe berechtigt sein. Daß der Große Senat ihm das verwehren will, nur weil es sich um Anschaffungs- oder Herstellungskosten handelt, ist mit dem Prinzip, daß eine Minderung der Leistungsfähigkeit einkommensteuerlich berücksichtigt werden muß, unvereinbar. Denn das angeschaffte oder hergestellte Wirtschaftsgut gleicht, wenn es dem Steuerpflichtigen nicht zuzurechnen ist, seinen Aufwand nicht aus.

Die Entscheidung, daß der Steuerpflichtige dennoch nur jährliche Absetzungen soll vornehmen dürfen, wäre also, wenn nicht doch ein Gegenwert – hier in Form eines Nutzungsrechts – vorhanden wäre, grob ungerecht.

Kapitel 6: Betriebsausgaben- bzw. Werbungskostenproblematik oder Drittaufwand?

Das Urteil des IX. Senats vom 25.November 2006, das den abgekürzten Vertragsweg anerkennt und dadurch die Konzeption des Nutzungsrechts weithin entbehrlich macht,[487] wirft die allgemeine Frage auf, nach welchen Kriterien Betriebsausgaben und Werbungskosten zuzuordnen sind. Es geht um die Frage, wann es sich um Betriebsausgaben bzw. Werbungskosten eben des Steuerpflich-

486 Costede, StuW 1986, 44.
487 BFH BStBl. II 2006, 623, (624), Urt. v. 15.11. 2005, IX R 25/03.

tigen handelt und nicht um Aufwendungen eines Dritten, die die Steuerschuld des Steuerpflichtigen nicht berühren, wie der Große Senat im Beschluß 2/97 klargestellt hat? Dazu hat sich auch der IX. Senat im Urteil vom 25.November 2006 bekannt. Zugleich aber zeigt dieses Urteil, daß der Beschluß des Großen Senats 2/97, so klar er zu sein schien, die Kriterien, nach denen Betriebsausgaben oder Werbungskosten zuzuordnen sind, nicht eindeutig angibt.

Betrachten wir zunächst die Fallgestaltungen beim abgekürzten Zahlungsweg und bei abgekürztem Vertragsweg.

I. Abgekürzter Zahlungsweg

Schlagen die Beteiligten einen abgekürzten Zahlungsweg ein, so begleicht ein Dritter die Rechnung etwa über Reparaturen, die der Steuerpflichtige in Auftrag gegeben hat. Da er aus dem betreffenden Werkvertrag dem Unternehmer den Werklohn schuldet, zahlt der Dritte in den Worten des Bürgerlichen Rechts auf eine fremde Schuld. Im Verhältnis zwischen dem Unternehmer und dem Steuerpflichtigen erlischt dessen Verbindlichkeit (§§362, 267 BGB). Er wird seinem Gläubiger gegenüber von der Schuld frei. Erlangt hat er die Schuldbefreiung durch den Dritten, der, wenn er den Steuerpflichtigen nicht beschenken wollte, gegen diesen einen Ausgleichsanspruch hat. Hat er im Auftrag des Steuerpflichtigen gehandelt, so hat er für seine Aufwendungen zur Schuldtilgung einen Ausgleichsanspruch nach §670 BGB. Hat er ohne Auftrag gehandelt, so kann ein Ausgleichsanspruch aus einer Geschäftsführung ohne Auftrag entstehen (§§683, 670 BGB) oder auch aus ungerechtfertigter Bereicherung eben wegen Zahlung einer fremden Schuld (§812 I 1 BGB, 2. Alternative). Wollte der Dritte dem Steuerpflichtigen die Schuldbefreiung unentgeltlich zuwenden, und das sind die hier interessierenden Fälle, dann handelt es sich im Verhältnis zwischen beiden um eine Schenkung. Der Vermögensvorteil, um den der Dritte den beschenkten Steuerpflichtigen bereichert, ist die Befreiung von dessen Schuld durch Tilgung mit Mitteln des Dritten.

Die bürgerlich-rechtliche Beurteilung sagt über die einkommensteuerliche Würdigung noch nichts aus. Diese nämlich richtet sich – um dem Gebot der Steuergerechtigkeit zu entsprechen – nach Kriterien des Einkommensteuerrechts, nicht nach solchen des Zivilrechts.[488]

---

488 Ruppe in Tipke, Klaus (Hrsg.), Übertragung von Einkunftsquellen im Steuerrecht, DStJG 2. Aufl. 1978/79, S. 7, (10); Costede, Festgabe für Günther Felix, 1989, 17, (24/25).

Im Schrifttum wird, um die Lösung zu erarbeiten, eine Parallele gebildet, der Fall nämlich, daß der Dritte dem Steuerpflichtigen den zur Bezahlung erforderlichen Geldbetrag schenkt. Da die Aufwendungen dann fraglos aus Mitteln des Steuerpflichtigen stammen und da deren Herkunft für die steuerrechtliche Beurteilung keine Rolle spielt, ist die Qualifizierung als Werbungskosten unproblematisch. Der abgekürzte Zahlungsweg, nämlich die unmittelbare Schuldtilgung durch den Dritten soll dem gleichstehen. Es soll sich dann ebenfalls um Werbungskosten des Steuerpflichtigen handeln, angeblich deshalb, weil in beiden Fällen eine Zuwendung des Dritten an den Steuerpflichtigen vorliegt.[489]

II. Abgekürzter Vertragsweg

Nun zum abgekürzten Vertragsweg: Hier schließt der Dritte den Vertrag mit dem Unternehmer über die Leistungen, die dem Steuerpflichtigen zugute kommen sollen, z.B. über Reparaturarbeiten an dessen Mietshaus. Der Dritte trifft die Vereinbarung nicht im Namen des Steuerpflichtigen, sondern in eigenem Namen. Er, nicht der Steuerpflichtige, ist also Vertragspartner und somit Schuldner des Werklohns. Also erlangt der Steuerpflichtige zivilrechtlich keine Schuldbefreiung. Ihm wird durch die Begleichung der Werklohnforderung nichts zugewendet. Die Zuwendung liegt vielmehr in der Reparatur, die dem Mietshaus des Steuerpflichtigen und insofern ihm zugute kommt. Der Steuerpflichtige erwirbt als Hauseigentümer diesen Vermögensvorteil, den im Außenverhältnis der Unternehmer auf Grund des Werkvertrages und im Innenverhältnis der Dritte leistet. Im übrigen kann der Werkvertrag zwischen dem Dritten und dem Unternehmer als ein Vertrag zugunsten des Steuerpflichtigen vereinbart worden sein, entweder als ein berechtigender Vertrag in der Weise, daß der Steuerpflichtige aus dem Vertrag sogar anspruchsberechtigt sein sollte, oder als ein ermächtigender Vertrag, was heißt, daß der Unternehmer seine Pflicht gegenüber dem Dritten durch Leistung an den Steuerpflichtigen erfüllt. Auch dann haben wir im Verhältnis zwischen dem Dritten und dem Steuerpflichtigen eine Zuwendung des Dritten an diesen vor uns. Die Zuwendung besteht eben in dem Vorteil der Reparatur des Hauses und nicht in den Aufwendungen zur Begleichung der Werklohnforderung.

---

489 Döllerer, StbJb 1984/85, 55, (66); Jakob/Jüptner, FR 1988, 141, (148/149); Weber-Grellet, DB 1995, 2550, (2553); Heuermann, DStR 1996, 1518, (1520); Söffing, BB 2000, 381, (382 sub 7.); Seitz, FR 2006, 201, (206, 212); Traszkalik in Kirchhof/Söhn, EStG, Stand 1996, §21, Rz. B. 437; Schmidt/Drenseck, EStG, 25. Aufl. 2005, §9, 71.

Diese zivilrechtliche Beurteilung sagt wiederum zunächst nichts über die einkommensteuerliche Bewertung aus. Ob und weshalb es sich etwa um Werbungskosten des Steuerpflichtigen handelt, muß nach Maßgabe einkommensteuerlicher Kriterien entschieden werden.

III. Betriebsausgaben oder Werbungskosten in Fällen eines abgekürzten Zahlungsweges oder eines abgekürzten Vertragsweges?

Was aber sind danach Werbungskosten des Steuerpflichtigen? Welche Aufwendungen mindern die Leistungskraft des Steuerpflichtigen? Die oben erarbeiteten Voraussetzungen der Absetzungsbefugnis liefern den richtigen Zuordnungsgesichtspunkt. Sie sind nicht nur für die Absetzungsbefugnis bedeutsam. Sie gelten allgemein.

Die Leistungskraft des Steuerpflichtigen wird in einkommensteuerlich relevanter Weise nur dadurch gemindert, daß er Wirtschaftsgüter für seine Einkünfte einsetzt und dadurch opfert, die ihm zuzurechnen waren, die nur er als Eigentümer nach §39 I AO oder im Sinne von §39 II AO für Einkünfte einsetzen und aufopfern konnte, aber auch anders für sich hätte auswerten können. Nur der Einsatz von Wirtschaftsgütern, die dem Steuerpflichtigen zuzurechnen sind, mit denen er also einkünftebegründende Leistungen erbringen und die er deshalb für Einkünfte opfern kann, stellt erfolgswirksame Betriebsausgaben oder Werbungskosten dar und dies auch nur dann, wenn es der Steuerpflichtige ist, der die Wirtschaftsgüter so für seine Einkünfte einsetzt. Sowenig dem Steuerpflichtigen Einnahmen, die ein anderer erwirtschaftet hat, zugerechnet werden dürfen, sowenig dürfen ihm Aufwendungen als Betriebsausgaben oder Werbungskosten zugeordnet werden, deren Einsatz als Opfer für seine Einkünfte nicht er bestimmt hat.

Damit schließt sich der Kreis: die Kriterien, nach denen dem Steuerpflichtigen Einkünfte zugerechnet werden, und die Kriterien, die aussagen, ob es sich um Betriebsausgaben oder Werbungskosten des Steuerpflichtigen handelt, decken sich.

Betrachtet man unter diesem Blickwinkel den sogenannten abgekürzten Vertragsweg, so ist folgendes festzustellen: Der Steuerpflichtige opfert in solch einem Fall für seine Einkünfte keine Wirtschaftsgüter, die ihm zuzurechen waren. Das Opfer sind Mittel, also Wirtschaftsgüter des Dritten. Der Steuerpflichtige hätte sie auch nie anders für sich auswerten oder für Leistungen einsetzen können, deretwegen ihm Einkünfte zuzurechnen wären. Aufgeopfert hat sie im übrigen aber auch gar nicht der Steuerpflichtige. Nicht er also hat die betreffenden Wirtschaftsgüter zur Erzielung von Einkünften verwendet. Sowenig ihm Einnahmen zuzurechnen sind, die nicht das Resultat seiner Leistungen sind, sowenig kann ein Einsatz von Mitteln, die ihm nicht zuzurechnen waren und die er auch nicht eingesetzt hat, als Werbungskosten zugeordnet werden. Ein Werbungskostenabzug ist deshalb keinesfalls berechtigt.[490] Daß der Dritte dem Steuerpflichtigen einen Vorteil zugewendet hat, nämlich den Vorteil, den etwa die Reparatur seines Mietshauses für ihn bedeutet, ist, da es sich dabei um einen Vermögenszuwachs, nicht um ein Opfer des Steuerpflichtigen handelt, für den Werbungskostenabzug der aufgewendeten Reparaturkosten ganz irrelevant.

Auch beim abgekürzten Zahlungsweg hat der Steuerpflichtige zu keiner Zeit Zugriff auf die Mittel gehabt, mit denen der Dritte seine Schuld begleicht. Diese Mittel waren dem Steuerpflichtigen daher auch nicht zuzurechnen, er hätte sie also, wenn damit seine Schuld beglichen wird, auch nicht anders für sich auswerten können. Trotzdem ist zu erwägen, ob nicht anders geurteilt werden darf, ob der betreffende Aufwand nicht doch als Werbungskosten des Steuerpflichtigen gewertet werden kann. Das ließe sich vertreten, wenn man bedenkt, daß der Dritte hier bereit war, die betreffenden Zahlungsmittel dem Steuerpflichtigen zur Verfügung zu stellen und ihn über deren Verwendung entscheiden zu lassen. Wenn es sich so verhält und wenn es der Steuerpflichtige war, der den Dritten bestimmt hat, die Schuld zu bezahlen, dann, aber auch nur dann kann man die Zahlungsmittel dem Steuerpflichtigen steuerlich zurechnen und davon ausgehen, daß er sie für Einkünfte eingesetzt hat und daß er sie, wäre das nicht geschehen, anders hätte für sich auswerten können.[491]

---

490 So auch Seitz, FR 2006, 201, (206 ff, 212), allerdings unter Berufung darauf, daß beim abgekürzten Vertragsweg keine steuerlich relevante Zuwendung des Dritten an den Steuerpflichtigen auszumachen sei.

491 Seitz, FR 2006, 201, (206, 212), befürwortet die Berücksichtigung des abgekürzten Zahlungsweges ohne diese Einschränkungen allein deswegen, weil der Dritte dem Steuerpflichtigen etwas zugewendet habe. Ein Vermögenszuwachs des Steuerpflichtigen ist aber kein Argument zur Begründung eines Werbungskostenabzugs.

Zusammenfassung

I. Die einkommensteuerliche Bedeutung von Nutzungen und Nutzungsrechten hat schon von der Frühzeit des deutschen Einkommensteuergesetzes an, dem EStG 1925 und dem EStG 1934, sowohl die Rechtsprechung als auch das Schrifttum beschäftigt.

1. Eine wissenschaftliche Vertiefung findet sich aber erst bei Enno Becker, dem Schöpfer der Abgabenordnung und späteren Vorsitzenden des VI. Senats des Reichsfinanzhofs, in einem Aufsatz aus dem Jahre 1938.[492] Dabei interessieren Becker die beiden Aspekte, die auch später im Mittelpunkt der Erörterung gestanden haben, nämlich die Frage, wem im Falle eines Nießbrauchs die Einkünfte zuzurechnen sind und wer befugt ist, Absetzungen vorzunehmen. Eine wissenschaftliche Auseinandersetzung mit diesen Hauptproblemen, die im Fall von Nutzungsrechten aufgeworfen werden, hat jedoch lange Jahre nicht stattgefunden. Die Praxis hat sich vorwiegend mit der Besteuerung des Nutzungswerts einer Wohnung (§21 II EStG a.F.) befaßt.

2. Das ändert sich seit den 70er Jahren, und zwar unter anderem deshalb, weil das Bundesverfassungsgericht im Jahre 1964 die Zusammenveranlagung von Eltern und Kindern zur Einkommensteuer als verfassungswidrig und für nichtig erklärt hat. Das beflügelte die Praxis der Steuerberatung zur Konstruktion von Steuersparmodellen mit Hilfe vor allem des Nießbrauchs. Durch die Einräumung des Nießbrauchs an Grundbesitz, aber auch an Kapitalien sollten Einkünfte, die vordem die Eltern bezogen hatten, auf die Kinder übergeleitet werden. Die Problematik, die solche Gestaltungen aufwarfen, war eine ganz allgemeine, die Frage nämlich, wem nach welchen Kriterien welche Einkünfte zuzurechnen sind.[493] Die Stellungnahme des Bundesfinanzhofs zu dieser Frage hat im Verlauf der Jahre eine wechselvolle Geschichte gehabt. Überlagert wurde die Antwort noch durch die Regelung des §12 Nr. 2 EStG, wonach Einkommensverwendungen zugunsten unterhaltsberechtigter Personen einkommensteuerlich irrelevant sind. Die Judikatur verlief, wie Kritiker beanstandet haben, im Zickzakck.[494] Das Schrifttum hat die dogmatische Grundfrage über mehrere Jahre intensiv dikutiert.[495] Daraus ging

492 Teil 1 Kap. 1 II.
493 Teil 1 Kap. 2 I.
494 Teil 1 Kap. 2 I.2.
495 Teil 1, Kap. 2 I.3.

die Rechtsauffassung hervor, daß sich die Zurechnung nach den Leistungen bemißt, die den Grund für die Gegenleistung in Gestalt der Einkünfte bilden. Ein sicheres Fundament dafür lieferte aber erst die Verknüpfung dieser Überlegung mit dem Prinzip der Einkommenbesteuerung nach der Leistungsfähigkeit durch Costede.[496] Die sogenannten Nießbrauchsurteile des Bundesfinanzhofs ziehen für die Judikatur die Konsequenzen aus den Erkenntnissen des Schrifttums.[497] Seither steht auch für die Rechtsprechung fest, daß Zurechnung der Einkünfte und Einkommensverwendung zweierlei ist, daß also die Zurechnung nicht unter Berufung auf §12 Nr. 2 EStG überspielt werden darf.[498]

3. Noch komplizierter als die Frage der Zurechnung von Einkünften erwies sich das Problem des Werbungskosten-[499] und des Betriebsausgabenabzugs[500] im Fall von Nutzungen und Nutzungsrechten. Die Vielfalt der Fallgestaltungen und das Hin und Her der Rechtsprechung hierzu verwirren ebenso wie die Stellungnahmen des Schrifttums bis hin zu der These, daß jedweder Aufwand, auch sogenannter Drittaufwand, berücksichtigungsfähig sein müsse. Zwei Beschlüsse des Großen Senats (2/86 und 4/92) versuchten, eine Schneise durch dieses Dickicht zu schlagen.[501] Der Beschluß 2/86 bringt grundlegende Ausführungen zur einkommensteuerlichen Qualität von Nutzungen und Nutzungsrechten,[502] die von der vorliegenden Arbeit aber als solche verworfen werden, während das Ergebnis dieser Entscheidung gebilligt wird, die Aussage nämlich, daß Nutzungen und auch unentgeltlich erlangte Nutzungsrechte nicht einlagefähig sind. Der Beschluß 4/92 äußert sich zur einkommensteuerlichen Brücksichtigung von Aufwand auf fremde Wirtschaftsgüter, die unter Berufung auf das sogenannte Nettoprinzip des Einkommensteuerrechts berücksichtigungsfähig sein sollen. Auch diesen Gedanken nimmt die Arbeit mit einer dogmatischen Abwandlung später auf.

II. An diesen 1. Teil, der der Bestandsaufnahme dient, schließt sich die Stellungnahme der Arbeit zur einkommensteuerlichen Behandlung von Nutzungen und Nutzungsrechten an.

1. Dies beginnt im 1. Kapitel mit dogmatischen Vorüberlegungen. Die methodische Einsicht im Rückblick auf die Ergebnisse des 1. Teils lautet, daß in der Wissenschaft vom Einkommensteuerrecht ein beklagenswertes dogmatisches Defizit festzustellen ist. Dies zwingt dazu, das geistige Gerüst zum Verständnis dieses Rechtsgebietes zu entwickeln. Die Vorstellungen der herrschenden Lehre er-

---

496 Teil 1, Kap. 2 I.3.b).
497 Teil 1, Kap. 2 I.3.b).
498 Teil 1, Kap. 2 I.5.
499 Teil 1, Kap. 2 II.
500 Teil 1, Kap. 2 II.
501 Teil 1, Kap. 2 II.
502 Teil 1 Kap. 3 II.

weisen sich als unbefriedigend.[503] Die Arbeit knüpft stattdessen an Überlegungen Costedes an, der in dem Prinzip der Interessenabwägung im Recht auch die Grundllage für das Verständnis des Einkommensteuerrechts sieht. Dabei dient die Besteuerung nach der Leistungsfähigkkeit dazu, das Interesse des Steuerpflichtigen gegenüber dem staatlichen Interesse an der Besteuerung zur Geltung zu bringen. Dieses Prinzip der Abwägung der beiderseitigen Interessen mit Berücksichtigung der Besteuerung nach der Leistungsfähigkeit des Steuerpflichtigen muß jeder Frage, deren Beantwortung Einfluß auf die Einkommenbesteuerung hat, zugrunde gelegt werden. So lautet das methodische Konzept der Arbeit.[504]

2. Und auf dieser Basis werden die Probleme, die Nutzungen und Nutzungsrechte im Einkommensteuerrecht aufwerfen, im Detail gelöst.

a) Dies beginnt mit der Qualifizierung von Nutzungen und Nutzungsrechten als Wirtschaftsgüter.[505] Vorweg wird die Funktion des Begriffs Wirtschaftsgut untersucht. Im Anschluß an Costede wird dieser Begriff von Bedingungen der Aktivierung gelöst. Wirtschaftsgüter stellen sich danach als Positionen dar, die zurechenbare Leistungsfähigkeit ausdrücken. Dies ist ein erstes Resultat, das aus dem genannten Prinzip der Interessenabwägung gewonnen wird.[506]

Es folgen Ausführungen zur Zurechnung von Einkünften und zur Zurechnung von Wirtschaftsgütern, gleichfalls nach Maßgabe des genannten Prinzips der Einkommenbesteuerung.[507] Daraus wird die Folgerung gezogen, daß Nutzungsrechte – wie dies der herrschenden Lehre entspricht –, daß aber auch Nutzungen – anders als dies herrschende Lehre ist – Wirtschaftsgüter darstellen.

b) Im folgenden geht es um das Problem der Aktivierung. Die verschiedenen Funktionen der Aktivierung werden vorgestellt[508] und sodann die Bedingungen einer Aktivierung zur Gewinnerhöhung entwickelt.[509] Es folgt die Feststellung, daß Nutzungen nicht aktivierbar sind. Die Aktivierung von Nutzungsrechten hängt von verschiedenen Differenzierungen ab.[510] Dabei kommt der besondere Fall der Bauten auf fremden Grundstücken zur Sprache.[511]

c) Im Anschluß an die Aktivierung zur Gewinnerhöhung wird die besondere Situation der Einlagen untersucht, in der die Aktivierung der Gewinnvermeidung

503 Teil 2, Kap. 1 II.2. a) bis c).
504 Teil 2, Kap. 1 II.2. d).
505 Teil 2, Kap. 2.
506 Teil 2, Kap. 2. II.
507 Teil 2, Kap. 2. IV.
508 Teil 2, Kap. 3 I.1.
509 Teil 2, Kap. 3 I.2.
510 Teil 2, Kap. 3 III.
511 Teil 2, Kap. 3 III.1.b), 2.a) und b).

dient.[512] Dieser Hintergrund wird erläutert.[513] Anschließend werden daraus Konsequenzen für die Einlage von Nutzungsrechten gezogen.[514]

d) Die Arbeit schließt mit Ausführungen zur Absetzungsproblematik.[515] Sie bekennt sich zu der Ansicht, daß Absetzungen dazu dienen den Wertverzehr des Wirtschaftsgutes, von dem Absetzungen vorgenommen werden, anzugeben.[516] Daraus werden Folgerungen für Absetzungen von Nutzungsrechten im Fall von Gewinneinkünften[517] und im Fall von Überschußeinkünften[518] gezogen.

512 Teil 2, Kap. 4.
513 Teil 2, Kap. 4 II.
514 Teil 2, Kap. 4 II.3.
515 Teil 2, Kap. 5.
516 Teil 2, Kap. 5 I.
517 Teil 2, Kap. 5 II.
518 Teil 2, Kap. 5 III.

Literaturverzeichnis

Bauer, Heinrich: Schwebende Geschäfte im Steuerrecht, Diss.jur. Erlangen 1981.

Bayer, Hermann-Wilfried: Steuerlehre, 1998.

Beck, Hans-Joachim: Die teilweise berufliche Nutzung eines Hauses durch nur einen von mehreren Miteigentümern, FR 1978, 281.

Becker, Enno: Grundfragen aus den neuen Steuergesetzen – Entnahmen von Dienstleistungen und Nutzungen aus dem eigenen Betriebe als Einnahmen. Geldwerte Vorteile, StuW 1926, 117 - 124.

Becker, Enno: Zur Behandlung von Nutznießung, Nießbrauch und Vorerbschaft, StuW 1938 II, Sp. 293.

Beisse, Heinrich: Handelsbilanzrecht in der Rechtsprechung des Bundesfinanzhofs, BB 1980, 637.

Beisse, Heinrich: Tendenzen der Rechtsprechung des Bundesfinanzhofs zum Bilanzrecht, DStR 1980, 243.

Benthien, Klaus: Ist der Grundstückseigentümer beim unentgeltlichen Nießbrauch an Grundstücken und unentgeltlichen dinglichen Wohnrecht zum Abzug der Werbungskosten berechtigt?, FR 1979, 166.

Bieg, Hartmut: Schwebende Geschäfte in Handels- und Steuerbilanz. Die derzeitige und mögliche bilanzielle Behandlung beiderseits noch nicht erfüllter synallagmatischer Verträge unter besonderer Berücksichtigung der Interessen der Bilanzadressaten, 1977.

Biergans, Enno/ Stockinger, Roland: Zum Einkommensbegriff und zur persönlichen Zurechnung von Einkünften im Einkommensteuerrecht, FR 1982, 1, 25.

Biergans, Enno: Zum Problem der AfA-Berechtigung bei entgeltlichen und unentgeltlichen Nutzungsüberlassungen und zum Problem der Entnahme zunächst unentgeltlich überlassener und dann zurückgemieteter Wirtschaftsgüter des Betriebsvermögens, FR 1986, 365.

Biergans, Enno: Überlegungen zur personellen Zurechnung von Betriebsausgaben und Werbungskosten, FR 1984, 297.

Birk, Dieter: Das Leistungsfähigkeitsprinzip als Maßstab der Steuernormen, Ein Beitrag zu den Grundfragen des Verhältnisses Steuerrecht und Verfassungsrecht, 1983.

Birk, Dieter: Steuerrecht, 1998.

Blaurock, Uwe: Steuerrecht und Grundgesetz, JA 1980, 142.

Blümich/Schachian: Das Einkommensteuergesetz vom 10. August 1925, 1925.

Blümich, Walter: Einkommensteuergesetz, 4. Aufl. 1940.
Blümich/Falk: Einkommensteuergesetz, 7. Aufl. 1955.
Blümich/Falk/Steinbring/Uelner: Einkommensteuergesetz, 10. Aufl., Bd. I 1971.
Bordewin, Arno: Nießbrauch an Grundvermögen und Nießbrauch an Kapitalvermögen bei der Einkommensteuer, DStR 1981, 519.
Crezelius, Georg: Steuerrecht II, Besonderes Steuerrecht, 1991.
Crezelius, Georg: Das sogenannte schwebende Geschäft in Handels-, Gesellschafts- und Steuerrecht, Festschrift für Georg Döllerer, 1988.
Costede, Jürgen: Grundfragen der Absetzungsbefugnis wegen Abnutzung – betrachtet am Beispiel von Nutzungsrechten an Grundbesitz –, StuW 1986, 44.
Costede, Jürgen: Zur dogmatischen Leistungsfähigkeit des Leistungsfähigkeitsprinzips, Festschrift für Günther Felix, herausgegeben von Carlé, Korn und Stahl, 1989, S. 17 ff.
Costede, Jürgen: Die Aktivierung von Wirtschaftsgütern im Einkommensteuerrecht, StuW 1995, 115.
Costede, Jürgen: Erben und Erwerben in einkommensteuerlicher Sicht, StVj 1989, 41.
Costede, Jürgen: Gewinn und Gewinnrealisierung im Einkommensteuerrecht, StuW 1996, 14.
Döllerer, Georg: Leitgedanken der Nießbrauchbesteuerung bei den Einkünften aus Vermietung und Verpachtung und aus Kapitalvermögen, StbJb 1984/85, 55.
Drenseck, Walter: Anmerkung zu BFH v. 20.11. 1980 IV R 117/99, FR 1981, 150.
Döllerer, Georg: Droht eine Aktivierungswelle?, BB 1980, 1333.
Ehmke, Torsten/ Bollmann, Monika: Nutzungsrecht an Grundstücken und Abzug als dauernde Last, FR 1980, 501.
Freericks, Wolfgang: Bilanzfähigkeit und Bilanzierungspflicht in Handels- und Steuerbilanz, 1976.
Fichtelmann, Helmar: Nießbrauch am Gewinnstammrecht?, FR 1977, 244.
Friauf, Karl Heinrich: Zur Nichtabzugsfähigkeit von Aufsichtsratsvergütungen im KSt-Recht, StuW 1973, 107.
Gassner, Wolfgang/Lang, Michael: Das Leistungsfähigkeitsprinzip im Einkommen- und Körperschaftsteuerrecht, Wien 2000.
Geissen, Günter/Haarmann, Wilhelm/Hommelhoff, Peter: Nutzungsüberlassung im Gesellschafts-, Zivil- und Steuerrecht, JbFStR 1990/91, 433.
Gorski, Hans-Günter: Anmerkung zu BFH IV R 117/79 v. 20.11. 1980, DStZ 1983, 151.
Groh, Manfred: Nutzungseinlagen im Handels- und Steuerrecht, BB 1982, 133

Groh, Manfred: Nutzungseinlage, Nutzungsentnahme und Nutzungsausschüttung, DB 1988, 514.

Großfeld, Bernhard: Die Einkommensteuer, 1981.

Hensel, Albert: Steuerrecht 1933
Reprintausgabe 1986.

Hermann, Friedrich Benedikt Wilhelm von: Staatswirtschaftliche Untersuchungen über Vermögen, Wirthschaft, Produktivität, Kapital, Preis, Gewinn, Einkommen und Verbrauch, 1832.

Heuermann, Bernd: Abziehbarkeit von Drittaufwand? DStR 1996, 1518.

Horn, Wilhelm: Besteuerung obligatorischer Nutzungsrechte, BB 1984, 2124.

Hoyer, Jürgen Henrich: Ausgewählte ertragsteuerliche Fragen zum Nießbrauch, BB 1980, 1461.

Hoyer, Jürgen Henrich: Der Nießbrauch an Grundbesitz im Privatvermögen, BB 1981, 230.

Hutter, Ulrich: Zur steuerlichen Behandlung von Nutzungsrechten an vermieteten Grundstücken, DStZ 1981, 47.

Huxol, Hermann: Die steuerliche Behandlung von Nießbrauch und Wohnrecht an Grundstücken bei den Einkünften aus Vermietung und Verpachtung, FR 1980, 308.

Jakob, Wolfgang/ Wittmann, Rolf: Von Zweck und Wesen der steuerlichen AfA.

Jakob, Wolfgang/ Jüptner, Roland: Drittaufwand, Nutzungseinlage und Überschußeinkünfte, FR 1988, 141.

Kahrs, Werner: Die steuerliche Behandlung typischer Nießbrauchsfälle nach der neuen BFH-Rechtsprechung, DB 1981, 2196.

Kirchhoff, Paul, u.a.: EStG Kompaktkommentar, 6. Aufl. 2006.

Kirchhoff, Paul: Der verfassungsrechtliche Auftrag zur Besteuerung nach der Leistungsfähigkeit, StuW 1985, 319.

Kirchhoff, Paul: Die Widerspruchsfreiheit im Steuerrecht als Verfassungspflicht, StuW 2000, 317.

Kirchhoff, Paul: Verfassungsrechtliche und steuersystematische Grundlagen der Einkommensteuer, in Ebling, Iris (Hrg.), Besteuerung vom Einkommen, DStJG Bd. 24, 2001.

Kirchhof, Paul/ Söhn, Hartmut: Einkommensteuergesetz, Stand 2006.

Knobbe-Keuk, Brigitte: Bilanz- und Unternehmenssteuerrecht, 9. Aufl. 1993.

Knobbe-Keuk, Brigitte: Die steuerliche Behandlung von Nutzungsrechten. StuW 1979, 305.

Knobbe-Keuk, Brigitte: Die Einkommenbesteuerung der entgeltlichen Überlassung von Bodensubstanz, DB 1985, 144.

Kramer, Jörg-Dietrich: Die bilanzsteuerliche Behandlung der gemischten Nutzung von Wirtschaftsgütern – Nutzungsentnahmen und Nutzungseinlagen, DStR 1979, 363.
Kramer, Jörg-Dietrich: Nutzungseinlagen bei Verwandtengrundstücken, DB 1981, 1584.
Kruse, Heinrich Wilhelm: Der Nießbrauch in der neueren Rechtsprechung des Bundesfinanzhofs, AG, 1980, 216.
Kruse, Heinrich Wilhelm: Lehrbuch des Steuerrechts, Bd. I Allgemeiner Teil, 1991.
Kruse, Heinrich Wilhelm: Die Einkommensteuer und die Leistungsfähigkeit des Steuerpflichtigen, in Festschrift für Karl-Heinrich Friauf, 1996.
Kußmaul, Heinz: Nutzungsrechte an Grundstücken in Handels- und Steuerbilanz, 1987.
Lang, Jochachim: Das Einkommensteuergesetz 1975 – Gewinn an Steuergerechtigkeit und Steuervereinfachung, StuW 1974, 293.
Lang Joachim: Familienbesteuerung – Zur Tendenzwende der Verfassungsrechtsprechung durch das Urteil des Bundesverfassungsgerichts vom 03.11.1982 und zur Reform der Familienbesteuerung, StuW 1983, 105.
Lang, Joachim: Konkretisierungen und Restriktionen des Leistungsfähigkeitsprinzips, in Festschrift für Heinrich Wilhelm Kruse, 2001.
Lang, Joachim: Prinzipien und Systeme der Besteuerung von Einkommen, in Ebling, Iris (Hrg.), Besteuerung von Einkommen, DStJG Bd. 24, 2001.
Leisner, Walter: Von der Leistung zur Leistungsfähigkeit – die soziale Nivellierung – Ein Beitrag wider das Leistungsfähigkeitsprinzip, StuW 1983, 97.
Ley, Ursula: Nutzungseinlagen bei unentgeltlicher Nutzungsüberlassung, DStR 1985, 261.
Ley, Ursula: Schlußbemerkung, DStR 1986, 23.
Littmann, Eberhard: Unentgeltliche Nutzungsüberlassung von Wirtschaftsgütern und Absetzung für Abnutzung, DB 1980, 1040.
Littmann, Eberhard: Das Einkommensteuerrecht, Kommentar zum Einkommensteuergesetz, 6. Aufl. 1959.
Littmann, Eberhard: Unentgeltliche Nutzungsüberlassung von Wirtschaftsgütern und Absetzung für Abnutzung, DB 1980, 1040.
Meyer, Bernd: Nießbrauch am privaten Grundbesitz, FR 1981, 421.
Meyer, Bernd: Die Behandlung beruflich genutzter Wirtschaftsgüter des Privatvermögens als Werbungskosten (§9 Abs. 1 Nr. 6 und 7 EStG), DStR 1981, 131.
Meyer, Bernd: Die Besteuerung des (Brutto-)Nießbrauches am privaten Grundbesitz, FR 1981, 421.

Meyer, Dirk: Nutzungseinlagen bei unentgeltlicher Nutzungsüberlassung, DStR 1986, 18.
Meyer, Dirk: Drittaufwand und Leistungsfähigkeitsprinzip, BB 1986, 986.
Neumark, Fritz: Theorie und Praxis der modernen Einkommenbesteuerung, 1947.
Nieland, Hubert: Die Berücksichtigung der Einlage von Nutzungen und Leistungen bei der Gewinnermittlung, DB 1987, 706.
Plückebaum, Rudolf: Persönliche Zurechnung von Einkünften aus Vermietung und Verpachtung bei dinglichen und obligatorischen Nutzungsrechten, FR 1981, 181.
Plückebaum, Rudolf: Gleiche bzw. unterschiedliche einkommensteuerliche Rechtsfolgen bei dinglichen und obligatorischen Nutzungsrechten an Grundstücken, FR 1984, 496.
Plückebaum, Rudolf: Absetzungen für Abnutzung in Fällen unentgeltlich erlangter Nutzungsrechte durch den Nutzungsberechtigten, FR 1986, 53.
Preißer, Michael: Die betriebliche Nutzung von Wirtschaftsgütern des Nicht-Unternehmer-Ehegatten (Angehörigen), insbesondere die sog. Nutzungsrechtseinlage, DStR 1985, 498.
Rößler, Gerhard: Nießbrauch und Tatbestand der Einkunftserzielung – Eine Erwiderung auf die Ausführungen Hutters in DStZ 1981, 47, zu den BFH-Urteilen vom 13.5. 1980 VIII R 63/79; VIII R 75/79 und VIII R 128/78, DStZ 1981, 274.
Ruppe, Hans Georg: Möglichkeiten und Grenzen der Übertragung von Einkunftsquellen als Problem der Zurechnung von Einkünften, in Tipke, Klaus, (Hrsg.), Übertragung von Einkunftsquellen im Steuerrecht, 2. Aufl. 1978/79
Schanz, Georg von: Der Einkommensbegriff und die Einkommensteuergesetze, Finanz-Archiv 1896, Bd. 13, 1.
Schellenberger, Heinz: Streitfragen bei Abschreibungen und Absetzungen, FR 1980, 25.
Schellenberger, Heinz: Nießbrauch im Steuerrecht – eine Standortbestimmung, DStR 1981, 395.
Schilling, Claudia: Bauten auf fremden Grundstücken im Einkommensteuerrecht, 1997.
Schmidt, Ludwig: Einkommensteuergesetz, 1982.
Schmidt, Ludwig: Einkommensteuergesetz, 12. Aufl. 1993.
Schmidt, Ludwig: Einkommensteuergesetz, 24. Aufl. 2005.
Schmidt, Ludwig: Bemerkungen über den Nießbrauch an Rechten als Einkunftsquelle, FR 1977, 457.
Schmidt, Ludwig: – „Väter und Söhne“ – Möglichkeiten und Grenzen der Einkommensverlagerung zwischen Eltern und Kindern, StbJb 1975/76, 149.

Schmoller, Gustav von: Über die Lehre vom Einkommen in ihrem Zusammenhang mit den Grundprinzipien der Steuerlehre, Zeitschrift für die gesamte Staatswissenschaft Bd. 19, 1863.
Seitz, Georg: Die persönliche Zurechnung von Erwerbsaufwendungen, FR 2006, 201.
Schnorr, Randolf: Die steuerrechtliche Abzugsfähigkeit von „Drittaufwand", StuW 2003, 222.
Schulze zur Wiesche, Dieter: Der Nießbrauch am Betriebsvermögen, FR 1979, 273.
Seithel, Rolf: Einkommensteuerliche Auswirkungen eines im Grundbuch nicht vollzogenen schuldrechtlichen Nießbrauchs bzw. Wohnrechts im Privatbereich, DStR 1980, 582.
Siebert, Wolfgang: Nießbrauch am Gewinnrecht des Gesellschafters einer Offenen Handelsgesellschaft, BB 1956, 1126.
Simon, Hermann Veit: Die Bilanz der Aktiengesellschaften und der Kommanditgesellschaften auf Aktien, 4. Aufl. 1910.
Söffing, Günter: Zur neuen Nießbrauchsrechtsprechung des VIII. Senats des Bundesfinanzhofs, FR 1977, 213.
Stadie, Holger: Die persönliche Zurechnung von Einkünften, 1983.
Stadie, Holger: Zur Einlage von Nutzungsrechten in das Betriebsvermögen, DB 1984, 578.
Stephan, Rudolf: Der Gesetzentwurf zur Besteuerung selbstgenutzter Wohnungen und seine Folgen für Nutzungsrechte an privatem Grundvermögen, DB 1985, 1364.
Strutz, Georg: Kommentar zum Einkommensteuergesetz vom 10. August 1925, 1. Bd. 1927.
Thiel, Jochen: Die Bilanzierung von Nutzungsrechten, in Doralt, Werner, Probleme des Steuerbilanzrechts, Deutsche Steuerjuristische Gesellschaft, Bd. 14, 1991.
Tiedtke, Klaus: Einkommensteuer- und Bilanzrecht, 2. Aufl. 1995.
Tipke, Klaus: Steuerrecht – Chaos, Konglomerat oder System?, StuW 1971, 2.
Tipke, Klaus: Die Steuerrechtsordnung, Bd. I, 2. Aufl. 2000; Bd. II, 2. Aufl. 2003.
Tipke, Klaus/ Lang, Joachim: Steuerrecht, 17. Aufl. 2002.
Tipke, Klaus/ Kruse, Heinrich Wilhelm: Abgabenordnung, 1961 - 2005
Trzaskalik, Christoph: Nutzungsrechte im Einkommensteuerrecht, StuW 1983, 126.
Uelner, Adalbert: Einkommensteuerrechtliche Einzelfragen, StBKongR 1977, 105.
Walz, Rainer W.: Steuergerechtigkeit und Rechtsanwendung, 1980.

Wassermeyer, Franz: Die Abgrenzung des Betriebsvermögens vom Privatvermögen, in Söhn, Hartmut, (Hrsg.). Die Angrenzung der Betriebs- oder Berufssphäre von der Privatsphäre, DStJG Bd. 3, 1980, 315.

Wassermeyer, Franz: Drittaufwand aus der Sicht des Großen Senats des BFH, DB 1999, 2486.

Weber-Grellet, Heinrich: Drittaufwand – Konsequenzen aus dem Beschluß des Großen Snats vom 30.1. 1995 GrS 4/92, DB 1995, 2550.

Welzel, Peter: Immobiles Anlagevermögen auf Grund und Boden des Ehegatten des Betriebsinhabers, DStZ 1989, 402.

Wismeth, Siegfried: Einlage von Nutzungen und Leistungen, 1985.

Woerner, Lothar: Notwendiges und gewillkürtes Betriebsvermögen – eine überholte Unterscheidung? StBJb 1989/90, 207.

Woerner, Lothar: Grundsatzfragen zur Bilanzierung schwebender Geschäfte, FR 1984, 489.

Wüllenkemper, Dirk: Steuerliche Folgen der unentgeltlichen Bestellung eines Nießbrauchs an einem zum Betriebsvermögen gehörenden Grundstück, FR 1991, 101.

Wegen der Abkürzungen wird verwiesen auf Kirchner, Hildebert: Abkürzungen für Juristen, 2. Aufl. 1993.

Schriften zum Wirtschafts- und Medienrecht, Steuerrecht und Zivilprozeßrecht

Herausgegeben von Jürgen Costede und Gerald Spindler

Band 1 Reiner Fu: Die stille Gesellschaft im internationalen Steuerrecht aus deutscher Sicht. 1997.

Band 2 Kirsten Forsblad: Restschuldbefreiung und Verbraucherinsolvenz im künftigen deutschen Insolvenzrecht. 1997.

Band 3 Vassilios Tountopoulos: Die Reichweite der registerrechtlichen Gründungsprüfung einer AG. Eine Untersuchung unter rechtsvergleichendem Aspekt. 1998.

Band 4 Franc Pfahl: Die Maßgeblichkeit der Handelsbilanz, ein dem Steuerbilanzrecht vorgegebenes Grundprinzip? Von der Notwendigkeit einer steuerrechtlichen Begründung der durch § 5 Abs. 1 EStG in das Steuerrecht übernommenen handelsrechtlichen Vorschriften der Gewinnermittlung. 1999.

Band 5 Michael Schröder: Die Wertpapierhandelsaufsicht nach dem Zweiten Finanzmarktförderungsgesetz. 1998.

Band 6 Daniela Hasche: Die Sachgründung der GmbH. 1999.

Band 7 Oliver Wendt: Die rechtliche Problematik von Strahlenschäden. Rechtliche und rechtstatsächliche Aspekte der Haftung für Strahlenschäden unter Einbeziehung der Vorfälle in der strahlentherapeutischen Abteilung des Universitäts-Krankenhauses Eppendorf. 2000.

Band 8 Susanne Matussek: Zum Werbungskostenbegriff im Einkommensteuerrecht. 2000.

Band 9 Klaas Ziervogel: Rufausbeutung im Rahmen vergleichender Werbung. Veränderungen im Zuge der gesetzlichen Regelung vergleichender Werbung. 2002.

Band 10 Sven Wortberg: Lösungsklauseln und Insolvenz. 2003.

Band 11 Eva Ullrich: Die Zurechnung von Buchgutschriften. Zufluß und Leistungsfähigkeit im Einkommensteuerrecht. 2004.

Band 12 Carmen Werner: Einkommensteuerrechtliche Zurechnungen bei mittelbaren Beteiligungen an Personengesellschaften. 2003.

Band 13 Ulf Andreas Nissen: Die Online-Videokonferenz im Zivilprozess. 2004.

Band 14 Oliver Wiegmann: Grund, Grenzen und Wirkungsweise des § 105 InsO. 2004.

Band 15 Holger Seidler: Eigene Aktien. Eine Analyse des Aktien-, Handelsbilanz- und Kapitalmarktrechts zur Ermittlung von Deregulierungspotential und Regulierungsbedarf. 2004.

Band 16 Stefan Eck: Providerhaftung von Konzernunternehmen. Rechtliche Zusammenschau von Konzernunternehmen bei der Verbreitung rechtsverletzender Informationen im Internet. 2004.

Band 17 Frauke Fasold: Die einkommensteuerliche Problematik der Buchwertfortführung. Übertragung stiller Reserven und Gewinnrealisierung im Einkommensteuerrecht. 2005.

Band 18 Thomas Linke: Selbstregulierte Streitlösung für deutsche Domains. 2005.

Band 19 Malte Abel: Pfändungsschutz nach § 851 ZPO. Speziell die Pfändung zweckgebundener Forderungen. 2005.

Band 20 Harriet Eidam: Typische Risiken des elektronischen Rechtsgeschäftsverkehrs. 2005.

Band 21 Katharina Schmitz: Haftung für Links. Zur Verantwortlichkeit des Hyperlinksetzers und Suchmaschinenbetreibers unter besonderer Berücksichtigung von Verkehrs- und Garantenpflichten. 2006.

Band 22 Thomas Miserre: Rundfunk-, Multimedia- und Telekommunikationsrecht. Abgrenzung der Anwendungsbereiche von Art. 5 I 2 GG, Rundfunkstaatsvertrag, Teledienstegesetz, Mediendienstestaatsvertrag und Telekommunikationsgesetz. 2006.

Band 23 Mona Bandehzadeh: Jugendschutz im Rundfunk und in den Telemedien. Eine Würdigung des Staatsvertrages über den Schutz der Menschenwürde und den Jugendschutz in Rundfunk und Telemedien unter verfassungsrechtlichen Aspekten. 2007.

Band 24 Judith Volkmann: Mediation im Zivilprozess. Rechtliche Rahmenbedingungen für ein gerichtsinternes Mediationsangebot. 2006.

Band 25 Tino Grattenthaler: Die Vergütung von Vorstandsmitgliedern in Aktiengesellschaften. Eine grundlegende Betrachtung mit ausgesuchten Schwerpunkten aus rechtswissenschaftlicher Sicht. 2007.

Band 26 Till Dunckel: Online-Auktionen und Wettbewerbsrecht. 2007.

Band 27 Lena Katharina Landsmann: Die stille Gesellschaft in der Insolvenz. 2007.

Band 28 Jan Riebeling: Der Einsatz von Informations- und Kommunikationstechnologie im Insolvenzverfahren. 2007.

Band 29 Daniela Stiegel: Aktienoptionen als Vergütungselement aus arbeitsrechtlicher Sicht. Eine Vergütungsform an der Schnittstelle von Arbeits- und Gesellschaftsrecht. 2007.

Band 30 Jia Li: Nutzungen und Nutzungsrechte im Einkommensteuerrecht. 2007.

Annette Marosek

Die Haftung im Einkommensteuerrecht

Die tatbestandlichen Voraussetzungen und ihre Durchsetzung

Frankfurt am Main, Berlin, Bern, Bruxelles, New York, Oxford, Wien, 2005.
XXXVII, 143 S.
Europäische Hochschulschriften: Reihe 2, Rechtswissenschaft. Bd. 4089
ISBN 978-3-631-53298-0 · br. € 39.–*

In diesem Buch wird die Haftung im Einkommensteuerrecht in allen ihren Facetten abgehandelt. Rechtsprechung und das steuerrechtliche Schrifttum befassen sich zumeist nur mit der Haftung für die Lohnsteuer gemäß § 42d Abs. 1 EStG. Der Gesetzgeber hat aber in den vergangenen Jahren weitere Haftungsnormen in das Einkommensteuerrecht eingefügt. Diese Arbeit stellt sämtliche derzeit im Einkommensteuerrecht enthaltenen Haftungsvorschriften dar, wobei die Änderungen und Neuregelungen der Haftungsnormen besonders ausführlich erörtert werden. Die einzelnen Tatbestände der Haftungsnormen werden erläutert sowie Ziel und Zweck der Haftungsregelungen untersucht. Auch wird die Geltendmachung der Haftung durch Haftungsbescheid und Zahlungsaufforderung ausführlich abgehandelt. Einen Schwerpunkt bildet dabei die Untersuchung der bei Erlass eines Haftungsbescheides von den Finanzbehörden zu treffenden Ermessensentscheidung.

Aus dem Inhalt: Haftung im Steuerrecht · Spendenhaftung · Haftung für die Lohnsteuer · Haftungsbescheid · Akzessorietät der Haftung · Ermessen bei Erlass eines Haftungsbescheids · Entschließungsermessen · Auswahlermessen

FSC
www.fsc.org
MIX
Papier | Fördert
gute Waldnutzung
FSC® C083411

Kolibri 360 GmbH
Ferdinand-Jühlke-Straße 7
99095 Erfurt, Deutschland
produktsicherheit@kolibri360.de

Druck:
CPI Druckdienstleistungen GmbH
im Auftrag der
Kolibri 360 GmbH
Ferdinand-Jühlke-Str. 7
99095 Erfurt